시인 김수영과
아방가르드 여인

시인 김수영과
아방가르드 여인

홍기원 지음

어나더북스

김수영의 마지막 작품 〈풀〉을 56년이 지난 지금도 보관하고 있다. 김수영이 시를 쓴 뒤 읽으면 아내 김현경이 그걸 원고지에 옮겼다. 행의 위치와 띄어쓰기가 완벽해야 했다. 김수영은 항상 두 개의 정서를 주문했다. 하나는 신문사나 잡지사에 보냈고 나머지 하나는 보관용이었다. 김수영 작품 대부분은 김현경이 정서해 지금까지 간직하고 있다. 안타깝게도 김수영은 〈풀〉을 탈고하고 18일 만에 교통사고로 사망했다.

풀

金洙暎

풀이 눕는다

비를 몰아 오는 동풍에 나부껴

풀은 눕고

드디어 울었다

날이 흐려서 더 울다가

다시 누웠다

바람보다 늦게 울어도

바람보다 먼저 웃는다

날이 흐리고 풀뿌리가 눕는다

一九六八・五・二十九일.

바	바	발	발	날		바	바	바	풀
람	람		목	이		람	람	람	이
		밑							
보	보		까	흐		보	보	보	눕
다	다	까	지	리		다	다	다	는
		지		고			도	도	다
먼	늦					먼			
저	게	눕		풀		저	더	더	
		는		이					
일	누	다				일	빨	빨	
어	워			눕		어	리	리	
	도			는					
나				다		난	울	눕	
고						다	고	는	
								다	

책을 펴내며

국가폭력 트라우마 위에 꽃피운 처절한 사랑,
두 사람의 재결합에는 "가자."라는 말만 필요했을 뿐!!

외로운 자유주의자 김수영 일상에 온기가 채워졌던 시기
　불굴의 시인 김수영이 돌연 우리 곁을 떠났다. 56년 전이다. 공교롭게로 그의 56주기를 코앞에 두고 이 글을 쓴다. 며칠 전에 내린 비, 아마도 올해 마지막 봄비였던 모양이다. 어느새 부지런히 피고 지던 꽃들이 여름맞이 준비를 하는 것인지, 안온하고 여린 향기의 봄밤은 벌써 이별을 고한 것일까. 봄빛 따라 걸었던 먼길. 가끔씩 길을 잃고서 되돌아보면 계절의 시간은 아득해져 있다.
　김수영의 시간은 그리 길지 않았다. 그가 세상에서 누린 48

년을 요절로 표현하기는 적절하지 않을 수 있다. 하지만 그의 삶에서 휴식의 시간을 찾아내기는 쉽지 않다. 그는 늘 새로운 시를 쓰기 위해 부단히 노력했고 술에 취한 밤이면 삶과 죽음의 경계가 무너진, 야만의 시간에 겪었던 전쟁의 상처를 단말마의 울부짖음으로 토해냈다. 그러면서도 격동의 역사 앞에 단 한 걸음도 물러서지 않았다. "창작의 자유는 100퍼센트의 언론자유 없이는 도저히 되지 않는다. 창작에 있어서는 1퍼센트가 결한 언론자유는 언론자유가 없다는 말과 마찬가지다."라고 외쳤던 그의 여정에 안온한 일상이 얼마나 있었을까.

온몸으로만 시를 써야 한다고 외쳤던 외로운 자유주의자 김수영 일상에 그나마 온기가 채워졌던 시기가 있었다. 마포구 구수동 시절이다. 그는 아내 김현경과 함께 양계를 하면서 난생처음 노동의 땀을 흘렸고 한강이 내려다보는 언덕에서 빨래하고 돌아오는 아내를 기다렸다. 어느덧 40을 넘기면서 그의 광기 어린 주사(酒邪)는 잦아들었고 국가폭력의 트라우마가 조금씩 치유되었다. 그리고 김수영 문학의 정화가 꽃피우기 시작했다.

그렇지만 '영원한 아웃사이드' 시인에게 허락된 그 시간은 많지 않았다. 가혹한 운명 탓이었을까. 그의 대표작 〈풀〉을 퇴고하고 18일 후에 김수영은 세상을 떠났다. 오랜 시간이 지난 후에도 아내 김현경은 "이제 살 만하니 떠났다."라며 그때의 상실을 얘기한다.

두 사람의 오랜 기다림은 짙은 그리움으로만 가득

필자는 김수영기념사업회 이사장으로서 문학 전공자가 아니다. 다만 바람보다 빨리 눕고 먼저 일어나는 이 땅의 '풀'을 열렬하게 응원했던 시인의 시대정신에 매료되었던 팬으로서 그의 생애를 톺아보고 싶었다. 다행스럽게도 우연히 무거운 자리를 짊어지면서 많은 자료를 볼 수 있었다. 이 책 『시인 김수영과 아방가르드 여인』은 시인의 작품 세계나 문학관을 논하는 것과 거리가 있다. 엄청난 국가폭력에 시달리면서도 굴하지 않고 일어나 '절대 자유'를 향해 쉼 없이 나아갔던 시인의 삶이 무척이나 궁금했고, 그 힘이 어디서 생겨났는지를 살피고 싶었다. 또한 시인 김수영과 그의 작품에 대한 문학적 평가와 찬사는 넘치도록 많지만, 그의 내밀한 삶에 대한 기록은 그리 많지 않다는 사실에 주목하게 되었다. 그리하여 시인의 고단한 삶을 버티게 했던 생명력의 근원을 찾고자 노력했다. 열정의 사랑 없이는 위대한 시인이 탄생할 수 없다는 믿음이기도 했고, 그 믿음이 이 책의 출발점이다.

김수영 생애를 언급할 때 많은 사람들이 의구심을 가지며 화들짝 놀라는 장면은 1955년 4월에 있었던 김현경과의 재결합이다. 어느 날 갑자기 의용군으로 끌려가 몇 차례나 사선 넘어 기적처럼 생환한 김수영 곁에 아내 김현경은 없었다. 가장 위로가 필요했던 그 시간에 김현경은 다른 남자와 살고 있었다. 어김없이 고통스러운 밤이 찾아왔고, 술에 취한 시인은 전쟁의 악몽에서 벗어나지 못했다. 손에 잡히는 대로 살림도구를 마구 던지며 짐승이 되었다. 어머니와 동생들의 따뜻한 보살핌이 없었더라면 시인의 삶은 어찌 되었을까. 상상만으로도 끔찍하다.

  2년 몇 개월 후 두 사람이 다시 만났다. 김현경이 보낸 편지에서 약속한 어느 다방에서 마주한 두 사람은 서로를 응시할 뿐 아무런 말이 없었다. 오랜 침묵을 깨고 김수영의 입에서 나온 말은 "나가자!"라는 한마디뿐이었다. 이후 두 사람은 다시 부부가 되었다. 두 사람의 오랜 기다림은 짙은 그리움으로만 가득했던 것이었을까. 훗날 이 대목에 대해 많은 사람들의 갑론을박이 이어진 바 있다.

김수영 시인에게 아내 김현경은 무엇인가?

  일반적 통념으로는 도저히 납득하기 어려운 두 사람의 파격적 행위와 지독한 사랑 앞에 찬사를 보내는가 하면 그 반대 입장에서 별의별 추측성 이야기를 버무리기도 했다. 이와 관련, 김수영 시인 본가에서는 "장남 준이 불쌍해서 손을 잡은 거지 다른 이유가 뭐가 있어?"라는 반응을 보인다. 과연 그 이유만으로 두 사람의 재결합을 설명할 수 있을까?

  2021년 김수영 탄생 100주년을 기념해 펴낸 『길 위의 김수영』을 증정하기 위해 김현경 여사가 살고 있는 용인 아파트를 방문했다. 그리고 한 달 후쯤 다시 방문했다. 내심으로는 그 책에 대해 불편한 심기를 드러내지 않을까 싶어 걱정을 했다. 책 내용 중에 김수영 시인 본가 입장에서 김현경 여사를 비판하고 있는 대목이 제법 들어 있었기 때문이다. 하지만 기우에 불과했다. 김현경 여사는 대화 내내 책 내용을 언급하지 않았고 책 쓰느라 수고 많았다는 격려만 건넸다. 100세에 가까운 김현경 여사의 언어는 간결하면서도 품격이 넘쳤고, 자신을 향한 비판은 언제든지 수용할 수 있다는 관대함이 너무나 인상적이었다. 그 대화 이후 문득 호기심이 일어 재결합 이전의 김수영 산문을 모두 훑어보면서, 김수영이 선택할 수 있었던 여성을 생각해 보았다. 산문에 몇 차례 등장하는 로 선생은 김현경 여사와 정반대되는 고전적 유형의 여인이다. 홀로 지내는 김수영이 안타까워 친구들이 소개한 여의사는 시인으로 하여금 작품 활동에 전념할 수 있는 여건을 마련해 줄 수 있는, 경제력이 있는 여자였다. 하지만 김수영은 이들을 선택하지 않았고, 그의 눈길은 오직 한 사람에게로만 향했다.

언젠가 고은 시인과 카페에서 커피를 마신 적이 있었다. 김수영, 김현경 두 사람 모두를 잘 알고 있는 거의 유일한 분일 거라는 생각에 질문을 던졌다. "선생님, 김수영 시인에게 김현경 여사는 무엇이었습니까?" 고은 선생의 답변은 간단했다. "고통이자 매력!" 이 말이 벼락이 되어 가슴에 파고들었다. 어느 순간 김수영 시인의 인생을 뒤흔들고 운명이 된 한 여인의 삶을 탐구하고 싶다는 갈망이 생겼다. 곧바로 김현경 여사에게 그 마음을 내비쳤을 때 다행스럽게도 흔쾌한 답변을 들을 수 있었다. 그렇게 해서 이 책 『시인 김수영과 아방가르드 여인』의 여정이 시작되었다.

인터뷰 과정이 순탄하지는 않았다. 첫 인터뷰를 마치고 두 번째를 준비할 때 입원 사실을 알게 되었다. 김현경 여사는 허리 척추 퇴행성 질환을 앓고 있었는데, 어느 날 아침 극심한 고통과 함께 허리를 쓸 수가 없어 요양병원에 입원하고 말았다. 주위에서 다들 다시 나오기 힘들 것이라고 했다. 입원해 있는 용인 요양병원에 찾아갔다. 몇 마디 문안 인사를 건네는데 간호사가 김현경 여사 휠체어의 방향을 돌려서는 병실로 데려가 버렸다. 황당했다. 요양병원을 나오면서 하늘을 쳐다

보았다. 책을 내지 말라는 신호인가? 두 번째 면회 때도 마찬가지였다. 얼마 후 다시 전화했을 때는 퇴원했다는 반가운 소식을 들었다. 곧바로 약속을 잡은 뒤 전철에 올랐다. 그런데 전철에서 확인 전화를 했더니 병원에 가야 하니 오지 말라고 했다.

또 얼마 지난 후에 요양병원에 면회를 갔다. 면회 시간이 더 짧았고 상태는 더 좋지 않았다. 요양병원을 나오면서 김현경 여사의 말이 계속 맴돌았다. "요양병원에서는 아무것도 못 하게 해요. 눈만 뜨면 기저귀 딱 채우고 여기는 노인들 시체보관소예요. 나는 여기서 죽고 싶지 않아요. 내 아파트에서 내 힘으로 살다 죽고 싶어요. 정신을 차려야 하는데…" 마지막 말 '정신을 차려야 하는데'가 2시간 넘는 귀갓길 내내 귓가에 맴돌았다.

시댁의 입장과 며느리 입장 사이의 간극

그런데 기적은 있었다! 내심 접어야 한다고 생각하고 있을 때, 김현경 여사가 자신의 아파트로 복귀했다는 소식을 들었다. 놀라운 정신력이 아닐 수 없었다. 처음에는 의자에 잘 앉지도 못했고 식사도 거의 못 했지만 상태가 점점 좋아졌다. 다시 인터뷰를 했을 때 김현경 여사가 말했다. "미국에서 미술 공부하고 있는 작은 손녀하고 약속했어요. 보통 할머니로 돌아오겠다고." 그러면서 주문처럼 "정신을 차려야 한다."라는 말을 덧붙였다.

  오랜 기다림 끝에 이 책을 세상에 내놓게 되었다. 이 책은 김현경 여사의 일대기를 압축한 이야기다. 사실 1927년생인 올해 98세의 김현경 여사의 파란만장한 서사를 책 한 권에 담기에는 너무나 부족한 지면이다. 이 책『시인 김수영과 아방가르드 여인』은 김현경 여사의 어린 시절과 학창 시절에서부터 김수영과의 만남과 이별 그리고 재결합 과정에서 있었던 수많은 일화를 김현경 여사 구술에 기초해 재구성했다. 때문에 일방적 증언을 통한 게 객관적일 수 있냐는 질문에 봉착할 수 있다. 사실 이 책의 내용은『길 위의 김수영』과도 대척되는 지점이 더러 있다. 김수영 시인이 자서전 혹은 관련 기록을 남겼다면 불필요한 오해 같은 게 없었겠지만, 시댁의 입장과 며느리의 입장 사이에는 꽤 간극이 있다. 어쩌면 이런 입장 차이라는 게 기차 레일처럼 영원한 평행선을 달릴 수도 있다. 그런 이유로 이 책을 통해 서로 다르고 대립하는 사실 관계나 입장 차이를 좁히거나 접합하려고는 하지 않았다. 한 일방의 기억과 생각을 바꾸는 것은 그리 쉬운 일이 아니며, 이 책의 의미와도 거리가 있다는 판단이다. 혹 두 입장의 평행선

어딘가에 있을 진실에 대한 관심이 있다면 독자의 몫으로 남겼으면 한다.

김수영 문학의 완성에는 아내 김현경의 헌신과 사랑이

군사독재정권에 의해 강제징집, 녹화사업을 당했던 1980년대 학생운동가 출신들은 지금도 군대 가는 꿈을 꾼다고 한다. 마찬가지로 민주화운동을 하다 심한 고문을 당한 사람 역시 40여 년이 지난 지금까지도 잊을 만하면 악몽을 꾼다고 한다. 『몸은 기억한다 : 트라우마가 남긴 흔적들』(베셀 반 데어 콜크 저, 제효영 옮김, 을유문화사)에 의하면, 가혹한 국가폭력의 피해자는 시간이 많이 흘러 의식은 그 고통스러운 기억으로부터 벗어났다고 생각해도 몸은 그 기억을 잊지 않는다고 한다. 김수영 시인은 문인들 중에서 가장 극심한 국가폭력을 경험한 인물이다. 6.25전쟁에서 겪었던 그의 고통스러운 과정은 말로 형언하기 어렵다. 그가 감당해야 했던 무게는 무려 2년 3개월이 넘는, 죽음보다 더 가혹한 시간이었다. 의용군으로 끌려가 북한 개천까지 행군했고 첫 번째 탈출에서 죽음 직전까지 몰렸다. 간신히 두 번째 탈출에 성공하지만 서울 중부서에서 혹독한 고문을 당해 두 다리를 절단해야 할 정도로 끔찍한 상황에 놓였고, 이가 모두 망가져 평생 틀니를 껴야 했다. 포로수용소에서도 죽음의 그림자가 늘 김수영을 괴롭혔다. 극심한 이데올로기 싸움 속에서 매일 새벽 토막 난 포로 시체가 화장실에 버려지는 야만의 시간을 목격했다.

전쟁이 끝날 무렵 천신만고 끝에 생환했지만 김수영의 정신은 이미 만신창이가 된 상태였다. 그의 몸속의 저장된 기억은 밤이 되면 폭발하곤 했다. 그의 주사는 10여 년 넘게 이어졌다. 국가폭력 트라우마는 한 개인의 일생 전체를 잠식하는 무서운 형벌이다. 6.25전쟁 이후 우리 사회가 정상 사회로 진행되었다면 그런 전쟁 트라우마는 국가에 의해 치료되어야 할 정신적 질병이었던 것이다. 하지만 그런 일은 일어나지 않았다. 시인의 말대로 썩어빠진 대한민국에서는 그런 하늘의 축복 같은 일은 일어나지 않았다. 오로지 개인과 가족이 감수해야 할 몫이었을 뿐이다. 다행스럽게도 시인 김수영에게는 따뜻한 가족이 있었다. 무엇보다 재결합 이후 교통사고로 사망하기까지 구수동에서의 13년 동안 온갖 주사를 다 받아주었던 아내 김현경이 있었다. 그리고 그 구수동 시절에 고난을 딛고 일어선 시인 김수영의 시대가 열렸다.

김수영 문학의 완성에 아내 김현경의 헌신과 사랑을 빼놓을 수 없다. 이 책에서 독자와 나누고자 하는 지점이 바로 여기에 있다. 현재 김현경 여사는 김수영 시인의 유품이 가득한 용인의 아파트에 거주하며 여전히 오랜 서사를 추억하고 있다. 그러면서 자신이 수십 년간 모은 미술품으로 여기저기를 꾸며 놓은 거실 의자에 앉아 책을 읽으며 자는 듯이 가고 싶다고 애기한다. 다시는 요양병원에 가지 않고 남은 생에 '김수영-김현경 생활문학관'을 짓겠다는 김현경 여사의 마지막 꿈이 꼭 실현되기를 진심으로 바란다. 이 책이 나오기까지 어나더북스 권무혁 대표의 노고에 감사의 마음을 전한다. 언제나 지지와 성원을 아끼지 않는 아내와 아들, 딸에게 이 책을 바친다.

2024년 6월 중순
갈현동 집에서 홍기원 드림

차례

책을 펴내며 국가폭력 트라우마 위에 꽃피운 처절한 사랑,
두 사람의 재결합에는 "가자."라는 말만 필요했을 뿐!! · 9

1장 | 사직동의 당돌한 소녀

보름날에 태어난 갓난아기 · 27
경기도 진위에서 서울 사직동으로 · 33
집에서 봉변을 당한 다섯 살 소녀 · 39
"현경아, 언니 숙제 좀 해줘!" · 46
팔방미인 외할머니 · 57
선머슴 언니의 화려한 변신 · 65
걸출한 사업가 아버지와 두 명의 작은어머니 · 75

2장 | 문학소녀와 시인의 만남

시인 김수영과의 첫 만남 · 89
태평양 전쟁의 와중에서 선생이 되다 · 96
위기일발, 체포령이 떨어진 새내기 교사 · 104
해방된 나라에서 시를 써야지 · 112
어디서든 빛이 나는 여대생 · 120
시로는 당해낼 수가 없겠네 · 130
박인환과 임화 그리고 배인철 · 137

3장 | 마침내 시인과의 사랑이 익어가던 날

충격적인 총격사건과 희대의 스캔들 · 151
한줄기 구원의 빛, "문학 하자!" · 159
누구도 흉내 못 내는 아방가르드 여자 · 167
나는 또 이별을 하는구나 · 175
가장 로맨틱한 프로포즈, My soul is dark · 184
동거, 운명적인 사랑에 모든 것을 · 191
시어머니는 언제나 든든한 언덕 · 198

4장 | 전쟁이 남긴 것, 그 상처가 배태한 것

전쟁의 소용돌이 속에서 · 215
끝내 돌아오지 못한 사람들 · 226
몰살을 피한 아찔한 피란길 · 235
피란 시절의 웃지 못할 이야기들 · 244
어둠 뚫고 사선 넘어 귀환한 시인 · 253
전쟁이 끝났지만 다시 엇갈리는 두 사람 · 262
불편한 동거로 번민이 깊어지고 · 270

5장 | 운명보다 지독한 사랑이었다

깊은 상처는 짙은 그리움이었다 · 281
그날부터 다시 부부가 된 사연 · 291
선천적으로 타고난 연극쟁이 · 298
멋진 양옥집으로 탈바꿈한 구수동 안식처 · 305
김수영 문학이 피어오른 구수동 시절 · 315
10년간 양계를 하면서 얻은 것들 · 326
구수동을 떠올리는 일상의 조각들 · 336

6장 | 눈부신 광휘가 햇살처럼 비치던 날들

전란의 혼돈 속에서도 학업을 이어간 동생들 · 351
꼬마 기자와 엔젤 양장점 · 360
신문로에 새롭게 단장한 양장점을 냈지만 · 372
위대한 시인이 떠나가던 날 · 381
잠파노의 울음보다 더한 반성의 울부짖음 · 391
마지막 꿈, "서사 담은 생활문학관 짓겠다!" · 401

발문   어떤 후기(後記) · 고은(시인) · 411

1장 사직동의 당돌한 소녀

보름날에 태어난
갓난아기

집안에서 축복 받지 못했던 아이

　김현경이 태어난 때는 1927년 6월 14일이다. 음력으로는 5월 보름날이니 달의 정기가 가득한 날에 세상에 나온 셈이다. 그래서일까. 현경은 올해 98세로 장수를 하고 있다. 1세기 장구한 능선을 종주하기 직전이다. 운명의 연인 김수영 시인이 숨 쉬었던 시간의 두 배를 살고 있는 셈이다. 현경보다 여섯 살 위인 김수영은 1921년생으로 1968년 향년 48세의 나이로 생을 마감했다. 불의의 교통사고였다. 그 교통사고는 한국 문학사의 큰 손실이었다. 더욱이 온갖 풍파를 간신히 견뎌내며 행복한 시간을 보내고 있을 때 찾아든 불행이었다.

현경이 태어난 곳은 사직동 179-2번지 큰 기와집이다. 일제강점기에 저택을 보유했다는 것은 그만큼 현경 집안이 상당히 부유했다는 사실을 알 수 있는 대목이다. 그런데 현경은 온 가족의 축복을 받는 존재가 아니었다. 세 살 터울의 언니 김현정에 이어 아들이 아닌 딸로 태어났기 때문이다. 현경의 어머니는 간절히 아들을 원했다. 집안의 대를 이을 든든한 아들을 원했던 것은 비단 어머니의 바람만은 아니었을 터. 오히려 아들을 낳아야 한다는 집안 어른들의 강한 압박이 어머니를 강하게 옥죄었을 것이다. 남아선호가 당연시되었던 당시 풍속도를 감안하면 충분히 상상 가능하다.

며느리의 최고 덕목이랄 수 있는 아들 출산에 고심했던 현경 어머니의 고민이 여실히 드러난 일화가 있다. 어머니는 첫째 현정의 머리를 빡빡 깎은 뒤 남자 정장인 세비로(せびろ, 신사복)를 입힌 것이다. 남장을 하게 한 것은 남자 동생을 낳겠다는 강한 열망이었다. 하지만 그 바람은 결국 수포가 되었다. 남장까지 시키며 난리법석을 친 결과가 현경의 출생이었으니 가족들의 실망감은 상당했다. 당연하게도 어머니의 상실감도 컸다.

눈이 유난히 큰 갓난아기 현경의 모습도 어머니를 당황스럽게 했다. 어머니 눈에 비친 아기의 모습이 한국 아기 같지 않게 상당히 눈이 컸던 것이다. 아들을 낳지 못한 어머니는 죽고 싶은 마음에 그만 아기 꼴 보기도 싫다며 윗목으로 밀어냈다.

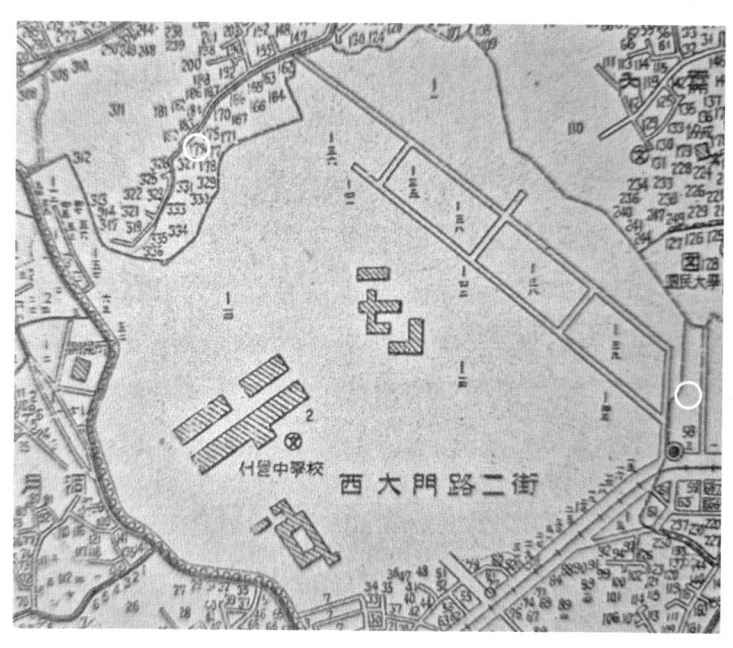

1947년 서울지도에 나타난 경희궁자리 모습이다.
경희궁 동북쪽에 1922년 6월 일제가 경희궁의 비원이었던 자리를 헐고
전매국 관사를 지으면서 신작로 두 길을 낸 것이 보인다.
일곱 살 김현경은 이 길로 179-2번지 집(○으로 표시한 곳)에서
유치원(○으로 표시된 곳)을 다녔다. (『서울지도』, 범우사, 1994)

어머니의 절대적인 보호가 필요한 갓난아기인 만큼 자칫하면 죽을 수도 있는 위험천만한 행위였다. 그런데 자신의 처지를 알 길 없는 그 갓난아기는 시간이 좀 지나자 보통 아이처럼 눈을 번쩍 떴다. 그러고는 유난히 큰 눈으로 들창 너머에 걸려 있는 달을 유심히 바라보았다. 범상치 않았던 출생 얘기다.

보통 갓난아기는 대개 2~3일 동안 눈을 못 떠요. 태어난 날이 음력 오월 보름이니까 완전 여름이었어요. 그래도 산모 방이니까 불을 많이 땠을 것 아니에요. 그래서 들창을 열어놓았는데 그 들창에 달이 걸린 거예요. 그랬더니 그 갓난아기가 그 달을 보고 있었다는 거예요. 태어나서 2~3일 지나서 그 달을 보았겠지요. 보름에 태어나서 2~3일 지나면 음력 17~18일 정도 되니까 달이 조금 기울잖아요. 그때 달이 들창에 걸렸겠지요. 그 달을 쳐다본 것이에요. 우리 어머니가 저를 낳고 죽고 싶더래요. 그런 제가 여덟 달 만에 딱 걷더라는 거예요.

뭐든 빠르고 조숙했던 어린아이

미움을 받아서 그랬는지 현경의 모든 행동이 언니보다 빨랐고 남달랐다. 여덟 달이 되었을 무렵 두 발로 걸었다. 마침 1928년 초 생고무 빨강 아기 신발이 처음으로 시중에 나왔을 때였다. 아버지가 신발가게에서 사 온 빨간 고무 신발을 신고 8달밖에 되지 않은 현경이 문지방을 착착 넘어서 잘도 다녔다. 그 광경에 가족들이 입을 다물지 못할 정도였다. 그렇게 다른 아이보다 뭐든 빨랐고 조숙했다. 어머니는 어릴 때부터 음력 오월 보름에 생일 밥을 차려 주었다. 일본식으로 양력에 생일을 맞는 집이 많아졌던 시절이었지만, 어머니는 항상 음력 생일을 챙겨주었다. 훗날 김수영과 결혼한 이후에는 시어머니가 현경의 생일을 차려 주었다. 역시 음력 생일이었다.

  3살이 된 현경은 특별한 경험을 한다. 물론 본인은 기억하지 못하고 외숙모에게서 전해 들은 얘기다. 8달 만에 걸음마를 시작할 정도로 조숙했던 현경은 세 살이 되었을 무렵에는 인형 같은 깜찍한 용모에 예쁜 말을 야무지게 하는 어린 소녀가 되어 귀여움을 한껏 받았다. 그 무렵이었다. 현경에게는 외삼촌이 둘이 있었는데, 그중 작은외삼촌 박홍식이 결혼한 지 3년이 되어도 아이가 없었다. 당시 결혼하고 3년이 지나도록 아이가 생기지 않으면 '샘받이'를 들이는 풍속이 있었다. 이쁜 아이가 옆에 있으면 샘이 나서 아기가 생길 수 있다는 이유에서였다. 박홍식은 현경을 지목했다.

  "현경이처럼 생긴 여자아이 하나 낳았으면 좋겠다."라는 박홍식의 말을 듣고서 어머니는 흔쾌히 3살짜리 현경을 박홍식 댁으로 보냈다. 박홍식 부부의 샘받이가 된 것이다. 그런데 민망한 일이 벌어졌다. 현경이 박홍식 집에 머물러 있던 어느 날, 평상시처럼 아랫목에다 현경을 재우고 윗목에서 열심히 아이를 만들기 위해 그 일을 마친 부부가 뒤처리를 하려다 화들짝 놀랐다. 아기 현경이 딱 머리맡까지 와서 두 사람을 커다란 두 눈으로 똑바로 보고 있었던 것이다. 하마터면 비명을 지를 뻔한 외숙모는 그 민망한 얘기를 동네 사람들에게 얘기하면서 너무나 놀라 가슴을 쓸어내렸다며 수다를 떨었다.

외숙모는 입담이 좋았고 이웃들과 거리낌 없이 집안의 크고 작은 일들을 깨알같이 얘기하는 걸 좋아했던 분이다. 현경이 샘받이 생활을 할 때 동네의 또래들과 소꿉장난 놀이를 하면서 "나는 요담에 시집을 가서 아들, 딸 낳고 재미있게 살 거야."라고 했다는 것이다. 물론 현경의 기억에는 없는, 외숙모의 목격담이었다. 이 이야기를 외숙모는 온 동네 사람들에게 떠들어대면서 자랑했다. 그만큼 외숙모가 현경을 아끼고 자랑스러워했지만, 정작 현경은 작은외숙모가 이런 얘기들을 할 때마다 더 이상 안 했으면 좋겠다는 생각을 했다. 어린 마음에도 부끄럽다는 생각이 들었던 것이다.

샘받이로 간 몇 달이 지났다. 현경이 집으로 돌아오고 6개월 정도 지났을 때 외숙모가 임신을 했다. 다시 몇 개월이 흐른 뒤 외숙모는 순산했다. 오랫동안 애타게 기다렸던 첫아들이었다. 이름은 박희진이다. 그 뒤에 다시 아들을 얻게 되었다. 현경의 샘받이 작전은 대성공이었다.

경기도 진위에서
서울 사직동으로

18세 어머니의 신랑감 물색

 현경의 어머니 박순옥은 밀양 박씨 집안에서 2남 1녀 중 장녀로 태어났다. 현경 어머니의 아버지, 즉 현경의 외할아버지는 당시 경기도 진위군의 군수였다. 어머니에게는 두 명의 남동생이 있었는데 박한식과 박홍식이다. 현경의 큰외삼촌 박한식은 카프 문학에 심취한 소설가였다.

 그는 카프 계열의 유명한 소설가이자 시인인 설정식의 절친한 친구였다. 세 살배기 현경을 샘받이로 삼았던 작은외삼촌 박홍식은 휘문고보를 나온, 건장한 체격의 테니스 선수였다. 당시 현경의 외가는 경기도 안중(지금의 평택)에 있었다. 그런데 진위군 군수였던 현경의 외할아버지는 뜻밖에도 일본 말을 전혀 할 줄 몰랐다.

한편 현경의 아버지 김흥성은 경성제일고등보통학교(경기고 전신)를 졸업하고 총독부에 취직을 했다가 진위군청으로 발령을 받게 되었다. 그렇게 진위군청에 파견된 아버지가 외할아버지인 진위 군수를 대면하게 되었는데, 진위 군수는 아버지를 처음 보고서 대단히 흡족해했다. 인물도 좋고 일본말도 유창한 아버지의 모습에 반한 것이다. 내심 사윗감으로 점찍은 것이다. 그때 어머니는 18세로 당시로는 결혼적령기였다.

그런데 외할머니가 역시 외할아버지 모르게 딸의 신랑감을 물색하고 있었다. 재주가 많고 마을 사람들과의 교류도 활발했던 외할머니는 동네 마나님들과의 바느질 모임에서 마음에 드는 신랑감을 발견했다. 바느질을 함께하며 한담을 나누는 자리에서 의과대학 다니는 아들이 있다는 어느 마나님과 밀담을 주고받았다. 그리고 모종의 약속을 했다. 며칠 후, 외할머니가 어머니에게 마당에 걸쳐 있는 빨랫줄에 빨래를 널게 했다. 그러면서 연파랑 모시 치마에 적삼을 입혔다. 또 어머니의 머리를 정성껏 빗겨주고 빨간 댕기를 달아주는 등 어여쁜 색시처럼 치장을 하게 했다. 그러고는 닫혀 있는 대문을 활짝 열어 놓았다. 대문 밖에서도 색시 차림의 어머니 자태를 볼 수 있게 한 것이다.

잠시의 설렘을 뒤로 하고 속전속결 결혼

　어머니 역시도 외할머니의 의도를 대충은 짐작했지만 당황스러웠다. 외할머니 당부대로 빨래를 널고 있는데, 잠시 후 사각모를 쓴 한 대학생이 대문 안을 들여다보면서 천천히 대문 주위를 서성이는 게 보였다. 평상시와는 확연히 다른 외할머니 모습에서 '뭔가 있구나.' 하고 생각했지만 막상 이 상황을 겪게 되자 얼굴이 화끈 달아올랐다. 서성이는 청년은 서울 소재의 의과대학 다니는 학생으로 외할머니와 밀담을 나누었던 그 동네 마나님의 아들이었다. 두 사람의 약속은 곧 선을 보기 전에 미리 신붓감을 보는 거였다. 물론 예비신부도 장래 신랑이 될 사람의 모습을 볼 수 있도록 한 것이다. 어머니는 속으로 '내 신랑은 저 의과대학 학생이구나!' 하면서 미래의 신랑감을 조심스럽게 살폈다. 처음 보는 사람이지만 세련된 모습의 서울 대학생이 싫지는 않았다. 외할머니도 그 의과대학 학생이 마음에 들었다.

　그날 이후 어머니는 드러내지는 않았지만 마음속에 장래의 부군이 될 그 대학생을 계속 떠올렸다. 그렇게 부끄러움과 설렘 가득한 하루하루를 보내며 낯선 청년과의 혼인에 대한 상상을 펼치며 부푼 꿈을 꾸었다. 그런데 그 꿈은 한순간에 깨지고 말았다. 외할아버지의 엄명이 떨어졌기 때문이다. 짧은 시간이나마 마음에 두었던 의과대학 학생이 아닌 다른 이와 결혼하게 된 것이다. 군수 외할아버지는 어느 날 갑자기 진위군청에 파견 중인 아버지와 결혼하라고 얘기했다. 사실상 일방적 통보이고 명령이었다. 외할아버지는 처음 만날 때부터 사윗감으로 점찍은, 전도양양한 청년과의 결혼을 강행했는데 외할머니와 어머니는 그 결혼을 받아들일 수밖에 없었다. 가장의 결정이 곧 법이었던 시대였던 만큼 서릿발 같은 엄명을 거역하기 어려웠을 뿐 아니라 외할아버지가 추천한 신랑감이 의과대 학생과 비교해 전혀 뒤지지 않은 정도로 훌륭했기 때문이다. 총독부에서 파견 나온 관리인 데다 인물도 좋은 헌헌장부였기에 외할머니는 내심 만족해하며 그 결혼을 적극 추진했다. 잠시 스치듯 본 의과대학 청년에게 살짝 마음이 갔던 어머니 역시도 마찬가지였다. 아버지를 직접 만나본 이후부터는 이내 마음을 접고 새로운 꿈을 꾸었다.

어머니와 아버지의 결혼은 일사천리로 진행되었다. 결혼식을 올린 뒤 아버지의 형인 큰아버지 3년상을 치르고 서울로 올라갈 계획을 세우고 진위군에 있던 외가에 신방을 꾸몄다. 아버지가 큰아버지의 3년상을 치르게 된 데에는 가슴 아픈 사연이 있다. 당시 통역관을 했던 큰아버지는 호열자(콜레라)로 인해 급사했다. 어느 상갓집에서 먹은 음식이 잘못된 것인지 밤새 설사를 하다가 다음날 아침에 사망한 것이다. 아버지처럼 인물이 훤칠하고 영어 실력이 뛰어나 앞날이 기대되던 큰

아버지의 갑작스러운 변고는 혼례를 마친 지 며칠 되지 않아 벌어진 일이었다. 당시 갓 시집온 신부는 종로구 장사동 댁의 무남독녀 외동딸이었다. 그 외동딸은 빨강 치마에 노랑 저고리도 채 벗지 않은 채 남편을 잃고 청상과부가 되었다.

큰아버지의 돌연사, 진위군 일대의 큰 홍수

마른 하늘에 날벼락이었다. 큰아들의 비명횡사를 접한 할아버지와 할머니는 큰 충격을 받았다. 집안을 크게 일으킬 든든한 기둥이 될 것이라 믿었던 맏아들에 대한 할아버지, 할머니의 기대감은 상당했다. 장남이 잘되어야 가문 전체가 흥하고 화목해진다는 믿음은 그 시기 모든 집안에 작동하고 있던 신념 체계에 가까운 것이었다.

큰아버지는 그 기대에 부응하며 장성했다. 어릴 때부터 총명했을 뿐 아니라 당시로는 일부 사람들만 배울 수 있었던 영어에 뛰어난 재주를 보였다. 그 결과, 당시로는 사회적 지위가 상당했던 통역관이 되었다. 할아버지 집 창고에는 큰아버지가 영어 공부하며 쓴 공책과 영어책들이 가득했다고 한다. 그렇게 고급 교육을 마치고 인텔리로 성장해 장차 더 큰 인물이 될 것으로 기대되었던 맏아들이 갑작스럽게 사망하자 부모는 무너졌다. 그 충격으로 할아버지와 할머니는 한동안 정신이 나간 사람처럼 길을 헤매고 다녔다.

둘째 아들인 아버지에게도 형의 죽음은 엄청난 충격이었다. 사고 당시 아버지는 일본 동경에서 유학을 하고 있었다. 큰아버지 소식을 듣자마자 아버지는 미술대학 1학년 과정을 중도에 포기하고 급히 귀국했다. 이후 아버지는 형을 대신해 집안의 기둥 역할을 맡아야 했다. 아버지는 꿈꾸었던 미술 공부와 일본 유학을 포기하고 총독부에 취업했다. 그리고 진위군청에 파견되어 어머니를 만나 결혼에 이르게 된 것이다. 한편 가련한 신세가 된 큰아버지의 새신부는 친정으로 돌아갔다. 조선시대처럼 평생 수절할 수는 없는 노릇이었다.

아버지와 어머니가 결혼한 다음해에 진위군 일대에 큰 홍수가 났다. 당시 경기도에서 제일 넓은 평야가 진위군의 평야였는데, 그곳이 모두 물에 잠길 정도의 큰 홍수였다. 그 바람에 신혼살림으로 준비해 온 살림 도구와 혼수가 몽땅 물에 젖어 버렸다. 특히 이불은 물감이 들어 얼럭덜럭해져 대부분 버려야 했다. 이렇게 아버지와 어머니의 신혼 초는 굴곡이 적지 않았다. 그럼에도 어머니는 새 생명을 잉태하고 이듬해인 1924년 첫딸을 출산했다. 그리고 첫딸을 얻은 다음해(1925년)에 상경해 진명고등여학교 자리(종로구 창성동)에 있던 친할아버지 집에 들어와 살림을 시작했다. 이후 인근 거리의 사직동으로 분가했다. 할아버지 집에 들어간 지 몇 년 후였다.

집에서 봉변을 당한 다섯 살 소녀

내로라하는 집안에 시집간 두 고모

현경 아버지 형제자매는 단출한 편이었다. 2남 2녀 중 막내였던 아버지는 맏이이자 장손이었던 형이 콜레라로 인해 요절한 후 장남 역할을 떠안았다. 아버지에게는 두 명의 누님, 즉 현경의 고모가 두 분 있었다. 두 고모는 모두 사회적 지위가 높은 내로라하는 집안에 시집을 갔다. 큰고모는 한의사인 최홍선과 결혼했는데, 그는 3·1 독립 선언서의 초안자이자 조선 3대 천재로 불리는 육당 최남선의 집안 형님뻘이 된다. 육당 최남선 집안은 강원도 철원을 관향으로 하는 동주 최씨로 대대로 한의사를 많이 배출한 가문으로 유명하다.

반면 작은고모는 현경이 태어나기 전에 갑부 집안에 시집을 갔다. 구한말 호남의 최고 부자였던 민대식 집안이었다. 신랑은 만석꾼 민대식의 넷째 동생이다. 그는 당시 전매국을 운영했는데, 형 민대식의 엄청난 재력이 있었기에 가능한 일이었다. 전매국은 종로5가의 빨간 벽돌 담장으로 치장한 건물에 있었다. 거기서 생산한 담배가 '칼'표였는데, 담배의 포장지가 현경의 사직동 집 광에 일부 있었다고 한다. 보통학교 입학 전의 어린 현경의 눈에 그 포장지가 무척 인상적이었던 모양이다. 현경의 기억에 의하면, 칼표 포장지는 상당히 세련된 것으로 아주 빨간 바탕에 칼이 반들반들하게 은색으로 새겨져 있었다 한다. 그 전매국은 현경의 작은고모부가 총독부로부터 매입한 것이라 했는데, 민대식의 막대한 자금력을 바탕으로 한 유착 관계 아니고서는 설명되지 않는 파격적인 특혜로 보인다.

담배회사는 대부분 국가가 직접 운영해 거기서 발생하는 수입을 세수 처리하는 게 일반적인데, 이걸 민간 회사가 독점했으니 그 수익이 어떠했을지는 쉽게 짐작할 수 있다. 하지만 그 '태평천국'이 오래 가지는 않았다. 자세한 내막을 알 수 없지만 훗날 총독부에서 전매국을 다시 인수한 것이다. 그때 권리금으로 수만 원의 거금을 받았다고 한다. 그러면서 총독부 관계자가 "조선 내에서는 안 되고 만주나 이런 곳에 가서 담배

공장을 지어라."라고 했다. 그 말에 따라 작은고모부 내외는 북경으로 갔다. 결과적으로 그 북경행은 내리막길로 향하는 지름길이 되었다.

알거지가 된 작은고모네와 함께 살게 된 사연

작은고모부 내외가 중국 북경에 도착했을 때는 아편전쟁 이후 중국에 담배회사가 이미 5개나 있는 상태였다. 영국, 네덜란드, 중국, 일본 등이 소유한 담배회사였다. 담배 공장은 기본 설비를 갖추는 데만 해도 엄청난 자금이 소요되는 사업이다. 작은고모부는 북경 진출 즉시 조선에서 전매국을 매각한 대금과 권리금으로 시설 투자를 해서 공장을 세우고 담배를 생산했다. 하지만 판매처가 문제였다. 땅 짚고 헤엄치는 조선 상황과는 판이하게 달랐던 것이다. 장기간 판매처를 찾지 못하자 생산한 담배에 곰팡이가 피기 시작했다. 그 소식을 접한 현경 아버지가 급히 북경으로 건너갔다. 상황이 심각하다는 것을 직감하고 작은고모부 사업 위기를 해결하기 위해서였다. 아버지는 직접 기업을 운영한 경험이 없었지만 이재에 밝고 문제해결 능력이 출중했다. 북경에 도착한 아버지는 공장 현황과 중국 시장을 면밀히 살펴보고는 빠른 판단을 내렸다. 곰팡이 핀 담배 면을 다 기계로 썰어 내버리고 새로 포장을 해서 싼 가격에 시장에 내다팔자는 게 아버지의 최종적인 판단이었다. 이 같은 아버지의 과단한 판단은 정확했다. 그 덕에 본전은 건질 수 있게 된 것이다.

그렇게 급한 불을 끈 아버지는 작은고모부에게 권유했다. "여기서는 경쟁이 안 됩니다. 만주로 가는 게 좋을 것 같습니다." 작은고모부는 구세주인 아버지 말을 철석같이 믿고 다시 만주로 떠났다. 정착한 곳은 봉천(현재의 심양)이었다. 당시 봉천이 만주에서 제일 큰 도시였다. 그런데 큰 문제는 거기서 터지고 말았다. 작은고모부가 아편을 피기 시작한 것이다. 아편에 중독되면서 사업은 돌보지도 않게 되었고 흥청망청 주색잡기에 빠졌으니 그 결과는 불을 보듯 뻔했다. 급격히 적자가 늘었고 여기저기에 투자한 사업들이 모두 실패하면서 완전히 알거지가 되고 말았다. 한때는 조선 내 그 누구에게도 꿀리지 않고 큰소리치며 살았던 작은고모부 내외는 그렇게 인생 바닥으로 곤두박질치게 된 것이다.

갈 곳 없이 처량한 신세가 된 작은고모네가 사직동 집에 기거하게 된 것은 현경이 5살이 될 무렵이다. 작은고모네가 아들 둘이 있어서 네 식구였다. 아편쟁이가 되어 재산을 탕진한 게 괘씸했는지 민씨 집에서 받아주질 않았다. 빈털터리가 된 자신의 작은누나 일가의 불행을 외면할 수 없었던 아버지가 하는 수 없이 손을 내밀었다. 그렇게 해서 현경네 집에 군식구 4명이 늘어나게 되었다. 그런데 작은고모의 아들 중 현경과 나이가 같은 5살짜리 남자애가 현경을 치근덕대며 귀찮게 하곤 했다. 그것이 싫었던 현경은 그 고종사촌을 피해 다녔다. 어느 날 현경이 화장실을 가는데 그 고종사촌 남자애가 쫓아왔다.

못 말리는 다섯 살 꼬마 숙녀의 두 차례 봉변

현경은 화가 잔뜩 났다. 그래서 화장실 문을 안에서 잠가 버렸다. 보통 때는 문만 닫고 용변을 보는데, 그날은 귀찮기만 한 남자애가 쫓아오니까 녹이 슨 고리를 안에서 잠가 버린 것이다. 그리고 좀 높게 되어 있는 화장실에서 씩씩거리며 용변을 보다 발을 그만 헛디뎠다. 그 순간 너무나 놀란 현경은 큰 소리로 비명을 지르며 울었다. 마침 그 소리를 들은 어머니가 버선발로 뛰어나왔다. 화장실 문을 흔들어도 열리지 않았다. 그 무거운 화장실 문고리가 안에서 꽉 잠겨 있어 문을 열 수 없었다. 큰일이 났나 싶어 어머니가 황급히 행랑아범을 불렀다. 행랑아범이 달려와 상황을 파악한 뒤 곧바로 도끼를 들고 와 문고리를 찍어냈다. 요란한 소리를 내며 비로소 문이 열렸다. 어머니 눈앞에 다섯 살 딸이 화장실 구멍에 양손을 걸친 채 있는 모습이 보였다. 다행스럽게도 화장실 안으로 완전히 빠지지는 않았던 것이다.

다섯 살 때 현경이 겪었던 또 다른 이야기가 있다. 화장실 봉변보다 좀 더 아찔한 일화다. 현경의 희한한 습관 하나가 있었는데, 우물가에서 음식을 먹는 행동이었다. 집에서 과자나 과일 같은 것을 받으면 그냥 그 자리에서 먹으면 좋을 텐데, 현경은 앉은 자리에서 먹지를 않고 꼭 우물가로 달려가 먹곤 했다. 우물가가 시원하고 좋다는 이유를 대며 고집을 피웠고 어른들은 말릴 수 없었다. 현경의 집 우물에는 뚜껑이 반쯤 덮여 있었는데 걸터앉기가 좋았다. 현경은 그 뚜껑에 걸터앉아서 과자나 과일 먹는 것을 무척 즐겨했다.

　어느 날, 현경은 평소처럼 과자를 들고 우물 근처로 가서는 "쨤뽕!" 하면서 폴짝 뛰어서 걸터앉으려 했다. 그런데 뚜껑 반쪽이 제대로 닫혀 있지 않았는지 미끄러지며 그대로 우물에 빠져 버리고 말았다. 우물이 깊지는 않아도 어른 키 절반 이상은 됐다. 그 순간, 바느질을 하던 어머니가 우연히 유리문으로 밖을 보게 되었다. 순식간에 빨간 치마가 홀연히 사라지는 것이 보였다. 그 즉시 화장실 봉변 때처럼 버선발로 뛰어나오며 소리를 질렀다. "아이가 우물에 빠졌다!" 그러고는 우물가로 뛰어갔다. 소리를 듣고 시녀 노릇을 하던 언년이도 함께 달려갔다. 두 사람이 우물에 도착한 후 잠시 후 빨간 치마가 우물 위로 떠오르는 게 보였다. 어머니는 재빨리 빨간 치마를 잡고 현경을 끄집어냈다. 물을 많이 먹어서인지 우물 밖으로 나온 현경의 배는 올챙이처럼 변해 있었다.

어머니가 우연히 눈길을 돌려 현경이 우물에 빠지는 장면을 목격하지 않았다면 끔찍한 사고가 될 뻔했던 아찔한 순간이었다. 그때 가슴을 얼마나 쓸어내렸던지 어머니는 두고두고 그 얘기를 하곤 했다. 나이 들어 돌아가실 때까지 이 얘기를 자주 들먹였던 것을 보면 못 말리는 어린 숙녀 현경의 모습을 가장 잘 드러내는 표상이었던 모양이다. 어머니는 훗날 현경의 어린 시절을 떠올릴 때마다 이렇게 말하곤 했다. "얘는 사과 하나를 먹어도 그냥 먹지 않고 이쁘다고 한참 들여다보고 먹었다."

한편 고집쟁이 현경과 달리 세 살 위 언니 현정은 사내아이처럼 맨날 밖으로 나가 동네 아이들하고 깡통차기 놀이를 하며 놀았다. 아들을 원했던 어머니가 남장 차림으로 치장했던 탓이었는지 언니는 선머슴 그 자체였다. 여자애들이 주로 하는 소꿉장난이든지 고무줄 놀이 같은 것에는 눈길도 주지 않고 남자아이들하고만 놀았다. 아무리 집에서 말려도 소용없었다. 고집 센 것은 자매가 꼭 닮았다. 현정은 밖으로 못 나가게 어머니가 대문을 잠가놓으면 기어코 개구멍으로 기어나가 동네 남자아이들하고 깡통차기를 했다.

"현경아, 언니 숙제 좀 해줘!"

사직동에 올라온 소작물과 동네잔치

현경의 어머니는 진위 군수의 장녀이자 고명딸이었다. 외할 버지가 조선시대로 치면 한 고을을 다스리는 현령에 해당하는 관직에 있었고 제법 많은 토지를 소유한 지주였다. 그랬기에 어머니가 아버지와 혼례를 올리고 살림을 차릴 때 많은 지참금을 가져갈 수 있었다. 넉넉한 살림살이였기에 하나밖에 없는 딸을 출가시키는 데 지참금을 아낄 이유가 없었다. 게다가 외할아버지는 사위가 된 아버지를 무척 마음에 들어 했다. 그래서 지참금으로 쌀 200석을 줬다고 하는데, 좀 과장된 것으로 보인다.

훗날 애기지만 6·25전쟁이 발발한 후 1·4 후퇴 직전에 일가가 조암리(경기도 화성시 소재)로 피란을 간 것은 어머니의 마름집이 거기에 있었기 때문이다. 외할아버지로부터 물려받은 땅 덕분에 결혼을 한 후에도 어머니는 지주로서 넉넉한 살림살이를 누릴 수 있었다. 매년 소작료로 많은 곡물을 받았던 것이다. 소작물은 매년 김장철에 조암리에서 서울 사직동으로 올라왔다. 어머니 마름이었던 송기환, 송기학 두 형제가 추수해서 수확한 쌀을 마차에 실어보냈다. 그 가마에는 쌀 이외에도 팥, 콩 등의 다른 곡물과 시루떡이 함께 실려 있었다.

　하지만 태평양전쟁 말기부터는 일제의 공출 때문에 소작물을 제대로 받지 못했다. 전쟁 막바지에 접어들면서 일제의 강제 공출이 강화되면서 농민들의 살림이 극도로 피폐할 때였다. 시골의 농민들이 입에 풀칠을 하기도 힘들었고 공출을 피하기 위해 수확한 곡식을 몰래 땅에다 묻곤 했다. 그렇지만 숨겨도 얼마 숨길 수는 없었다. 한두 가마 정도 숨겼을까? 그것을 사직동 집에 몰래 가져올 때는 자루에다 넣어 가져오지 못했다. 일제 순경한테 발각이 되면 경을 치르는 것은 물론 곡식까지 모두 뺏기고 만다. 그래서 쌀을 넣고 옷을 누비는 위장술로 소작물을 운반했다. 누비치마를 만들어 거기에 쌀을 넣는 방식이다. 그러니 치마 무게가 얼마나 무거웠겠는가? 물론 순사에게 들키기라도 하면 쌀도 다 뺏기고 유치장 신세까지 져야 했다. 그렇게 무서웠던 시기에도 줄어든 양이지만 두 마름은 소작물을 매년 보내왔다. 어릴 때 사직동 집에 그 소작물이 도착했을 때의 광경을 현경은 기억하고 있었다.

지나사변(1937년 중일전쟁)이 일어난 이후 몇 년을 기억해요. 제가 보통학교 저학년 때예요. 안중(평택시 안중읍)에서 마차가 새벽에 출발하면 쌀가마하고 팥자루 등을 가득 실은 마차가 저녁 무렵 사직동 우리 집에 도착해요. 마차는 우마차죠. 그러니까 마부가 초롱불을 켜고 와요. 초롱불은 초를 종이로 싼 것이지요. 그 초롱불이 신작로 언덕을 넘어와요. 옛날에 신작로 입구에 파출소가 있었고, 신작로 양쪽이 전매국 관사였어요. 신작로 언덕을 넘어오면 사직동이에요. 초롱불을 밝히고 소가 딸랑딸랑하고 신작로 언덕을 내려오면 동네가 잔치 분위기가 돼요. 쌀가마를 들여놓고 우리 집에서 떡들을 목판째로 동네에 다 나눠줬어요. 그런 인심이 있어서 사직동 우리 집 일대가 축제 분위기가 되는 거죠. 제가 어릴 때는 그랬어요.

현경의 어린 시절은 집안 형편이 풍족했고 아버지와 어머니는 소작물이 올라올 때마다 동네 잔치를 벌일 만큼 인심이 후했다. 그러다가 이승만 정권의 농지개혁 이후에는 소작물을 받지 못하게 되었다. 농지개혁으로 어머니가 소유하고 있던

신작로 현재 모습. 성곡미술관이 있는 자리가 고개마루다.
이 고개마루를 넘어가면 사직동이다. 안중에서 소작물 실은 소마차가
초롱불을 밝히고 딸랑딸랑거리는 소리를 내며 이 고개를 넘으면
사직동에 잔치가 벌어진다. (2024년 사진)

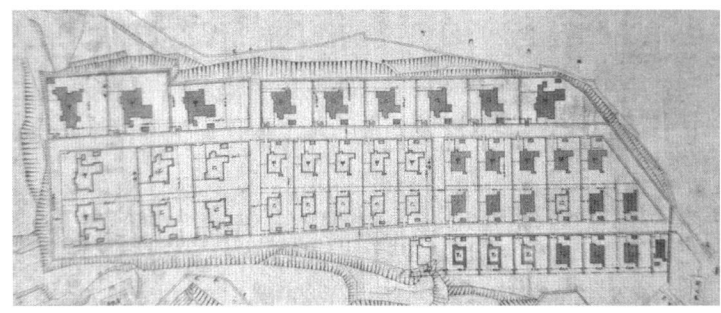

1922년 6월 일제의 전매청 관사 배치도.
일제는 경희궁 왕의 숲인 비원을 훼손하면서 전매청 관사를 지었다.
(『경희궁은 살아있다』, 서울역사박물관, 2015)

논을 국가에 매각했는지 여부는 정확히 알 수 없다. 현경 가족이 전쟁의 소용돌이 속에 휘말리며 조암리로 피란을 갔을 때 그 지역에서 유지가 될 정도로 터를 잡고 있던 어머니 마름 두 형제가 흔쾌히 피란처를 마련해 준 것을 보면 인심을 잃지 않았던 것으로 보인다.

유치원에서 난리를 친 일곱 살 소녀

현경이 7살이 되었다. 부잣집에 태어났기에 남부럽지 않은 생활을 했고 집안 사람은 물론 이웃들부터도 많은 이쁨을 받았다. 비록 아들로 태어나지 못해 환영받지 못한 출생이었지만 그것은 잠시 한때뿐이었다. 왕방울만 한 눈으로 이쁜 말을 또박또박 하는 데다 유난히 총기가 뛰어난 아이였기에 현경을 보는 사람들마다 칭찬을 아끼지 않았다. 한편으로는 자기주장이 강하고 고집이 센 어린 숙녀를 볼 때마다 사람들이 고개를 절레절레 흔들 정도로 못 말리는 개구쟁이이기도 했다.

당시 현경의 집에서 가까운 신작로 입구 파출소 인근에 한옥 유치원이 있었다. 나중에 그 유치원은 교회로 바뀌었다. 집 가까운 곳에 있는 유치원을 현경이 모를 리 없었다. 그 유치원을 오가면서 현경은 자기 또래의 아이들이 공부하고 노는 걸 지켜보면서 어머니에게 유치원에 보내달라고 졸랐다. 하지만 어머니는 주저했다. '저 똑똑이가 유치원까지 보냈다가 뭐가 되려나.' 어머니는 자신이 감당하기 어려울 정도로 요망지고 거침없는 아이를 유치원에 보내면 더 감당하기 어렵다는 생각을 했던 모양이다. 조신하게 어린 시절을 보냈던 어머니 입장에서는 아마도 '여자가 너무 똑똑하면 팔자가 사납다.'는 생각이 강했던 것 같다.

반면 현경은 주저하는 어머니가 너무 야속하고 속이 상해 죽을 것만 같았다. 현경은 유치원에 꼭 다니고 싶었다. 한번 해야겠다고 생각하면 포기할 줄 모르는 그런 성격이었다. 유치원 아이들이 하는 모습을 한옥 유리창 너머로 보는 게 현경의 일상사가 되었다.

그러던 어느 날 작은 사고가 발생했다. 아이들이 유치원에 등교하면 유치원 가방 안에 있던 원생 수첩을 선생님에게 제출하는 게 맨 먼저 하는 일이었다. 그 수첩이 출석부 같아서 수업이 끝나면 선생님이 거기다 체크를 해서 이름을 부르며 다시 아이들에게 수첩을 돌려주었다. 그때였다. 그 광경을 지켜보던 현경이 유치원 안으로 뛰어들었다. "김현경!" 하고 선생님이 부르는 것 같아서였다.

제가 그냥 유치원 안으로 뛰어들었어요. 그러자 선생님이 놀란 눈으로 바라보면서 "너가 왜 뛰어 들어오니!" 하면서 저를 제지했어요. 그 순간 너무 무안하고 부끄럽고 창피했어요. 그

"현경아, 언니 숙제 좀 해줘!"

리고 뭐라고 말할 수가 없어 그 길로 집에 와서 떼굴떼굴 굴렀어요. 어린 마음에 자존심이 상해 그 난리를 친 거지요.

그 난리법석을 떨고 난 후 현경은 하루 종일 울고불고 했다. 그 일을 전해 들은 아버지가 나섰다. "유치원 가자!". 그때는 유치원 졸업이 가까워져 졸업까지 두 달 정도 남았을 때였다. 아버지는 동네의 최고 명사답게 멋스러운 스틱을 짚고 장갑을 낀 복장으로 현경을 데리고 유치원에 들어섰다. 졸업이 가까웠지만 맛만 보라고 현경을 유치원에 입학시켰다. 그날 이후 현경은 그토록 부러워하던 빨간 가방을 메고 유치원에 갔다 집에 돌아오면 마치 무슨 전쟁에서 승리한 개선장군처럼 의기양양했다. 돈만 내면 유치원에서 안 받아줄 이유가 없었겠지만 현경에게는 하루 종일 울고불고한 투쟁 끝에 얻어낸 소중한 성과였던 것이다. 그렇게 두 달 남짓 유치원을 다녔지만 당연히 졸업장은 받지 못했다. 졸업장은 안 주기로 하고 다닌 거였다. 현경에게 있어 가고 싶었던 유치원에 다니는 자체가 중요했지 졸업장은 큰 의미가 없었다. 그런 아이였다.

주워들은 것만으로 다섯 살 때 글을 다 깨치고
지금과 마찬가지로 1930년대에도 여덟 살이 되면 보통학교에 진학하게 된다. 현경이 들어간 덕수보통학교는 지금도 옛

날 그 자리(중구 정동)에 그대로 있다. 현경이 입학하던 1934년 덕수보통학교 이름은 경성여자공립보통학교였다. 그때는 여자애들만 뽑았다. 당시 사직동의 현경 또래는 대부분 가까운 곳에 위치한 매동보통학교로 갔지만 현경은 달랐다. 현경은 사직동 아이들 중에서 유일하게 경성여자공립보통학교에 입학한 것이다. 경성여자공립보통학교는 시험에 합격해야 들어갈 수 있는 곳이었다. 현경이 응시했을 때는 경쟁률이 4대1이나 되었다.

  3년 전 언니는 그 시험에 통과하지 못하고 떨어졌다. 언니는 면접을 볼 때 바로 앞에 교장 선생을 비롯한 여러 선생들이 앉아 있는 엄숙한 분위기를 견디지 못했다. 너무 당황하고 긴장한 나머지 공황 상태에 빠져 선생들의 질문에 답을 하지 못하고 가만히 서 있었다. 면접관들이 '저 아이는 백치아다다인 모양이다.'라고 생각했다. 이후 언니는 아버지가 교장한테 카우스 18k 버턴(단추)을 선물하고 뒷문으로 들어갈 수 있었다. 똑똑이 현경은 언니와 사뭇 달랐다. 입학시험에서 전혀 얼지 않았다.

  제가 보통학교 들어갈 때 면접장에서 찻잔을 내놓는 거예요. 그 집안 생활 수준을 알려고 그러는 거지요. 커피잔하고 코코아잔 두 개를 내놓아요. "이게 뭔 잔이냐?" 하고 물어보았어

"현경아, 언니 숙제 좀 해줘!"

요. 우리 집에서는 밤에 홍차를 주었어요. 그리고 겨울에는 코코아잔에 코코아를 주었어요. 노리다케 잔이었지만 커피잔하고 코코아잔은 제가 쉽게 구분할 줄 알았어요. 일상생활에서 썼으니까 제가 딱 알아맞췄죠.

뒷문으로 들어간 언니는 담임 선생의 개인 지도를 받았다. 아버지가 직접 담임 선생에게 부탁해 가정교사로 모신 것이다. 언니의 담임 선생은 학교 수업을 마치고 3시쯤에 언니의 개인 교습을 위해 사직동 집으로 왔다. 하지만 언니는 바깥에 나가 깡통차기를 하는 데 정신이 팔려 늘상 말썽을 피웠다. 언니는 공부 따위는 안중에도 없었다. 사직동 집이 워낙 큰 편이라 공부하는 방과 책상이 따로 있었다. 선생이 도착해도 언니가 없는 경우가 다반사였다. 넓은 방 구석에 선생님 혼자 덩그러니 앉아 있는 게 안 되어 보였던지 현경은 곧잘 선생님 옆에 앉아 말동무가 되곤 했다.

현경은 다섯 살 때 글을 다 깨쳤다. 정식으로 배운 게 아니라 곁눈으로 터득했다고나 할까. 아무튼 놀라운 학습능력을 보여주어 주위를 깜짝 놀라게 했다. 선생님이 집에 올 때면 집에서 일하던 두 명의 언년이가 언니를 찾으러 동네를 헤매고 다녔다. 겨우 언니를 찾아 선생님 옆에 앉혀 놓고서 하기 싫은 공부를 시작하는 식이었다. 현경은 그 수업에 꼬박꼬박 참여했다. 언니가 보통학교 1학년 여덟 살이고 언니보다 3살 아래인 현경은 그때 다섯 살이었다. 현경은 언니를 가르치는 선생님 눈을 똑바로 바라보고 귀를 쫑긋 세워서 열심히 들었다. 놀라운 집중력이었다. 한창 놀기를 좋아할 다섯 살 어린애가 스스로 공부를 하는 게 어디 쉬운 일인가?

현경은 옆에서 주워들은 것만으로 글을 깨치게 되었다. 당연하게도 개인 교습 시간 외에도 틈나는 대로 복습을 하면서 터득한 것이다. 현경이 글을 깨치고 나서는 언니 숙제를 대신하곤 했다. 언니는 학교 갔다 오면 현경에게 "얘, 내 숙제 좀 해줘!" 그랬다. 숙제는 보통 학교에서 배운 것을 베껴 쓰는 거였다. 그러면 현경은 언니 깍두기 노트에다 '아버지', '어머니', '할머니' 등의 글을 정성껏 썼다. 다섯 살 현경의 글씨는 다섯 살 아이의 글씨가 아니었다. 몇 살 많은 웬만한 보통학교 학생들보다 훨씬 뛰어났다. 이 같은 현경의 재주는 중고등학교에 진학해서도 더욱 빛을 냈다.

글씨는 균형 감각이 중요하잖아요. 제가 언니보다 더 이쁘게 쓰는 거예요. 왜냐면 정성 들여 쓰니까요. 그러니까 모범인 거죠. 5살짜리가 쓴 게 모범인 거예요. 언니가 학교에 가져가면 동그라미 3개, 4개씩 받아 와요. 그러면 저는 언니가 학교에서 오기를 기다리는 거죠. "언니! 숙제 뭐 있어?" "이리 와. 이거

두 장 쓰래?" 제가 두 장을 쓸 동안 언니는 나가서 깡통차기를 하고 놀아요.

팔방미인
외할머니

카프에서 활동한 큰외삼촌과 친구 설정식

  현경의 아버지와 어머니가 결혼 후 신접살림을 시작한 곳은 진위군의 어머니 친정집이다. 거기서 언니 현정을 낳은 후 상경해 종로구 창성동의 할아버지 집으로 들어갔다. 그때 어머니는 친정 동생 박한식을 데리고 올라왔다. 할아버지 저택이 넓고 방이 많아 기숙하는 데에는 전혀 지장이 없었기 때문이다. 현경의 큰외삼촌 박한식은 상경 후 경성공립농업학교에 진학했다. 경성공립농업학교는 지방에서 올라오는 수재들이 가는 곳이었는데 당당히 합격을 했던 것이다. 거기서 박한식은 학교 동기 설정식을 만나게 된다. 훗날 두 사람은 1920~30

년대 성행했던 신경향 문학 단체인 '카프'의 일원으로 활동하게 된다. 일제강점기의 사회적, 정치적 억압과 시대의 혼란상에 주목했던 카프는 김기진, 이기영, 조명희, 심훈 등의 주도로 결성되었다가 일제의 대대적인 검거령과 혹독한 탄압을 받으며 1935년 해체되었다.

아쉽게도 박한식의 작품은 오늘날 전해지고 있는 게 없고, 그가 해방 전에 경성방직 만주지사에 근무한 것은 현경의 증언으로 확인된다. 조카들과 정이 두터웠던 박한식이 만주에서 현경에게 엽서를 보낸 적이 있었는데 그 필체가 너무나 뛰어났다고 한다. 박한식의 절친 설정식은 4형제 중 셋째였는데 형제 모두 뛰어난 인텔리였다. 큰형 설원식은 만주에서 농장을 경영했고 둘째 설의식은 해방 후 〈새한민보〉를 창간한 인물이다. 그리고 막내 설도식은 일제강점기 때 대중가수를 하다 해방 후에는 사업에 뛰어들었다. 설정식은 일제강점기와 해방정국에서 왕성한 활동을 하다 한국전쟁 때 월북했다. 그는 1951년 판문점 정전회담 때 북한의 통역관을 맡기도 했는데, 1953년 숙청되어 생을 마감한다.

설정식의 동생 설도식과 얽힌 일화 하나가 현경의 기억 속에 남아 있는데, 현경이 18세 때인 1944년의 일이다. 조선 최고의 천재 작곡가 겸 피아니스트로 각광받았던 김순남이 부민관에서 1944년 12월 제1회 김순남 작곡 발표회를 가졌다.

피아노 윤기선과 신재덕, 당대 조선 최고의 바이올리리스트 박인종, 소프라노 박현숙, 바이올린 이영서와 정희석 등이 대거 참여했을 만큼 매머드급의 행사였다. 그 발표회에 참석한 설도식은 김순남의 열광적인 팬이었다. 그는 엄청난 금액의 그랜드 피아노를 김순남에게 선물할 정도로 팬심을 드러냈고 음악에 대한 열정 자체도 대단했던 인물이었다. 김순남의 본명은 김현명인데 현경의 육촌오빠로 1948년에 월북한 관계로 그의 음악은 오랫동안 금지곡으로 묶여 있다가 1988년 여러 월북문인들 작품과 함께 해금되었다.

아버지 찾아 갑자기 나타난 여인과 어린아이

한편 하나뿐인 딸과 사위에게 아낌없이 마음을 주었던 현경의 외할아버지가 어느 날 갑자기 진위 군수에서 쫓겨났다. 그 이유를 정확히 알 순 없지만 일본말을 전혀 하지 못하고 출렁거리는 시대에 능동적으로 대처하지 못했던 점이 크게 작용했을 수도 있다. 외할아버지는 상당한 충격을 받아서 정신병을 얻었다. 지나가는 젊은 남자만 보면 엉덩이를 몽둥이로 두들겨 패는 등의 행동을 보였다. 동네에서 외할버지의 사나운 행동이 무섭다는 원성이 자자해지면서, 하는 수 없이 외할아버지를 건넌방에 가두고 문에 대못을 박았다. 식사는 외할머니가 틈 사이로 갖다 주곤 했는데, 그 틈을 놓치지 않고 뛰쳐

나가 젊은 남자를 때리는 일이 또 발생했다. 할 수 없이 서울 효자동 순화병원에 입원을 시켰다. 입원한 지 얼마 되지 않아 병세가 악화되어 이내 사망하고 말았다.

현경은 외할아버지에 대해 말만 들었지 한 번도 보지는 못했다. 그 무렵 외할머니는 막내아들 박홍식까지 서울로 유학을 보냈다. 딸을 시집보내고 큰아들에 이어 막내까지 서울로 유학을 보냈으니 외할머니는 안중에 홀로 남게 되었다. 거기에 남편마저 군수에서 쫓겨나 그 충격으로 세상을 뜨고 말았으니 말 그대로 설상가상이었다. 외할머니의 막내아들, 즉 현경의 작은외삼촌 박홍식 역시 총명해 서울의 휘문고보를 다녔는데, 유학 초기에 잠시 현경의 할아버지 집에 기거했다. 박홍식은 훗날 창성동 집에서 살던 경험을 떠올리며, 밤이면 빈대가 쏟아져 나왔다고 고개를 절레절레 젓곤 했다.

어머니가 할아버지 집에 들어온 지 얼마 되지 않았을 때 일이다. 어느 날 일본 여자가 남자아이를 하나 업고 아버지를 찾으러 왔다. 그 여자는 학교 교사 출신이었다. 놀랍게도 아버지가 과거에 사귀었던 여인이었고 남자아이는 둘 사이에서 생긴 자식이었다. 그러니까 아버지가 총독부에 다닐 때 보통학교 교사와 연애를 했고 그 과정에서 아이가 생긴 것이다. 그런 후 아버지는 진위군으로 파견되어 거기서 어머니를 만나 결혼을 했던 것이다. 하지만 아버지는 아이까지 생긴 줄은 몰랐다며 당황해했다. 하나밖에 없는 아들에게 무슨 일이 생기면 안 된다는 생각에 할머니는 단호하게 대처했다. 일본 여자가 할아버지 집에 왔을 때, 할머니는 그 상황을 단번에 알아차리고 방망이를 들고 뛰어나가 소리쳤다. "일본년이 어디 와서 행패를 부리냐?" 그러고는 그 여자를 문밖으로 쫓아냈다. 매정한 처사였지만 그렇게 하는 게 집안을 위한 최선이라고 생각했던 것이다. 그게 효과가 있었는지 그 여자는 이후 단 한 번도 집에 찾아오지 않았고 종적이 묘연해졌다. 그 일이 있고 나서 어머니는 아버지한테 난리를 쳤다. 다른 여자와의 사이에서 아이까지 있다는 사실에 얼마나 충격을 받았을까?

　어머니와 함께 진위군에서 서울(경성)로 올라온 후 아버지는 다시 총독부에 복귀했다. 현경이 3살이 되었을 때 아버지는 총독부에 근무하고 있었는데, 그때 경성에서 산업박람회가 열렸다. 총독부가 주관하는 큰 행사였고 아버지도 그 행사 준비에 관여했다. 산업박람회가 열린 장소는 지금의 청와대 있는 곳이었다. 뒤에 현경이 입학한 덕수보통학교는 운동장이 좁아 운동회를 할 수 없었다. 그래서 2~3㎞ 정도 떨어진 신무문운동장에서 운동회를 열었다. 그곳 역시 산업박람회가 열린 건물의 바로 근처였다. 1905·6년 고종의 후궁인 엄비(嚴妃)의 적극적인 지원으로 양정의숙(양정고), 진명여학교(진명여고), 명신여학교(숙명여고) 등의 근대식 학교가 설립되었을 때 현경 할아버지의 창성동 저택의 상당 부분이 진명여고 부지에 편입되었다.

한편 어머니와 함께 상경해 한동안 할아버지 댁에서 공부를 했던 큰외삼촌 박한식은 1940년대 초반 서울로 이사를 왔다. 종로5가와 6가 사이에 낙산으로 올라가는 큰 길가에 큰외삼촌이 정착한 집이 있었다. 마당도 있고 초가집도 붙어 있는 집이었다. 집 가장자리는 가게를 할 수 있게 되어 있었다. 하지만 큰외삼촌은 가게는 하지 않았다. 그때 큰외삼촌과 안중에서 함께 살고 있었던 외할머니도 큰아들을 따라 서울에 올라와 같이 살았다. 이후 박한식은 6.25전쟁 때 이북으로 올라갔다. 그때 두 딸 정숙과 인숙도 아버지를 따라 함께 월북했는데 그 이후부터 소식이 아예 끊겼다.

양조장을 만들어 사업가로 변신한 외할머니

외할머니는 안중에서 양조장을 했는데, 거기에 얽힌 재미있는 일화가 있다. 외할머니는 큰아들과 막내아들을 각각 경성의 경성공립농업학교와 휘문고보에 진학시켰다. 두 아들 모두 명석하고 학업의 뜻이 강해 큰맘을 먹고 유학을 보냈지만 학비와 생활비 지원 부담이 상당했다. 게다가 외할아버지가 갑작스레 군수 자리에서 물러나고 나서는 매달 들어오는 수입이 끊어진 상태였다. 그래서 학비를 벌기 위한 작은 돈벌이를 시작했다. 외할머니의 선택은 밀주를 만들어 파는 거였다. 하지만 밀주 제조는 국가에서 금하고 있던 불법 사업이었고, 작은 마을에서 밀주를 만들어 파는 게 금세 눈에 띄었다. 단속 관리에게 적발된 뒤 진위군에서 보낸 소환장이 날아왔다.

 학비 충당을 위한 푼돈 마련하려다가 자칫 집안 기둥이 뽑힐 수도 있는 위기에 처한 외할머니는 궁지에 몰렸다. 뾰족한 방법이 없었기에 외할머니는 정면 돌파를 하기로 마음을 먹었다. 솔직하게 말하는 것이 최선이라고 생각했던 것이다. 외할머니는 밀주를 만들어 파는 동안 몇 말을 담가 막걸리를 얼마만큼 만들었고, 청주 생산량이 얼마이며, 이문이 어느 정도 남았고, 아이들 학비를 보낸 날짜 등을 일기처럼 빼곡하게 정리한 공책을 가지고 진위군청에 출석했다. 외할아버지의 뒤를 이은 새로운 군수가 그 공책을 보며 기막혀했다. 외할머니의 정성이 가득한 그 일기장에 감동한 것이다. 그러고는 양조장 허가를 내주었다. 전혀 상상하지 못했던 반전 드라마였다. 당시는 양조장 허가를 받는다는 게 보통 어려운 게 아니었기에 더더욱 놀라운 일이었다. 그렇게 해서 외할머니는 안중에서 정식으로 허가를 받은 양조장을 내게 되었다.

 당시 안중 읍내는 모두 초가집뿐이었는데 외할머니는 도단(함석)으로 지붕을 꾸며 양조장을 지었다. 양조장 옆에 100가마 정도 들어갈 수 있는 커다란 쌀 창고도 마련했다. 살림집 역시 양조장 옆에 붙여 새롭게 만들었다. 장소는 안중 읍내의 제일 중심가였다. 합법적인 양조장의 출발은 순풍에 돛을 단 것처럼 탄탄대로였다. 술 판매량이 이전과 비교해 훨씬 늘어났고 안중 주재소 순사들이 외할머니를 대신해 외상값을 받아주었다. 순사들이 자전거를 타고 안중 일대를 돌아다니면서 미수금을 거둬주니 양조장 운영이 한결 원활해졌고 승승장구할 수 있게 되었다. 그만큼 외할머니의 사업 수완이 대단했고 안중 일대에서 인심을 잃지 않았다. 남편은 군수 직위를 잃었지만 오히려 외할머니는 노후에 사업가로 변신해 안중 일대에서 영향력을 발휘했다. 외할머니는 사업 수완은 물론 남자들에게도 뒤지지 않는 배포를 가진 분이었다. 게다가 바느질 솜씨도 보통 솜씨가 아니었다. 나이 들어 현경이 뛰어난 바느질 솜씨와 창의적인 옷 디자인 능력을 뽐내게 되는데, 외할머니 재주를 그대로 닮았다는 말을 많이 듣게 되었다. 이에 대해 현경은 외할머니의 재주에 반도 안 된다고 대답했고 실제로도 그렇게 생각했다.

선머슴 언니의
화려한 변신

외할머니를 위해 아버지가 지은 별장

　안중에서 10km 정도 서쪽으로 가면 만호리라는 항구가 있다. 당진과 마주보는 항구로 만호리에서 멀리 바라보면 당진이 보인다. 그때 발동기로 움직이는 작은 배인 똑딱선이 있어 배를 타고 당진으로 건너갈 수 있었다. 그 만호리 항구 부근에 현경이 보통학교 다니던 시절, 아버지가 장모 외할머니를 위해 별장을 하나 지었다. 아버지가 직접 설계한 별장이었다. 아버지는 건축이나 조경 등에 대해 공부를 한 적이 전혀 없지만 그 분야에 대한 감각과 안목이 남달랐다. 아버지가 직접 설계하고 시공 감독을 한 그 별장은 다분히 실용성이 강조된 근대식 건축물이었다. 양기와지붕을 올리고 마당 가운데에 연못을 팠다. 그리고 연못 가장자리를 따라 여러 개의 방을 만들고 실내에 화장실을 두었다. 신발을 벗고 밖으로 나가 볼일을 보는 번거로움을 해소한 서양식의 실용적인 건물이었다. 학생들이 모여서 같이 밥도 먹을 수 있도록 식당을 만들었으며 큼지막한 목욕탕까지 설치했다.

음식을 준비하는 아주머니도 고용했다. 식당은 탁자에 의자가 놓인 형태가 아닌, 큰 식탁에 둘러앉아 먹게끔 되어 있는 구조였다. 식사 시간이 되면 조그만 종을 쳤는데, 그 종소리가 각방으로 전달되게끔 했다. 방은 한 사람씩 머물 수 있게 꾸몄으며 방마다 책상이 놓여 있었다. 의자가 달린 책상이 아니라 앉아서 공부를 할 수 있는 책상이었다.

현경은 방학 때면 항상 안중에 갔다. 안중 읍내에서 고개 하나를 넘으면 외할머니의 남동생집이 있었다. 안중읍 소로모지라는 지역인데 그곳에 외할머니의 어머니, 즉 외증조할머니가 같이 살고 있었다. 외증조할아버지는 대원군 때 희생당한 천주교 순교자였다. 외증조할머니는 매년 서울에 올라오곤 했다. 그때마다 현경이 사직동 집에서 명동성당까지 가는 길을 안내하곤 했다. 외증조할머니는 차멀미가 심해서 인력거도 잘 타지 못했고 지팡이를 짚고 걸어다녀야 했다.

문학 선생님 외할머니와 멋쟁이 외삼촌

현경이 외증조할머니와 명동성당에 갈 때면 어머니가 노란 수건에 백설기를 준비했다. 그리고 '라무네'라는 상표명을 가진 일본 사이다도 함께 싸주었다. 그 라무네 사이다는 한꺼번에 많이 먹는 것을 방지하기 위해 구슬이 들어 있는 것이 특징이었다. 백설기, 라무네 사이다가 든 보따리와 성경책을 들고 사직동에서 출발해 신작로 고개를 넘어 조선호텔을 거쳐 명동성당으로 가는 도중에 꼭 한 번은 쉬어야 했다. 그러면 어머니가 싸준 보따리를 풀고 백설기와 라무네 사이다를 나누어 먹었다. 라무네 사이다병에서 딸깍딸깍하는 소리가 100세를 눈앞에 둔 현경의 귓가에 여전히 들리는 듯하다고 한다.

방학 때면 현경을 포함한 김해 김씨 일가친척의 학생들이 안중에 모이면 양조장에 먼저 들렀다가 외증조할머니 집에도 가고 그랬다. 양조장에 모여 있는 날에 장이 서면 통이 큰 외할머니는 수박, 참외 등의 과일을 지게째로 구입해 내놓았다. 한창 먹성이 좋은 학생 7~8명을 감당하려면 그렇게 해야 했다. 외할머니는 연신 흐뭇한 미소를 지으며 멍석을 깔아놓은 마당에 과일을 쏟아낸 뒤 한 뭉텅이씩 나눠주었다.

외할머니 집에 있던 다락은 외할머니 서재였다. 다락을 좀 낮게 해서 드나들기 쉽게 해놓았다. 외할머니는 자신이 읽은 여러 소설 이야기를 해주셨다. 이광수의 『사랑』, 심훈의 『상록수』 등의 소설도 그때 처음 들었으니 외할머니가 현경의 첫 문학 선생님인 셈이다. 특히 모파상의 『여자의 일생』에 대한 외할머니의 얘기가 인상적이었다. 그때 그 얘기를 들으며 함께 있던 학생들 모두가 눈물을 뚝뚝 흘렸다. 외할머니는 서울 당주동 칠대문(대문이 일곱 개나 있는 큰 집) 남양 홍씨 집안의 딸(이름은 홍승경)이지만 정식 학교는 가지 못했다. 여자가 학교에 가는 자체가 허락되지 않았던 세대였기 때문이다. 하지만 외할머니는 독학으로 일찍이 언문을 깨쳤고 책을 많이 읽었다. 현경은 책을 좋아하는 외할머니 영향을 많이 받았고, 외할머니 역시 어릴 때부터 총기가 남달랐던 현경을 매우 아꼈다.

 외할머니가 안중에서 양조장을 운영하면서 마을 유지가 되었을 무렵 두 아들이 안중에 복귀했다. 외할아버지가 군수에서 물러난 충격으로 세상을 뜬 이후 경성으로 두 아들이 유학을 떠나면서 뿔뿔이 흩어졌던 가족이 다시 모인 것이다. 물론 유일한 딸인 현경의 어머니는 출가외인이었다. 당시 안중은 조그만 읍이지만 우체국과 금융조합이 있을 정도로 활기가 넘치는 마을이었다. 안중의 금융조합장은 큰외삼촌 박한식이 맡았다. 작은외삼촌 박홍식은 외할머니의 양조장에서 회계 일을 봤다. 박홍식은 스포츠를 좋아해서 테니스 선수를 했다. 하얀 바지에다 하얀 셔츠, 하얀 모자를 쓴 데에다 라켓을 든 모습은 완전 멋쟁이였다.

읍내에 있던 안중보통학교는 외할머니가 설립하다시피 했다. 사비를 털어 교실마다 풍금을 넣어주었고 운동장에 테니스 코트를 만든 사람이 바로 외할머니였다. 현경을 무척 아꼈던 박흥식은 테니스를 칠 때면 현경을 꼭 데리고 갔다. 박흥식은 형 박한식과 달리 6.25 전쟁 이후에도 남쪽에 남았다. 전쟁 이후 현경이 성북동 생활을 할 때 성북동 꼭대기쯤에 살았던 박흥식이 툭 하면 도민증을 빌려달라면서 현경을 찾아오곤 했다. 현경이 수영과 함께 구수동으로 옮긴 이후에는 소식이 뜸해졌고 1970년대 초에 이촌동의 현경 집에 몇 차례 방문한 적이 있다. 그 이후에는 다시 안중에 내려갔다는 소식만 들었을 뿐 연락이 끊어졌다.

불꽃처럼 피어오른 언니의 샘

공부에는 관심이 없고 선머슴처럼 동네 남자아이들과 깡통차기를 하는 데 여념이 없던 언니의 변신은 놀라웠다. 뒤늦게 공부에 대한 의욕을 보이면서 당시 최고 명문인 경기고등여학교에 도전했다. 하지만 두 번이나 떨어져서 어쩔 수 없이 진명고등여학교에 진학했다. 그 때문인지 언니는 현경에게 "너! 경기고녀에 가면 죽는다!"라고 협박하곤 했다. 그래서 현경은 경기고등여학교에 응시하지도 못하고 언니가 다니던 진명고등여학교로 가야만 했다. 그 덕분에 3살 터울 자매의 학년이 1

년밖에 차이가 나지 않게 되었다.

1940년 현경이 진명고등여학교에 들어갔을 당시 동아일보에서 주최하는 전국학생서예전이 매년 열렸다. 현경은 2학년 때 그 대회에서 입선한 경력이 있다. 당시 그 서예전에 나가려면 먼저 반 대표로 뽑혀야 했다. 그런데 현경은 반 대표가 되었지만 언니는 반 대표가 못 되었다. 동생은 출품하는 데 자신은 그러지 못하자 언니의 샘이 폭발했다. 언니는 방학 동안 어머어마한 서예 연습을 했다. 무려 습자지 일천 장에다 글씨를 쓴 것이다. 집안이 온통 먹투성이가 되었다. 언니의 끈기력은 대단했고 동생과의 경쟁에서 질 수 없다는 투쟁심이 활활 타올랐다. 언니의 샘으로 인해 한때 집 안에서 제대로 숨도 못 쉴 정도였다.

언니의 샘은 계속되었는데, 언니의 결혼을 앞두고 벌어진 일화 하나가 있다. 어머니는 오래전부터 두 딸의 혼수를 위해 미리 여러 품목을 두 벌씩 준비했다. 그런데 어느 날 언니가 혼수를 살피다가 "이건 뭐예요?"라고 물었다. 어머니가 "그건 현경이 거야." 그랬더니 "현경이는 지금 학교 다니는데 뭔 필요가 있어요?" 하고 따지고 들었다. 그 말에 현경이 비위가 상해 불끈했다. "아! 걱정 마세요. 전 안 가져도 돼요. 가져가요. 다 가져가요."라고 소리쳤다. 그렇게 해서 현경의 몫까지 언니 현정이 다 차지했다.

언니는 욕심이 많고 불같은 성격이었지만 학교 선생이 된 이후에는 모범적인 생활을 했기에 어머니와 죽이 잘 맞았다. 평범하고 보수적인 어머니 입장에서 골치 아픈 딸은 오히려 현경이었다. 누구보다도 영리한 아이였지만 늘 엉뚱하고 제멋대로여서 도저히 통제가 되지 않은 딸이었던 것이다. 그렇다고 어머니가 편애를 한 것은 아니었다.

현경보다 언니가 훨씬 잘하는 게 하나 있었는데 달리기였다. 어릴 때부터 깡통을 찼던 기운 때문이었는지 학생 신기록을 갖고 있을 정도로 달리기에서는 타의 추종을 불허할 정도였다. 달리기를 했다 하면 꼴찌를 하는 현경과는 대조적이었다. 언니는 400m 달리기 신기록은 물론 400m 허들 경주 신기록도 가지고 있던 학교 대표선수였다.

언니는 졸업 후 경성사범학교로 진학했고 이후 재동국민학교 선생이 되었다. 운동만 잘하는 말썽꾸러기 언니의 반전은 주위를 깜짝 놀라게 했다. 경성사범대학에서의 성적도 눈부셨다. 10등 안에 들어야 갈 수 있는 재동국민학교에 당당하게 부임한 것이다. 학교 선생이 되어서도 승승장구했다. 실력을 인정받아 진학반인 5학년과 6학년만 맡았다.

언니의 진학 지도는 특별했다. 시원시원하고 근성이 대단한 성격이 그대로 드러났다. 학생 지도에 필사적으로 매진했는데, 그 방법이 지독했다. 아이들을 때리지는 않았지만 게으름

김현경 언니 김현정의 사진.

을 피우는 아이들은 집요하게 꼬집으며 들볶았던 것이다. 그 때문에 언니 반 아이들 팔이 전부 시커멓게 변했다.

철두철미한 선생의 혹독한 학생지도

언니는 또 아이들에게 교과서를 두 권씩 사게 했다. 한 권은 다 뜯어 달달 외우게 했다. 수업 시간에는 그 너덜너덜해진 교과서를 꺼내놓고 수업을 하다가 장학사나 외부 인사가 시찰하면 깨끗한 교과서를 꺼내놓게 했다. 언니의 교수법은 간단했다. 무조건 외우게 하는 거였다. 심지어 수학 과목도 다 외우게 했다. 외우면 다 해결된다는 것을 강조하고 지독하게 시키니까 언니 반은 100% 경기, 숙명, 진명, 이화 등의 명문 학교에 진학했다. 언니 반에만 들어가면 성적이 떨어지는 애가 한 명도 없었다. 그 소문이 나면서 학부모들이 교무실에 몰려와 "제발! 김현정 선생 반에 좀 넣어 주세요!"라고 사정사정했다. 일부 학부모는 뒷돈을 주면서까지 애원할 정도였다.

학생들 생활지도도 철저했다. 교장실 바로 위층이 언니네 반이었다. 아이들이 쿵쾅거리면 바로 교장실에서 들리게 되어 있었다. 그걸 가만히 둘 언니가 아니었다. 특별조치를 내렸다. 아이들 모두에게 까치발로 걸어 다니게 했다. 여학생들 위생관리에도 유별났다. 5학년, 6학년이 되면 초경을 하는 여자아이들이 있었다. 언니는 월경으로 인해 팬티에 피가 묻는 것을 차단하기 위해 여자아이들에게 검정 팬티만 입도록 했다. 그리고 잘 빨아서 입는지 아침마다 치마를 들고 냄새를 맡았다. 무엇이든 잘못이 생기는 것을 원천 차단하겠다는 심산이었다. 선머슴에서 지독한 악바리 선생으로의 변신, 화려한 반전이었다.

걸출한 사업가 아버지와
두 명의 작은어머니

금광채굴 사업에 착수한 아버지

1929년 총독부 주최의 조선박람회가 열렸는데, 이를 기획한 이가 바로 현경의 아버지였다. 아버지는 조선에서도 손꼽히는 행정가였고 사업가로서의 자질 또한 특출했다. 당시 조선 내에서 내로라하는 유명 인사들과 폭넓은 교류를 했을 뿐 아니라 화신백화점의 박흥식, 유한양행의 유일한, 조선일보 방응모 등의 친구를 두었다. 그중 방응모는 현경의 사직동 집에 방문해 아버지와 마작을 더러 했다.

마작을 하면 대개 밤늦게까지 이어졌다. 그럴 때마다 현경은 졸음을 참으면서 끝까지 버텼다. 왜냐면 밤이 깊어지면 아버지가 밤참으로 중국집에서 자장면을 시키기 때문이다. 졸음을 참으며 끝까지 버텨 밤참으로 먹은 그 자장면 맛을 지금도 잊지 못한다고 한다. 아버지는 밤참을 시킬 때 자고 있지 않은 식구들 것도 따로 다 시켜주었다.

아버지는 총독부에서 나온 뒤 맨 먼저 시작한 것은 조지아(丁子屋) 백화점(미도파백화점 전신) 조선물산부를 운영했고 이어서 광산업에 뛰어들었다. 금광채굴을 해서 큰돈을 벌겠다는 게 아버지의 야심이었다. 퇴직과 함께 아버지는 충북의 어느 산을 매입해 금광채굴에 착수했다.

제법 큰 산이었기에 상당한 투자를 했다. 그런데 오랫동안 아무리 파도 금이 나오지 않았다. 그 여파로 자금이 말랐고 급기야 집에 빨간 딱지가 붙었다. 차압이 들어온 것이다. 현경이 10살, 11살 정도 되었을 때 일이다. 보통학교 3~4학년 정도 되었을 무렵인데 현경이 전당포를 다녔다. 집에 있는 물건을 가져다가 전당포에 잡히기 위해서였다. 어머니의 금반지, 금비녀, 여우털목도리 등을 가져다가 전당포에 맡기는 것이었다.

현재 광화문네거리 근처에 있던 현대건설 자리 뒷골목 쪽에 일본 사람이 하는 전당포가 있었다. 어머니가 전당포 심부름을 언니 대신 현경을 시켰다. 큰딸은 덜렁거려서 믿음이 가지 않아서다. 반면 현경은 일을 똑 부러지게 잘했고 시키는 일은 틀림없이 해냈다. 일본 사람이 하는 전당포니까 일본말로 해야만 했다. 현경은 학교에서 일본말을 배웠기 때문에 일본말을 아주 잘했다. 어머니는 언년이 편에 물건을 들여보내고 현경이를 따라가게 했다.

사직동 집에 부엌일을 돕는 언년이는 작은언년이, 큰언년이 둘이 있었다. 어머니는 나무상자를 만들고 거기에 여우털 목도리를 넣어 언년이가 들고 가게 했다. 어머니 금반지, 금비녀 등 부피가 작은 것부터 먼저 전당포에 맡겼다. 그렇게 어머니 귀중품을 전당포에 맡기고 살림을 꾸리고 있으면 금광 현장에서 돌아온 아버지가 목돈을 건네곤 했다. 그러면 현경이 반대로 언년이를 데리고 전당포에 가서 잡힌 물건들을 찾아왔다.

당시 사직동 집에는 객식구들이 많았다. 오지랖이 넓고 사람들에게 인색하지 않았던 아버지의 지인들이 집에 들락거렸다. 그래서 이름도 모르는 객식구가 항상 많이 들끓었다. 사직동 집은 안방, 건넌방이 있고 또 아랫방, 윗방이 있었다. 할머니가 기거하는 별도의 방도 있었다. 그중 윗방은 언니와 현경이 각각 공부를 하게끔 되어 있었다. 그런데 객식구들이 수시로 들어 와 옷을 갈아입는 장소로 사용했다. 어떤 객식구는 옷보따리 위에다 버선 짝을 벗어 올려놓았다. 옛날 버선은 정말 더러웠다. 그 더러운 버선을 어떤 때는 공부하는 책상 위에 올려놓았는데 현경은 그게 너무 싫었다. 책상 위에 올려진 더러운 버선을 보면 아주 기분이 나빠져 곧바로 들고 나가 마루에 내팽개쳐 버렸다.

금광사업에 실패한 후 무역업에 뛰어들어

사업 수완이 뛰어난 아버지였지만 금광 사업은 순조롭지 않았다. 지독하게도 운이 없기도 했다. 결국 아버지는 금광을 팔아야만 했다. 아무리 파도 금이 나오지를 않았기에 금광을 정리할 수밖에 없었다. 경교장의 주인이고 일제강점기의 유명한 금광왕 최창학이라는 인물이 있었는데 아버지 친구였다. 금광 사업에 차질이 생기자 아버지는 최창학에게 거래를 제안한다. 아버지가 매입한 산을 반으로 쪼개 한쪽을 최창학에게 판 것이다. 그런데 지독하게도 운이 없었던지 최창학이 매입한 산에서 채굴을 하자마자 금이 막 쏟아졌다. 반면 아버지 쪽에서는 금이 나오질 않았다. 결국 일꾼들의 임금도 줄 수 없게 되고 자본금도 다 까먹을 형편이 되었다. 결국 최창학에게 나머지 산도 다 팔아버리고 말았다.

그렇다고 좌절하거나 물러설 아버지가 아니었다. 금광 대신 다른 쪽으로 눈을 돌렸다. 강원도 고성과 금강산 해금강 인근에서 중석(텅스텐) 광산 사업을 했다. 시기적으로 1941년에 발발한 태평양전쟁으로 인해 일제가 조선의 집에 있는 놋그릇까지 싹 쓸어가며 공출을 할 때였다. 중석은 전쟁에 절대적으로 필요한 광석이었기에, 아버지가 중석을 생산하는 즉시 전량을 일제에게 팔 수 있어 꽤 돈이 되었고 금광 사업의 적자를 만회했다. 그런데 일본의 항복으로 해방이 되자 중석 광산이 38선에 걸려 북한으로 넘어갔다. 해방 후 아버지는 또 다른 사업을 모색해야만 했다.

한편 태평양전쟁 말기에 도쿄가 공습을 받자 일제가 서울 공습에 대비해 밀집된 도심의 집들을 서울 외곽으로 분산시키는 소개(疏開) 조치를 내렸다. 이에 따라 사직동 집을 비우고 정릉으로 옮겨야 했다. 정릉으로 옮긴 그 집에 배밭이 있었다. 정릉으로 이사를 간 후 아버지는 곧바로 돈암동 집을 새로 지었다. 그때 정릉 집이 정릉의 돌산 근처에 있었는데, 그걸 눈여겨본 아버지가 3년 동안 소개되어 있는 동안 그 돌산의 돌을 이용해 근사한 집을 지었다. 돈암동 집은 문틀을 사각으로 하지 않고 동그랗게 아치식으로 꾸몄다.

아버지는 해방이 되고서는 무역업에 뛰어들었다. 소공동에 사무실을 내고 홍콩, 마카오 등지와 무역을 했다. 오징어와 쌀을 수출하고 홍콩, 마카오로부터는 자동차 타이어를 수입했다. 아버지는 친구인 화신백화점 박흥식과 함께 무역 1세대라고 할 수 있다. 안타깝게도 6.25전쟁 직전에 쌀과 오징어를 실은 배를 홍콩, 마카오로 보냈는데 전쟁으로 인해 자동차 타이어를 받지 못했다.

두 명의 작은어머니

아버지는 두 명의 첩을 두었다. 한 명은 가회동에 거주했는데, 현경이 보기에 하얀 얼굴에 약간 나이가 든 모습이었다. 또 한 명은 개성의 호수돈여고 출신이었는데 처음에는 필운동에 있다가 계동으로 옮겼다. 그 계동 집과 마주하고 있는 집이 몽양 여운형의 집이었다. 대한민국 최초의 패션 디자이너로 유명한 노라노 노명자 집은 창덕궁 쪽으로 계동 집 옆집이었다. 노명자는 현경의 덕수보통학교 동기인데 두 사람은 둘도 없는 절친이 되었다.

둘은 곧잘 같이 다녔다. 학교를 파하고 나면 둘은 현경의 사직동 집에 들러 참을 먹었다. 학교에 도시락을 갖고 가지만 방과후 집으로 돌아오는 오후 3시경 되면 또 출출해지는 시간이었다. 사직동 집의 소고기 넣고 끓인 깍두기찌개가 일품이었는데, 둘은 신나게 그걸 먹고 나서 총독부 앞을 지나서 북촌 계동의 노명자 집까지 걸어가곤 했다.

이웃이었던 여운형에게는 딸 셋이 있었는데, 그중 삼녀 여원구가 현경의 이화여대 영문과 동기였다. 여원구는 자기 아버지를 닮아서 얼굴이 예쁘장했고 언니 여연구는 승마 전공의 이화여대 체육과에 다녔다. 여원구는 1년쯤 영문과를 다니더니 어느 날부터인가 학교에 나오지 않았다. 이후 모스크바 유학 소식이 들렸다. 그렇게 소식이 끊긴 여원구가 긴 세월이 흐른 1991년, 서울을 방문했다. 당시 언론에서 대서특필할 정도로 화제가 된 바 있다. 그때 여원구는 우이동에 있는 아버지 여운형 묘소에 참배했고, 오래전의 대학 동기를 만나고 싶다고 했지만 현경은 연락을 받지 못해 만나지를 못했다.

계동으로 이사하기 전, 필운동에 살던 작은어머니 집에 갔다는 이유로 현경이 어머니한테 회초리를 맞은 적이 있다. 5살 무렵이었다. 몰래 필운동 집에 갔다가 어머니한테 들켜서 맞은 것이다. 현경은 작은어머니 집에 가는 게 재미있었다. 아버지가 오면 모자와 지팡이를 받아주며 환한 미소를 짓는 그 모습이 보기 좋았던 것이다. 아버지는 30대밖에 안 되었지만 늘 장갑을 낀 채로 지팡이를 들고 행차했다. 그리고 정장 차림에 서양식 모자를 꼭 썼는데 영국 신사가 따로 없었다. 작은어머니는 아버지를 왕자 모시듯 했다.

현경이 보기에도 아버지를 대하는 태도가 훌륭했다. 어머니가 못 가게 했지만 호기심을 참지 못하고 몰래 갔다가 매를 맞은 것이다. 매를 맞아도 현경은 잘못했다고 빌지를 않았다. 매를 맞으면 울면서 비는 게 보통인데 조그마한 여자아이가 오히려 어머니에게 대꾸했다. 그 얘기도 어머니 입장에서는 가관이었다. "어머님도 좀 배워야 해요. 그러면 아버지가 뭐 때문에 첩 살림을 하겠어요? 어머님이 필운동 집처럼 아버지한테 하면 아버지가 필운동에 가지 않을 거예요." 5살 아이 입에서 나온 소리가 이처럼 요망지고 되바라졌으니 어머니 말문이 막힐 수밖에. 현경이 어릴 때는 '엄마'라고 부르지 않았고 반드시 '어머님'이라고 불러야 했다.

화가 치민 어머니는 5살 계집아이에게 회초리 몇 대 때리고 다락방에 가둬버렸다. 다락방에는 반다지가 여러 개 있었다. 그중에서 겨울용, 여름용, 봄가을용 등 계절별 이불 보따리가 놓인 곳이 있었는데 딱 기대기 좋았다. 또 천장에는 홍합 말린 것과 곶감 등이 줄줄이 매달려 있었다. 어머니한테 회초리 맞고 울었으니 좀 고단해진 현경은 이불 보따리에 기대 한참을 잤다. 몇 시간이 지나 마음이 진정이 된 어머니가 다락문을 열었다. 오랜 시간이 지나도록 아무런 기척이 없어 걱정이 되었던 것이다. 다락문을 열어 보니, 곤히 자고 있는 현경의 머리맡에 곶감을 빼먹고 남은 씨가 여기저기 널려 있었다. 그 모습에 어머니 마음이 짠해졌다.

언니보다 먼저 간 외동딸의 슬픈 사랑

한편 악착같은 노력으로 학교 선생이 된 언니는 나이가 차자 결혼을 했다. 그때 아버지는 삼청동 집을 장만해 주었다. 한옥 기와집이 즐비한 삼청동의 높은 지대에 위치한 집이었다. 남편은 장학관이었는데 나중에 교장까지 했으며 시조 시인이기도 했다. 신랑은 한없이 착한 인물이었다. 직선적이고 불같은 성격의 언니와는 사뭇 대조적으로 월급봉투째 갖다 바치는 등 애처가 기질이 다분했다. 학생 지도에 탁월한 능력을 보였던 언니는 그 집에서 부잣집 애들 대여섯 명을 불러 과외를 했다. 다음날 시험과목에 대한 족집게 과외 수업이었던 덕분에 학생들 모두 100점을 받았다. 삼청동은 물론 가회동 부촌 엄마들이 각종 음식을 가지고 와서는 언니에게 매달리는 광경이 일상이 될 정도였다. 선생을 하늘처럼 떠받드는 시절이었고, 가장 잘나가는 선생이었기에 언니 집안은 날로 번창했다. 갑부나 장관이 전혀 부럽지 않았다.

언니는 딸 하나밖에 두지 못했다. 그 외동딸이 현경의 조카 고춘혜인데, 소나무 사진으로 유명한 배병우의 부인이 된다. 고춘혜는 홍익대학교 수석으로 들어가서 수석으로 졸업했다. 경기여고 졸업하고 서울대 미대 가려다 응용미술을 하고 싶어 홍대 미대로 방향을 바꿨다. 고춘혜는 워낙 실력이 출중해 홍대 재학 4년 동안 등록금을 한 번도 내지 않았는데, 집에서 받은 등록금을 학교 동기인 배병우를 지원하는 데 썼다. 그런데 집안에서는 그 사실을 아무도 몰랐다.

언니는 외동딸이 달라는 대로 돈을 아낌없이 주었고, 외동딸은 그 돈으로 배병우의 사진 작업을 도왔다. 상당히 많은 돈이 드는 일제나 독일제 사진기가 고장나면 그걸 고춘혜가 감당했던 것이다. 그렇게 두 연인의 사랑이 불타올랐지만 그 사

배병우, 고춘혜 부부의 단란한 한때. 오른쪽 두 번째가 손녀를 안고 있는 김현정이다.

랑은 불행히도 오래가지 못했다. 불의의 사고 때문이었다.

　1999년 8월 연세대 앞 로터리에서 비가 쏟아지는 와중에 하얀 차가 멈춰 섰다. 비가 많이 와 제대로 차 안을 볼 수 없는 상황에서 신호가 몇 번 바뀌어도 차가 움직이지 않아 이상하게 여긴 순경이 차 근처로 접근했다. 그리고 차 안을 유심히 보니 한 여자가 핸들을 잡고 머리를 숙인 채 있는 모습이 보였다. 고춘혜였다. 놀란 순경이 고춘혜를 들쳐업고 연세대 세브란스병원으로 달려갔지만 이미 숨이 멎은 상태였다. 심장마비였다. 훗날 세계적인 작가가 된 배병우는 이런 말을 했다. "난 40여 년을 카메라를 메고 빛과 바람 속을 헤매었다. 덕분에 세상에 이름이 알려졌고 또 보상받았다. 그러나 정작 보상받아야 할 사람은 먼저 갔다." 현경도 안타까운 심정을 토로했다. "조카가 불쌍하지. 뒷바라지하느라 애만 쓰고 좋은 시절도 못 보고 너무 빨리 가버렸어."

2장 문학소녀와 시인의 만남

시인 김수영과의
첫 만남

5월의 거리 효자동에서 만난 세 사람

 현경이 기억하는 시인(詩人) 김수영과 첫 만남은 1942년 5월로 거슬러 올라간다. 진명고등여학교 3학년이었던 현경은 그날 오후 몰래 학교를 빠져나왔다. 소위 '땡땡이'를 친 것이다. 담임 선생 허락도 없이 무단 조퇴를 하는 것은 작은 일이 아니었다. 여학교의 교칙이 엄격했기에 발각되면 반성문을 쓰거나 심하면 징계를 받아야 했다. 그런 면에서 현경은 이미 문제아였다. 언젠가 수학 시간에 톨스토이의 소설 『부활』을 탐독하다 선생에게 딱 걸린 경험이 있다.

 하지만 대범하기 짝이 없는 여학생 현경은 개의치 않았다.

재미없기로 악명이 높았던 수학 시간이 너무 싫었다. 수학을 곧잘 했지만 수학 선생의 그 지루한 수업 시간은 그날따라 유난히 피하고 싶었다. 무엇보다 창 너머에서 전해지는 라일락, 아카시 꽃향기가 현경을 강하게 유혹했다. 봄 내음 가득한 거리에서 푸르른 하늘과 5월의 봄볕을 만끽하고 싶었던 현경은 가방을 들고 학교 근처 효자동 거리로 나섰다. 말 그대로 5월의 효자동 거리는 완연한 봄이었다. 한적한 거리를 홀로 걸으며 현경은 봄날이 선사한 해방감에 전율하며 효자동 끝자락의 전찻길까지 천천히 내려갔다.

  그때였다. 어떤 남자 둘이 걸어오고 있는 게 보였다. 그중 한 사람은 현경이 어릴 적부터 잘 알고 있던 이종구였다. 현경이 이종구를 알게 된 것은 보통학교 1학년 때다. 당시 현경은 아버지 친구의 부인을 수양어머니로 모시게 되었는데, 이종구는 그 수양어머니의 먼 친척뻘이다. 이종구가 선린상업학교 중학생이 되어 경기도 광주군 돌마면 수내리(현재의 분당 중앙공원 자리)에서 상경해 내자동에서 하숙을 하게 되었다.

  그즈음 현경도 자신을 무척 아꼈던 수양어머니 내자동 집에 자주 들렀다. 내자동은 사직동 옆 동네였기에 어린 현경의 걸음으로도 먼 거리가 아니었다. 새해를 맞게 되면 현경은 수양어머니에게 세배를 했다. 그리고 수양어머니 집과 가까이 있었던 이종구의 공부 하숙집에도 세배를 하러 갔다. 현경이 이종구를 처음 보게 된 것은 설날 수양어머니 집에 먼저 들르고 나서 하숙집에도 세배를 하러 들렀을 때였다. 현경은 그때부터 6살 연상의 이종구를 "아저씨! 아저씨!" 하고 불렀다.

  효자동 전찻길에서 현경을 만난 이종구는 일본 유학 중에 학비가 떨어져 잠시 귀국한 거였다. 이종구가 일본으로 유학 간 후 두 사람은 편지를 주고받았다. 문학소녀답게 늘 책을 읽고 습작을 하거나 편지를 쓰는 게 일상이었던 현경은 일본에 있는 이종구 하숙집으로 가끔씩 편지를 보내곤 했다. 그렇게 서로의 안부를 물었던 사이였기에 현경은 갑작스럽게 학교 근처에 찾아온 이종구의 출현에 깜짝 놀라며 반색했다. "아저씨 웬일이야?" 현경의 물음에 이종구가 "너 만나러 학교로 찾아가는 중이야."라고 대답했다.

  생기발랄한 16세의 부잣집 딸과 수줍은 22살 청년
  현경은 이종구의 말에 환한 표정을 지으며 이종구 옆에 서 있던 유학생 복장의 학생과 인사를 나눴다. 그 학생이 바로 김수영이다. 현경은 이종구와의 편지를 통해 수영의 존재를 이미 알고 있었지만 얼굴을 본 것은 이때가 처음이었다. 수영 역시 이종구가 자신의 조카뻘 되는 여자아이가 무척 예쁘고 똑똑하며 글재주가 남다르다고 여러 차례 자랑했던 터라 현경에 대해 알고 있었다. 쾌활한 현경이 두 사람에게 말했다. "저는 오늘 학교가 싫증이 나서 집으로 가는 길이에요. 저희 집으로 가요."

현경은 이종구와 수영을 사직동 집으로 안내했다. 그리고 두 사람에게 맥주를 내놓았다. 아버지가 궤짝째 갖다 놓은 맥주였다. 현경이 어렸을 때와는 달리 아버지가 첩을 들인 후에는 사직동 집에서 손님을 잘 맞지 않았기에 맥주가 창고에 궤짝 그대로 있었다. 아들을 낳지 못해 마음고생이 심했던 어머니는 첩을 둘이나 둔 아버지를 냉랭하게 대했고, 아버지는 그런 어머니를 피해 살갑게 대하는 계동의 작은어머니 집에서 손님을 맞곤 했다.

이때의 현경과 수영의 짧은 만남을 뒤로 하고, 두 사람이 다시 만나게 되는 것은 2년 정도 지난 시점인 1944년 2월이다. 태평양전쟁이 막판으로 치달을 때 일본 경찰에 잡혀 조선으로 강제징용된 이종구의 부탁으로 수영이 다시 진명고등여학교를 찾아 현경을 만났다. 강제징용 직전에 이종구는 자신의 변고를 현경에게 전해달라며 수영에게 신신당부를 했던 것이다. 수영 역시 일본 유학생들이 대거 징병이나 징용으로 끌려가는 것을 목격하면서 그것을 피해 서둘러 귀국했고, 친구 이종구와의 약속을 지키기 위해 귀국 즉시 현경부터 찾았다. 진명고등여학교가 당시 식민지 통치 최고 권력기관인 조선총독부 건물 서쪽 인근에 있었기에 현경을 만나러 가는 길이 결코 쉽지 않았을 터. 총독부 건물 앞 대로를 통해 걸어갔다면 필시 검문을 받고 징집을 당할 게 뻔했다. 언제 위험이 닥칠지 모르는 대단히 위험한 길이었지만, 수영은 자신이 약속한 것은 반드시 지켜야 한다는 절실함으로 이종구의 강제징용 사실을 현경에게 알렸다.

  사실 수영이 일본 유학을 하게 된 것은 공부를 위해서라기보다는 첫사랑과의 미래를 꿈꿨기 때문이다. 수영의 첫사랑은 서당 시절부터 절친이었던 고광호의 여동생 고인숙이었다. 수영은 선린상업학교 다닐 당시 본가인 용두동 집이 아닌 종로6가의 고모 집에 주로 기거하면서 친구 고광호, 고인숙과 자주 어울렸다. 수영이 선린상업학교 본과 4학년 때 고인숙과 함께 북한산 캠핑을 간 적이 있는데, 그 일을 알게 된 아버지에게 "여자 꽁무니나 따라다니면서 공부는 언제 하느냐."라며 호되게 야단을 맞았고 본가에 들어오라는 엄명이 떨어졌다. 그런데 수영이 아버지에게 반항하며 말대꾸를 했다. 수영의 평소 성정상 지극히 이례적인 일이었다. 그만큼 고인숙에 대한 마음이 깊었던 것으로 보인다.

시인의 일본 유학, 혼자만의 짝사랑

  집안 형편이 부유했던 편이라 5살 때부터 서당을 다녔던 수영은 어릴 때부터 수재 소리를 들을 정도로 총명했다. 보통학교 때에는 전교 1등을 차지할 정도로 성적이 뛰어나 집안의 기대를 한몸에 받았다. 무엇보다 장남이었기에 부모는 집안을 이끌어갈 기둥이 되기를 기대했고, 아버지의 사업 실패로 가세가 크게 기울자 그 기대감은 더욱 커졌다. 하지만 수영은 그런 것에 관심이 없었고 어두컴컴한 고모 집의 다락방에서 자신만의 세계를 향한 문학에 심취해 있었다. 그때부터 수영은 여러 편의 시를 쓰면서 고독한 시인의 길로 나아가고 있었던 것이다.

보통학교 6학년 때 수영은 급성 장티푸스에 걸려 거의 죽다 살아난다. 병원 의사가 포기할 만큼 심각했지만 장남을 잃을 수 없었던 부모의 집요한 노력 끝에 명의를 찾아 기사회생했다. 그 여파로 수영은 1년 늦게 중학교 진학 시험을 치르게 되는데, 결과는 좋지 않았다. 최고의 수재들만 들어간다는 경기도립상업학교와 선린상업학교 시험에 연거푸 실패한 후 선린상업학교 야간부인 선린상업학교 전수과에 입학했다. 병 치료를 하면서 시험 준비를 하는 게 무리였던 것이다. 이후 전수과를 우수한 성적으로 졸업하고서야 선린상업학교 본과에 편입했다. 거기서 만난 사람이 바로 학교 1년 선배인 이종구였다. 이종구는 단번에 선린상업학교에 합격한 인재였는데, 수영과는 동갑내기였다.

1941년 12월에 선린상업학교를 졸업하자마자 수영은 뒤도 돌아보지 않고 일본 유학에 매달렸다. 이듬해 2월, 일본에 도착한 수영은 1년 전에 일본 유학을 떠난 고인숙을 찾아다녔다. 하지만 고인숙은 수영을 외면했다. 몇 차례 고인숙의 기숙사를 찾아갔지만 고인숙은 만나주지 않았다. 최고의 명문 경기고등여학교를 졸업하고 일본 유학길에 오른 고인숙은 콧대가 높은 부잣집의 귀한 딸이었다. 그런 신분상의 이유 때문이었는지는 알 수 없지만 가세가 기운 집안의 가난뱅이가 탐탁지 않았던 것이 아니었을까. 결국 수영 혼자만의 짝사랑으로 끝나고 말았다. 그 일로 수영은 크게 상처를 받았다. 게다가 집안 형편이 좋지 않아 이종구의 하숙집에서 더부살이를 하고 있던 처량한 신세였다. 현경이 처음 수영을 만난 시점은 수영의 상처가 아물지 않았을 때다.

태평양 전쟁의 와중에서
선생이 되다

강요된 것은 거부하는 여학생

진명고등여학교로 진학한 현경은 학업 성적이 뛰어났고 붓글씨에서도 재능을 드러냈다. 당시 학제는 4년제였고 1학년부터 4학년까지 모든 학생들이 참여하는 과목이 몇 개 있었다. 그중 하나가 붓글씨 수업이었는데, 이 시간을 습자 시간이라 불렀다. 이 수업 시간은 매년 동아일보에서 주최하는 전국학생서예전을 겨냥한 붓글씨 연습이 중요한 과제였다. 현경 역시 2학년 때 전국학생서예전에 출품하게 되는데, 학교 대표로 선발되어야 그 자격이 주어졌다. 현경은 외할머니의 재능을 물려받아서인지 손재주가 뛰어나 어려움 없이 반 대표가 되었다. 그때 학교 전체에서 두 반밖에 없었기에 반 대표가 사실상 학교 대표였다.

현경과 함께 반 대표로 뽑힌 학생은 이정숙이었다. 이정숙은 현경의 동기였는데 훗날 시인 박인환과 결혼한다. 이정숙은 키가 커서 학교 농구선수가 될 정도였고 늘 뒷자리에 앉았다. 무남독녀 외동딸이었던 이정숙은 큰 덩치와는 어울리지 않게 어리광이나 애교가 많았던 친구였다. 집은 현재의 광화문 교보문고 자리였다. 뒤에 박인환 시인이 결혼하고 장인 집에서 살았기 때문에 지금도 교보문고 북쪽 면에 집터 표지석이 세워져 있다. 이정숙은 운동선수로 활동한 탓인지 학업 성적은 별로였다. 다만 붓글씨에서는 뛰어난 재능을 보였다.

반 대표로 선발된 현경과 이정숙이 학교 대표가 되어 학생서예전을 대비한 연습에 돌입했을 때 학교에서도 비상한 관심을 갖고 학교 대표를 지원했다. 학교에서는 학교 대표를 모아 특별 연습까지 시켰는데, 그렇게 해서 완성된 작품 중에서 가장 우수하다고 여겨지는 작품을 동아일보에 제출했다. 그 결과, 두 사람 모두 입선이었다. 상을 주는 등수에는 들지 못해 현경은 무척 아쉬웠다. 결과적으로 두 사람의 붓글씨 실력은 비슷하다는 평가가 나왔지만, 펜글씨에서는 현경이 이정숙보다 뛰어났다고 한다. 초등학교 입학 전부터 언니의 숙제를 대신했던 현경은 글씨를 쓸 때의 균형 감각이 타고났을 뿐 아니라 매우 정성스럽게 한 자 한 자 써 내려가는 모습에서 붓 글씨의 자질이 보였던 것이다.

현경은 학업 성적은 물론 문학, 서예 등에서 우수한 자질을 보였다. 현경은 신사참배를 안 했을 뿐 아니라 체육 시간을 싫어해 운동장 나가는 걸 가급적 피했고 단체 교련 시간에도 나가지 않았다. 그런 것들을 하는 게 싫었고 창피하다고 생각했다. 현경은 늘 책과 함께했다. 이렇게 항상 책만 들고 다니는 현경의 모습이 선생들 눈에는 거슬렸던 모양이다. 특히 품행 점수를 매기는 공민 선생이 현경의 행동을 곱게 보지 않았다.

공민 선생은 현경이 연애소설 같은 거를 들고 다닌다고 짐작해 품행 점수를 갑, 을, 병 중에서 최하점인 병을 주었다. 그 점수를 받고 현경은 어이가 없어 공민 선생이 참으로 바보스럽다고 느꼈다. 들고 다니는 책들이 모두 시, 소설 등의 문학 책인데 오히려 가산점을 주어야지 왜 지레짐작으로 불량한 책을 읽는다고 판단해 그런 점수를 주었는지 이해하기 어려웠다. 그때 학교에서는 매달 한 번씩 꼭 남산 꼭대기에 있는 조선신궁에 올라가야 했다. 그것도 꼭두새벽부터 모여 조선신궁 참배를 위해 남산에 올라가는 월례행사였다. 그 행사에 현경은 단 한 번도 참여하지 않았다. 조선신궁 참배가 아무런 의미도 없는 요식 행위라는 게 현경의 생각이었다. 아무것도 없는 곳에 손뼉을 치며 절을 하는 이유가 도대체 뭐냐는 거였다. 조선신궁에 참배하지 않는 것은 문제가 크게 될 소지가 있었지만 다행히 4학년 때 만난 조선인 담임 선생이 이것을 일체 문제 삼지 않아 무사히 넘어갔다. 조선인 담임의 깊은 배려가 아니었다면 낮은 품행 점수 때문에 임시 교사 시험을 칠 자격조차 주어지지도 않았을 것이다. 아무튼 현경은 강요된 규칙, 절차, 관습 등에 대한 원초적 거부감을 가지고 있었다. 태평양전쟁이 막바지에 치닫고 있던, 일제의 폭압이 정점에 달해 숨도 쉬기 어려웠던 시절에 이런 자유주의적 태도를 견지했다는 것이 신기할 정도이다.

정신대, 징용을 피해 교사가 되다

현경이 3~4학년이던 1942~43년과 이듬해 현경이 졸업을 한 1944년의 조선은 팽팽한 긴장감이 일상을 지배하는 전시 체제였다. 이에 따라 학교에서의 변화도 예사롭지 않았다. 먼저 미국과의 전쟁 발발 이후부터는 영어 과목이 폐지되었다. 당연히 영어 선생을 그만두게 했다. 조선어를 배우는 시간 역시 아예 없었다. 현경이 보통학교 다닐 때는 조선어 과목이 있었지만 그것도 2학년 때까지뿐이었다. 또 3학년 때부터는 학교에서 조선말을 입 밖에 낼 수 없었다. 조선말을 하다 들키면 그래프 그려 놓고 X 표시를 했다.

학교에서 늘 학생들의 동태를 감시하는 시대로 변해갔다.

급기야 아직 어린 여학생들을 강제로 사지로 내던지는 잔인한 시간이 이어졌다. 정신대나 군수공장으로의 징용이었다. 현경이 진명고등여학교를 졸업한 때인 1944년의 상황은 최악으로 치달았다. 일제는 졸업과 동시에 어린 학생들을 정신대나 군수공장으로 내모는 데 혈안이 되었다. 전쟁의 공포가 현실이 되었다. 어리고 여린 조선의 처자가 전쟁의 희생양이 되는 참혹한 시대, 그 시대에 현경도 예외는 아니었다.

졸업을 하자마자 졸업생들은 필사적으로 살길을 찾아 나섰다. 그 공포에서 벗어나려면 은행이나 교사로 취직해야 했다. 그게 아니면 결혼을 해야만 했다. 현경의 덕수보통학교 절친 노명자는 경기고등여학교를 졸업하자마자 정신대를 피하기 위해 결혼을 했다. 그렇지 못한 학생들은 정신대에 끌려가든지 군수공장에 배치되었다. 일제의 행정력은 매우 치밀해 모든 가옥들의 숟가락 숫자까지 파악하고 있어 요행을 바랄 수 없는 노릇이었다. 현경 역시 다급해졌다. 불안한 마음에 1944년 3월 졸업과 동시에 사범대학 대신 일본 여대에 지원했다. 하지만 일본으로의 유학길이 모두 폐쇄되어 차선책으로 임시 선생 선발 시험을 보았다. 시험이 무척 까다로웠다. 모두가 필사적이었고 다들 선생을 하려고 난리였다. 지원생이 많을 수밖에 없었다. 경쟁률이 4대 1일이 넘었다.

그 시험은 경기도 학무과에서 주관했다. 긴장이 되었지만 성적이 우수했던 현경은 그 경쟁을 뚫고 교사가 되었다. 그런 후 경기도 이천군 부발보통학교로 발령이 났다. 정식 교사가 아닌 임시 교사(촉탁 교사)였지만 천만다행이었다. 거기서 현경은 2학년 담임을 맡았다. 현경이 부임한 그 학교에는 아직 징병당하지 않은 남자 선생이 둘이 있던 상태였다. 당시 교사 노릇을 하면 징병 소집을 좀 늦출 수 있었지만 전쟁 막바지에 접어들어서는 모두 학병으로 끌려갔다.

조선말을 가르치는 대범한 새내기 선생

정신대와 징용을 피해 교사가 된 현경은 한 번도 가보지 않은 낯선 땅에서 홀로 외로운 생활을 시작해야 했다. 전쟁의 화마가 언제 덮칠지 모르는 시간이었고 늘 마음을 졸여야 하는 일상이었다. 부발보통학교 임시 교사는 현경의 첫 직업인 셈이다. 그런데 낯선 곳에서의 새내기 교사 생활이 그리 호락호락하지는 않았다. 시대가 암울했던 만큼 현경 역시 긴장을 늦출 수 없는 시간을 버텨야 했다. 그때 상황을 현경은 이렇게 기억한다.

다행히도 시험에 통과해 교사가 되어 안도했어요. 처음 부발보통학교에 도착했을 때는 약간 설렘도 있었어요. 거기서 일본인 선생 아키라를 알게 되었는데 정말 뛰어난 분이었어요.

그런데 교장이 포악한 인물이었어요. 같은 학교에서 촉탁 교사를 하고 있던 자신의 부인에게 막말을 퍼붓고 고함을 지르는 게 다반사였어요. 우연히 교장 관사를 지나치다 교장이 부인에게 심하게 다그치는 소리를 들었어요. 순간 섬칫했어요. 교장은 가고시마 출신인데 일본 제국주의 사상에 세뇌된 사무라이 같은 인물이었어요. 두 사람 사이에 아이가 둘이 있었는데 그중 한 아이가 제가 맡은 반에 있었어요. 결국 그 아이 때문에 큰 봉변을 당하게 되었지요. 또 한 명은 5~6학년쯤 되었어요.

그런데 현경은 결국 사고를 쳤다. 당시 일본어 수업에서는 1학년 때 '가타카나 아이우에오'를 배우다가 2학년이 되어서는 '히라카나'로 바뀐다. 그 일본어 수업 때였다. 일장기를 들고 현경이 학생들에게 물었다. "얘들아, 이게 뭐니? 깃발인가?" 그랬더니 학생들이 "내지 깃발이요."라고 대답했다. 다시 물었다. "그럼, 너희들은 어떤 사람이냐?" 그랬더니 학생들이 "내지인이요."라고 답했다. '내지인'이라는 말에 현경은 깜짝 놀랐다. 순간적으로 좋은 생각이 들었다. 현경은 바로 칠판에다 중국과 만주, 한반도와 일본 등이 표시된 지도를 펼쳐놓고 다시 물었다.

중국 지도를 가리키며 "여기 사는 사람을 뭐라 그러냐?" 하고 물었더니 "지나인."이라고 했다. 만주를 가리켰을 때는 만주와 만주인이라는 소리를 들었다. 현경은 다시 일본 지도를 가리키며 물었다. "여긴 어디냐?" 그러니까 학생들이 "내지."라고 얘기했다. "그러면 여기 사는 사람은 뭐지?" 하고 물었을 때는 "내지인."이란 대답이 돌아왔다. 현경이 마지막으로 한반도를 짚으며 "여긴 어디야?" 하고 물었을 때는 "조선."이라는 대답이 자연스레 나왔다. "그럼, 여기 사는 사람들은 누구야?" 잠시 교실이 침묵에 빠졌지만 이내 한 아이의 입에서 "조선인이요."라는 말이 나오자 학생들이 일제히 '조선인'이라는 말을 외쳤다. 순간 현경의 피가 뜨거워졌다.

위기일발, 체포령이 떨어진 새내기 교사

교장과의 갈등, 군가 연주를 거부하고

일본어 수업에서 '조선인'이라는 말이 나왔을 때 현경은 전기에 감전이라도 된 듯 흠칫했다. 가슴이 뜨거워진 현경이 "그래 니들은 조선 사람이야!"라고 조선말로 말했다. 현경은 속으로 '피는 속이지 못한다.'는 생각이 들었다. 식민지 시대를 살아가는 청년이라면 누구나 가슴 깊숙이 간직하고 있던 일종의 민족의식이었다. 전쟁 막바지인 1944년이었기에 당연히 조선말을 하는 수업은 금지된 때였다. 하지만 현경은 대담하게도 그것에 따르지 않았다. 일본말 반, 조선말 반으로 수업을 했다. 또 한문 공부를 해야 된다면서 수업 중 한자 학습에도 신경을 썼다. 학생들은 현경을 무척 따랐다. 말 잘하고 세련된 옷을 입은 이쁜 선생님이었으니 인기가 높을 수밖에 없었다. 게다가 조선어로 수업을 하는 18살의 누나 같고 언니 같은 선생님이었으니 두말할 나위가 없었다. 그때를 기억하는 에피소드 하나를 이렇게 얘기한다.

> 2학년 담임을 할 때 다른 아이들보다 다섯 살 정도 많은 14살 학생이 있었어요. 신기했어요. 그래서 더욱 챙기려고 노력했어요. 그때 남자아이들은 대개 바지를 입고 위에는 조끼를 걸치고 다녔어요. 아, 그리고 지금도 기억나는 이름이 있는데, 윤석룡이란 학생이었어요. 그 아이가 집에서 한문을 배웠는지 한자를 무척 많이 알고 있었어요. 어느 날, 그 학생이 병이 났는지 결석을 했어요. 걱정이 되어 가정방문을 하러 갔는데 그만 길을 잃어버려 도중에 돌아온 기억이 있어요.

겁이 없던 현경에게 위기가 닥쳤다. 조선말로 수업을 한 게 교장 귀에 들어간 것이다. 현경의 반이 50명이 넘었는데 거기에 일본 아이가 한 명 있었다. 교장 아들이었다. 그 아이가 교장에게 고자질을 했다. 사실 현경이 처음 부임했을 때의 교장의 태도는 입이 크게 찢어진 채로 어쩔 줄 몰라 하는 표정이었다. 이유는 간단했다. 현경의 아버지가 준 선물 때문이었다.

상해에서 가져온 분홍 비누와 하얀 비누가 세트로 들어 있는 비누와 사탕 등을 받은 교장의 표정은 가관이었다. 황홀한 표정이 되어 현경과 현경 아버지를 마치 귀족 대하듯 했다.

그때 현경은 18살이었다. 태평양전쟁 이후 일제가 여자들에게 '몸뻬'라는 것을 입게 할 때였다. 현경도 학교에 부임할 때 까만 몸뻬를 입었다. 위에는 블라우스를 입었는데, 아버지가 여름용으로 선물한 거였다. 명동에 있는 '도레미양장점'에서 맞춘 고급스러운 옷이었는데, 당시 도레미양장점이 몇 개 있지 않았을 때였다. 아버지는 레이스가 달린 크림색 블라우스를 직접 맞추어 주고 부발보통학교까지 데려다주었다. 그러면서 교장 몫으로 선물을 챙겼던 것이다. 전시상황이라 생활용품이 귀했을 때였다. 그 때문인지 교장은 연신 함박웃음을 지으며 굽신거렸다.

교장의 고발로 경찰서 사찰계에 출두

부임 이후 현경은 교장이 시키는 대로 하지는 않았다. 그럼에도 교장은 아버지의 선물 덕분이었는지 현경에 대해 관대했다. 현경은 밤낮으로 문학전집 등의 책만 끼고 다녔다. 풍금을 혼자 칠 때에는 슈만의 트로이메라이 등의 명곡만을 고집했다. 학교 측에서는 군가를 권했지만 현경은 개의치 않았다. 어릴 때 사직동 집에 피아노가 있어 정식으로 배우지는 않았지만 악보 정도는 볼 줄 알았다. 그래서 풍금 치는 데는 별 어려움이 없었다.

　현경은 진명고등여학교 때와 마찬가지로 교사가 되어서도 신사참배를 하지 않았다. 부발보통학교의 넓은 운동장 한쪽 끝에 조그마한 신사가 있었다. 모든 학교에 신사를 두고 학교를 출입할 때마다 매번 손뼉을 치며 절을 해야 하는 시대였다. 현경은 학교 정문에 들어서면 보이는 신사에 가서 절을 하는 게 너무 싫었다. 그래서 학교 정문으로 가지 않고 되도록 뒤로 돌아서 후문을 이용했다. 어쩌다 할 수 없이 정문으로 가게 될 때에는 신사에 절을 하는 걸 잊어버린 척하며 그냥 지나치곤 했다. 그런 모습을 계속 지켜보던 교장의 태도가 점차 바뀌기 시작했다. 속으로는 '야! 저년이 정말 괘씸하다.'고 여겼던 것이다. 그러던 차에 소위 '일장기 사건'이 터진 것이다. 현경의 위기였다.

　그 일로 현경에 대해 관용적이던 교장의 태도가 확 바뀌었다. 그러더니 현경을 경찰 사찰계에 고발했다. 불온분자라고 고발을 했는데 그 일을 담당하는 부서가 사찰계였다. 어느 날 현경이 이천경찰서 사찰계로부터 출두요구서를 받았다. 아무리 강단 있는 현경이어도 당황할 수밖에 없었다. 불안한 마음에 좋은 묘책을 떠올려 보았다. 일단 복장부터 신경을 썼다. 까만 몸빼에 하얀 블라우스만 입고 머리는 한데 묶어 억지로 올렸다. 그 복장으로 이천경찰서에 도착해서는 건물 안의 신사 같은 데에 절부터 했다. 그러고는 왜놈 형사들 여럿 앉아 있는 곳으로 다가가 자신이 누구인지를 밝히고 "출두요구서를 받고서 왔는데 어떤 분에게 가야 하냐?"라고 물었다. 초조한 기색이 전혀 없는 당당하고 또렷한 음성이었다. 물론 유창한 일본말이었다.

어디선가 "아! 여기입니다." 하는 소리에 발걸음을 옮기니 사찰계 주임이었다. 그런데 이상한 일이 벌어졌다. 그 주임이라는 자가 책상 앞에 서 있는 현경을 한번 보더니 엉뚱한 얘기를 꺼낸 것이다. "아이고, 제 동생이 구주제대 문과 학생인데 폐결핵이 걸려 저희 집에 있습니다. 맨날 혼자 지내지요. 그러니까 김 선생이 문학을 좋아하는 거 같은데 제 동생이 문학도입니다." 그 주임은 물어보지도 않은 동생 얘기를 장황하게 늘어놓았다. 일장기 사건은 아예 물어보지도 않는 그 상황이 너무 의외인지라 순간 당혹스럽기도 했지만 결코 나쁜 분위기는 아니었기에 다행이라 여겼다. 그 얘기들을 들으며 현경은 속으로 생각했다. '아마도 폐결핵은 거짓말일 거야. 전쟁을 피하려고 병이 든 것으로 위장한 것일 거야. 그래야 군대를 안 갈 수 있으니까. 필시 일제의 침략적인 군국주의에 가담하기 싫은 자유주의자일 테지. 일본 청년들 중에서 그런 부류가 제법 있으니까.'

아버지의 신속한 대응으로 위기 탈출

 잠시 생각에 잠겨 있던 현경에게 그 주임 형사가 더 친절해진 목소리로 물었다. "지금 저희 집에 가시죠. 저의 집에 가면 동생을 소개해 드리겠습니다. 동생이 좀 외롭지 않게 서로 문학 얘기도 하면 좋지 않겠습니까?" 그 말에 그러자고 대답하고 싶었지만 처지를 생각하니 그럴 수는 없었다. "지금 시간이 없어서 집에 가봐야 합니다." 하고서는 정중히 인사를 한 뒤 하숙집으로 직행했다. 면장 집이 하숙을 하던 곳이었다. 당장 서울 집에 전화를 해서 아버지에게 알려야 한다는 생각뿐이었다. 서울로 전화를 걸려면 가까운 부발지서(지금의 파출소)에 가야 했다. 그 생각에 현경은 서둘러 부발지서로 달려갔다. 서울 집에 전화가 있었기에 부발지서에만 가면 아버지와 통화를 할 수 있어서다.

 전화를 걸었더니 마침 아버지가 집에 있었다. "아버지! 오늘 제가 이천경찰서에 갔다 왔어요. 근데 제가 왜 불려갔는가 하면 누군가가 저를 불온분자라고 고발을 한 거 같아요. 제가 문학책을 많이 읽고 아이들한테도 조선 사람이라고 그렇게 가르치니까. 아무래도 교장이 일장기 수업 때 일을 알고 사찰계에 고발했을 거예요." 다음날 아버지가 바로 내려왔다. 아버지 생각에도 예삿일이 아니었던 것이다. 아버지가 타고 내려온 포드 차는 숯이나 아세틸렌을 연료로 해서 차 앞에서 시동 쇠

막대(크랭크 핸들)를 마구 돌려 시동을 거는 자동차였다. 현경이 처음 내려올 때도 그 차를 이용했다. 아버지는 대뜸 "안 되겠다. 지금 일본 동경도 난리야. B-29 폭격기가 일본 동경에 폭탄을 투하하고 있어. 아무래도 느낌이 좋지 않아. 빨리 여기를 떠나자!" 그 말에 현경이 "알았어요."라고 대답하고는 재빨리 짐을 싸서 차에다 실었다.

  아버지는 그 길로 교장을 찾아갔다. 예전처럼 저자세가 되어 황송해하는 표정을 지었다. 광산사업을 하는 사업가인 데다 포드 차를 타고 왔으니 그럴 만했다. 그때 포드 차 타고 다니는 사람이 우리나라에서 몇 사람 안 됐을 때였다. 서울에서도 극히 소수의 사람만이 포드 차를 타고 다녔다. 아버지가 단도직입적으로 교장에게 말했다. "마침 좋은 신랑감이 하나 생겼습니다. 그래서 우리 딸 아이를 결혼을 좀 시켜야 되겠습니다." 그 말에 교장은 아무런 대꾸를 하지 못했다. 그렇게 아버지는 곧바로 현경을 데리고 서울로 올라왔다.

  아버지의 발 빠른 대처는 대단히 훌륭한 판단이었다. 그 판단으로 현경을 사지에서 벗어나게 했다. 안이하게 대처해 늑장을 부렸다면 큰 화를 입을 뻔했다. 현경이 서울로 올라간 이후 체포령이 떨어졌던 것이다. 부발지서장의 도움도 컸다. 제때 전화를 하지 않았다면 체포령으로 인해 감옥 신세를 피하지 못했을 것이다. 현경은 같은 조선인이었던 부발지서장과 안면이 있었다. 조선인 간호사와 결혼한 그는 현경에 대한 호감이 많았다. 그들 부부는 세련미가 넘치고 문학에 대한 관심이 많은 사람이었다. 지서장 부부는 시골에서 문학 얘기를 할 수 있는 사람이 없었기에 틈나는 대로 현경을 불러 한담을 나누곤 했다. 맨날 놀러 오라고 얘기할 정도로 그 부부는 현경을 굉장히 좋아했다. 그랬던 사이였기에 흔쾌히 전화를 할 수 있도록 배려한 것이다.

해방된 나라에서
시를 써야지

사선을 넘어 다시 만난 두 사람

현경과 수영은 첫 만남 이후인 1942년 여름부터 편지를 주고받기 시작했다. 두 사람 모두 문학에 대한 관심이 높았기에 자연스레 책과 관련된 얘기들이 주된 화젯거리였다. 현경은 자신이 읽은 문학작품이나 명작에 대한 감상이나 독후감을 적어 수영에게 보냈다. 그러면 수영이 이에 대한 응답이나 문학관 등을 적은 답장으로 화답했다. 현경은 수영과 펜팔을 하면서 놀라움을 금치 못했다. 수영의 글이 너무 빼어났고 문학에 대한 안목을 높이는 데 큰 도움이 되었기 때문이다. 그리고 가끔씩 자신의 글에 대한 찬사를 보내는 수영의 격려에 용기

백배가 되곤 했다. 한창 문학소녀의 꿈을 펼치고 있던 현경으로서는 수영의 편지가 천군만마 같았다. 공부를 잘하고 학식이 풍부했던 이종구의 편지도 나름 훌륭했다.

현경은 두 사람 모두와 편지를 주고받았는데 부발보통학교 재직 때에도 마찬가지였다. 하지만 현경은 수영의 편지를 한두 차례 받았을 뿐 그 이후부터는 연락이 끊어졌다. 이종구의 경우도 마찬가지였다. 편지를 받게 되면 곧바로 답장을 보냈음에도 아예 연락이 닿지 않아 의아했고 무척 답답했다. 그 시기 수영은 만주에 있었다. 수영은 현경에게 이종구의 징용 사실을 전하고 난 뒤 잠시 연극 보조 일을 하다 어머니와 가족이 있는 만주로 넘어갔다. 그 역시 강제징집을 피하기 위한 최선의 방법이라 여겼다. 징집된 것으로 알았던 이종구는 학병을 거부해 징용되어 원산의 차량 수리 공장에 배치되었다. 그러니까 현경의 부발보통학교 재직 초반에 받았던 두 사람의 편지는 각각 만주와 원산에서 보낸 거였다.

현경의 의문점은 해방이 되고 나서야 풀렸다. 나중에 들은 얘기에 따르면, 만주에 있던 수영과 원산의 이종구가 매달 보낸 편지를 현경에게 보여주지 않고 경찰서에서 보관하고 있었다는 것이다. 불령선인의 증거였다고 했다. 거기에 사상적인 것 이런 것은 하나도 없었다. 낭만적인 표현 밖에 없었다. 그런데 그것도 안 되는 시대상황이었던 것이다.

동경이 B-29 폭격을 받자 일제는 서울도 B-29 폭격 가시권으로 들어왔다고 보고 서울 시내 집들을 외곽으로 소개를 시키기 시작했다. 서울 사직동 집도 소개를 당했다. 시 외곽으로 집을 옮겼어야 했기 때문에 아버지는 정릉으로 이사를 갔다. 정릉에 배밭이 있었다. 배밭 옆에 별장이 있는데 거기가 임시 거처하는 정릉 집이 되었다. 정릉 집 옆에 마차를 부리는 마부가 한 명 살고 있었다. 마부가 아버지 소유 계곡에 와서 말을 씻고 그랬다. 정릉 집은 정릉 들어가는 초입 가까운데 있었다. 해방되고 나서 얼마 있지않아 이종구하고 수영이 정릉 집에 한번 찾아 왔다. 집에는 안 들어오고 바깥에서 이야기하고 쑥스러운지 그냥 갔다.

"하마터면 유관순 누나 될 뻔했군요."

1944년 가을 무렵에 가족이 있는 만주 길림으로 건너갔던 수영은 1945년 8월 해방이 임박한 무렵 어머니의 적극적인 권유에 따라 열차를 타고 황급히 길림을 벗어났다. 어머니는 1945년 7월부터 점점 불안해지고 혼란스러워지던 길림에서 서울로 돌아가야겠다는 결단을 내렸다. 가족의 안전을 위해서 였다. 길림집을 팔 여유도 없었고 대문에 X자로 못질만 하고 떠나야 했다. 전 재산을 버리더라도 가족들이 일단 살아야 했다. 어머니가 길림을 떠날 때는 일본이 무조건 항복을 한 뒤 중국인들이 일본인들을 참수해 머리를 대꼬챙이에 걸고 거리를 누비는 살벌한 장면이 목격되는 극심한 혼돈의 거리였다. 일단 종로6가 고모집에서 다 모이기로 했다. 이렇게 수영은 어머니의 선견지명으로 어떤 상황이 전개될 줄 모르는 길림을 무사히 벗어나 1945년 8월 서울에 도착했다.

　현경이 부발보통학교에서 도망쳐 와서 두어달 있다가 해방이 됐다. 현경이 19살에 해방이 되었다. 8월 15일 12시에 일본 천황이 라디오 방송을 했다. 일본이 패전했다고 다 죽는 소리 해가면서 라디오로 방송을 했다. 현경은 그때 어디 갔다가 을지로 4가쯤에서 전철을 기다리고 있는데 12시에 방송을 했다. 그 믿지 못할 라디오 방송을 들으니 눈물이 나왔다. 해방되었다는 소식을 들은 사람들은 너무 좋아가지고 죄다 거리로 쏟아져 나왔다. 태극기를 언제 만들었는지 다 들고 나왔다. 현경은 시내에서 돈암동 집으로 들어가는 길에 혜화동로타리 근처의 혜화서림이라는 책방에서 책을 자주 샀다. 그런데 해방되고 며칠 후 혜화서림으로 가는 길에 혜화로타리에서 부발지서장을 만났다. 현경을 보더니 "아유! 김 선생 살아 있었군요." 하는 것이었다. 부발지서장이 현경이 살아있다는 것에 놀라면서 "김 선생이 돌아가신줄 알았어요."라고 했다. 그래서 현경은 "왜요?" 하니까 "체포령이 내렸어요. 김 선생이 떠나고 나서 한달 쯤있다가 체포령이 내렸어요. 김 선생이 형무소에 끌려가서 고문받다 죽은 줄 알았어요." 하는 것이었다. 현경은 "제가 하마터면 유관순 누나 될뻔 했군요."라고 대답했다. 부발지서장도 일제 경찰 지서장으로 먹고 살았던 이력 때문에 서울로 도망왔다고 그랬다. 그 부발지서장이 전해 주기를 "그 부발보통학교 교장이 일본이 패전하니까 아들 둘을 일본으로 보내고 부부가 하라키리(할복)를 했어요. 배를 갈라 죽었어요." 라고 했다. 그 이야기에 현경이 대꾸했다. "교장이 가고시마 출신인데 말도 못할 정도로 지독한 사람이지요. 가고시마가 일본 명치유신 일으킨 본 고장아니예요. 거기 출신 사이고 다카모리도 할복해 죽었잖아요. 하여튼 거기 출신이 지독한 데가 있어요. 너무너무 분해가지구 뭐 있잖아요 무사도 정신인가 뭐인가 발휘한다고 그랜 모양이지요. 그런데 왜 부인에게 하라키리를 강요해요? 하여튼 그 부인은 남편이 소리지르면 꼼짝을 못했어요, 달달 떨고 살았어요. 그러니까 제가 갔을 때는 부발보통학교 구석에 있는 관사에서 살고 있었지요. 남편 따라 원하지도 않은 죽음을 선택해야만 했던 그 부인이 너무 불쌍해요."

시를 마음에 품은 시인의 형형한 눈빛

해방 이후에 거주하던 정릉 집은 아리랑고개를 넘어야 했기에 시내로 나가는 데 상당히 불편했다. 그래서 돈암동 405-1

번지로 이사를 했다. 아버지가 이전부터 정릉 돌산의 돌을 준비해 직접 설계한 집이었다. 현경은 이 집에서 6.26전쟁이 발발할 때까지 살았다. 아버지의 체취와 피땀이 서려 있는, 창문이 아치형인 양옥집은 현경에게 있어 가장 가슴 아픈 기억이 새겨진 곳이다.

해방이 현경에게 가져다 준 의미는 무엇이었을까. 부발보통학교에서의 1년 남짓한 교편 생활이 현경에게 미친 영향은 어떤 것일까. 해방 이후 현경은 시를 쓰기 시작했다. 그러면서 수영과 자주 만나 시에 대한 얘기를 나누었다. 수영 역시 해방 이후 자신의 진로를 심각하게 고민하고 있었다. 일본 유학 당시 대학 진학을 외면하고 수영이 매달린 것은 연극이었다. 중국 길림에서도 지역 극단 사람들과 연극 공연을 준비하고 직접 무대에 올라 연기를 하기도 했다. 그랬던 수영이 해방되고서는 시인의 삶으로 자신의 진로를 바꾸었다.

한번 마음을 먹으면 불꽃같은 열정을 태우는 게 한결같은 수영의 모습이었다. 수영은 본격적인 시 학습에 도움이 될 거라는 판단하에 영문학 공부를 결심한다. 1945년 11월부터 개교를 서두르고 있던 연희전문학교(현재의 연세대학교) 영문과에 입학했다. 그렇지만 수영은 대학에 오래 다니지는 않고 이듬해인 1946년 6월에 자퇴한다. 학위나 형식 혹은 타인의 시선 같은 것에 관심이 없고 오로지 자신의 마음이 향하는 곳으로 나아갔다. 현경은 수영을 만날 때마다 자신이 쓴 거라며 보여주는 수영의 시를 읽으면서 감탄했다. 현경 역시도 자신의 시를 수영에게 보여주곤 했는데, 그때마다 잘 썼다든지 혹은 그렇지 않다든지 하는 평이 없었다. 자신의 시에 대한 칭찬이 별로 없어 조금은 서운했지만, 시 앞에 서 있는 수영의 모습에 압도된다는 느낌이 들었다. 평상시의 어리숙한 모습은 어디론가 사라져 버리고 시를 얘기하고 시를 마음에 품는 형형한 눈빛만 남았다는 생각이 들었다.

그렇다고 현경이 이성(異性)으로서 수영을 대하지는 않았다. 또 그런 감정을 가지지 않았다. 요새 말로 치자면, 현경에게 있어 수영은 '내 스타일'과는 거리가 먼 인물이었다. 똑똑하고 멋스럽고 젠틀한 신사, 아마도 이런 캐릭터가 현경의 이상형에 가까웠을 것이다. 꿈 많은 19살 문학소녀의 한없이 펼쳐진 낭만과 자유로움의 결은 가난뱅이 수영의 칙칙한 복장이나 몰골과는 어울리지 않은 듯했다. 이종구와 마찬가지로 현경이 수영을 부르는 호칭은 '아저씨'였다.

다만 수영의 시를 볼 때면 자신보다 더 높은 경지에 있는 것 같아 경외심이 절로 일었다. 이때 현경이 보았던 수영의 작품은 〈거리〉, 〈묘정의 노래〉 등이었다. 이종구와의 시 토론도 있었다. 이종구가 장만한 남산 회현동의 2층집에서였다. 일본 사람이 살다가 남기고 간 적산집에서 현경은 이종구와 그의 동생 이진구와 함께 어울리곤 했다. 당시 이종구는 폴 발레리 시를 흉내 내는 시를 썼다. 난해하고 현학적인 시였다. 그런데 수영의 시 〈묘정의 노래〉를 접하고서는 질투하는 표정이 역력했다. 이종구가 보기에도 수영의 시를 감당하기 어려웠던 것이다.

어디서든
빛이 나는 여대생

이화여대 영문과에 입학한 새내기 대학생

  현경은 수영과 별도의 시간을 가지며 점점 친해졌다. 수영이 종로6가의 고모 집으로 오라고 했을 때 현경은 아무런 거리낌 없이 달려갔다. 자신의 화사한 집과는 비교할 수 없을 만큼 초라하고 어두컴컴한 수영의 공부방. 현경은 개의치 않았다. 스스럼없고 자유로우면서도 친화력이 좋은 자유주의자 현경의 면모가 잘 드러나는 대목이다. 수영의 어둑한 공부방 겸 서재에서 둘은 책에 대한 얘기를 나누며 소통했다. 수영은 자신이 읽었던 각종 책이나 인상적인 작품 얘기를 들려주었다. 현경은 그때 올더스 헉슬리의 『가자에서 눈이 멀어

Eyeless in Gazza』가 너무 어려웠다며 수영에게 얘기한 적이 있다. 일본판을 번역하는 것도 어려웠고 원문은 더 난해해 두 개를 대조해 읽어도 잘 이해되지 않았다고 호소했다. 그러자 수영이 대수롭지 않다는 듯이 그 시를 읽었다고 했다. 현경은 너무 놀라 말문이 막혔다.

 현경은 1945년 9월에 대학생이 되었다. 6살 아래지만 수영보다 두 달 먼저 대학물을 먹게 된 것이다. 현경이 지원한 곳은 이화여대 영문과였는데, 이화여대는 해방 직후부터 발 빠르게 개교를 준비하다가 신입생을 모집했다. 당시 교명은 이화여자전문학교였다. 별도의 시험 없이 이력서만 검토해 당락을 결정하는 전형이었다. 현경은 이화여대의 모집 소식을 듣자마자 곧바로 이력서를 작성해 지원했다. 진명고등여학교 4학년 때 이력서를 세필로 쓰는 방식을 서예반에서 철저하게 배운 것이 도움이 되었다. 이화여대 총무과에서 이력서를 보고서는 "이거 학생이 쓴 것 맞냐?"라고 물었다. 이에 현경이 "맞아요."라고 대답하자 총무과 직원은 달필이라고 칭찬하면서 붓글씨로 된 이력서는 처음 받아본다고 했다. 차별화된 이력서 덕분이었던지 현경은 예상대로 합격해 1945년 9월 이화여대 영문과에 입학했다.

 입학과 동시에 수업이 시작되었다. 해방이 된 조선의 가을 하늘은 더없이 푸르고 높았다. 압제를 견뎌낸 끝에 맞은 해방의 감격은 강렬한 전율이었다. 대학생이 된 현경의 가슴은 부푼 풍선이 되어 높은 하늘로 날아올랐다. 배움에 대한 욕심과 포부가 컸던 현경은 대학 생활에 설렘이 많았던 만큼 명강의에 대한 기대감도 컸다. 물론 실망스러운 강의도 있었다. 대표적인 수업으로는 김활란 박사의 채플 수업이었다. 김활란 박사의 목소리가 하이톤이었다. 그 높은 목소리로 "여러분! 입학을 축하합니다." 하면서 서두를 꺼낸 채플 시간이 점차 피곤해졌다. 현경은 그 수업을 계속 들을 필요는 없다고 생각하고서 한두 번 듣고부터는 아예 강의실에 들어가지 않았다.

문학개론 수업 때의 군계일학

반면 김상용 시인의 강의는 압권이었다. 영국의 낭만주의 시인 윌리엄 워즈워드의 시가 수업 주제였다. 현경은 그 수업에 매료되었다. 김상용 시인의 강의는 강의를 넘어 예술이었다. 처음부터 종이 칠 때까지 물 흐르듯이 이어졌다. 음악의 멜로디가 연주되듯이 잔잔히 시를 읊어가면서 해석하는 강의에 현경은 숨도 쉬지 못한 채 빠져들었다. 강의가 끝나면 거의 동시에 종소리가 울렸다. 철저하게 계산이 된 수업이었고 말 그대로 명강의였다. 현경은 이후 그런 강의는 어디에서도 듣지 못했다고 했다.

박노경 교수의 '문학개론' 수업에서는 현경의 문학적 안목을 한껏 드러냈다. 박노경 교수는 이화여자전문학교를 졸업한 뒤 와세다대학에서 2년간 수학(修學)한 교수였다. 현경은 그 수업에 크게 실망했다. 교수가 아주 낡아 빠진 교재로 강의하는 게 못마땅했다. 일본의 혼마히사오(本間久雄)의 『문학개론』을 그대로 읊다시피 했다. 명치대정 시대의 문학이론으로서 케케묵고 구태의연해 재미가 없었다. 그걸 그대로 번역해 가르치는 것을 지켜보면서 현경은 도저히 참을 수가 없었다. 진작에 혼마히사오의 『문학개론』을 읽었던 현경은 혈기를 참지 못하고 투서를 했다. 투서 내용은 이러했다.

  이 책은 명치대정 시대 이야기이고 지금 시대와 맞지 않습니다. 선생님이 다시 생각하셔야 합니다. 지금 시대에 맞는 것을 우리에게 가르쳐 주셔야 합니다.

  다음주 수업 시간. 교수가 강의실에 들어서자마자 대뜸 애기했다. "요새 학생들이 읽고 있는 책에 대한 이야기를 듣고 싶다. 그리고 여러분이 어느 정도 수준의 문학관을 갖고 있는지도 알고 싶다." 그러면서 1번부터 차례차례 일어나서 의견을 이야기하도록 시켰다. 현경이 열 몇 번째 정도 되었다. 갑자기 의견 발표를 시켰던 탓인지 학생들의 대답이 신통치가 않았다. 80분 수업이었는데, 제대로 이야기하는 학생이 한 명

1953년 이대교정에서의 김현경 모습.
김현경이 보관하고 있는 사진 중에서 가장 젊은 시절의 모습을 담았다.
이전의 어릴 적 사진은 돈암동 집에서 버선발로 피란을 떠날 때 한 장도
챙기지 못했다. 아버지가 그 시절 라이카 사진기로 많이 찍어 주었는데,
그 사진들을 모두 잃어버린 게 너무 아쉽다고 한다.

도 보이지 않았다. 제법 말을 좀 하는 학생도 이광수가 어쩌고 저쩌고 하는 수준이었다. 그러는 사이 수업을 마치는 종이 울렸다. 종소리를 듣자 박노경 교수가 학생들을 살피며 말했다. "종은 쳤지만 마지막으로 김현경 학생 이야기를 들어보자." 현경 앞에 몇 명이 남았는데도 이를 건너뛰고 현경을 지목한 것이다. 교수는 익명의 투서지만 글씨를 보고 어느 학생 것인지 금방 알아보았던 것이다.

그런데 현경이 누구인가. 진명고등여학교 2년부터 세계문학전집을 두루 섭렵한 독서광이고 열렬한 문학도 아닌가. 새내기 대학생 현경은 그때 러시아 사실주의 거장 안톤 체호프의 단편집을 읽고 있는 중이었다. 그리고 '우리나라 단편소설의 최고봉은 이태준이다.'란 말이 널리 통용되었던 터라 해방이 되고부터는 가능한 우리말 소설을 읽어봐야겠다고 생각하던 참이었다. 그래서 이태준의 단편소설집은 물론 이광수의 장편소설 『사랑』 등을 읽어 보았다. 그러고서 생각해 보았다. 현경이 보기에 이태준의 소설을 체호프와 비교하는 것은 당치 않다고 느꼈다. 현경이 일어나 얘기했다.

저는 여태까지 일본어로 문학책을 읽어 왔습니다. 하지만 이제 해방이 되었으니 우리말을 알아야 하지 않겠느냐 생각하고 있습니다. 그래서 요즈음 열심히 한국 소설을 읽고 있습니다. 우리는 학교에서 한글을 아예 배우지를 않았습니다. 그래도 기억, 니은을 개인적으로 깨우쳐 한글을 읽고 있습니다. 최근 한국 소설을 여러 권 읽으면서 느낀 점을 발표하겠습니다. 저는 한국 단편소설의 최고라는 이태준이 체호프에 비교가 되지 않는다고 생각합니다. 이태준은 수필 정도는 인정해 줄 만하지만 체호프의 소설적 구상이라든지 사회성을 반영하는 주제의식이나 기법 등과 비교하면 다 떨어진다고 생각합니다.

언제나 화젯거리를 만드는 유명인사

또랑또랑하면서 맑은 목소리의 현경 얘기에 학생들 모두 귀를 쫑긋거렸다. 그리고 얘기를 마친 현경의 얼굴을 바라봤다. 놀랍고 신기해하는 표정이 역력했다. 고루한 이론을 내뱉는 교수의 강의보다 훨씬 재미있어하는 반응이었다. 현경의 의견을 다 들은 박노경 교수가 마무리 발언을 했다. "여러분 잘 들으셨죠. 문학을 하려면 제일 가까운 사람이 최고예요. 문학을 하려면 문우를 많이 사귀어야 해요. 그래야 서로 발전도 하고 책도 바꿔 읽을 수 있고 해서 좋아요. 될 수 있으면 김현경하고 가깝게 지내는 것이 좋겠어요. 제가 추천을 하겠어요." 교수의 말은 뜻밖에도 현경에 대한 최고의 칭찬이었다.

새내기 대학생 현경의 인기가 상당했다. 어딜 가든 눈에 띄고 빛이 나는 학생이었다. 문학개론 수업 때의 이야기는 빙산의 일각이었다. 학교 교정에 현경이 나타나면 많은 학생들이 주목했을 뿐 아니라 세련된 복장을 한 현경의 자태에 부러운 시선을 보냈다. 거기에 커다란 눈을 높은 곳에 응시하며 당당하게 걸어가는 모습은 마치 신여성의 상징 같은 인상을 주기에 부족함이 없었다. 그렇게 유명인사가 된 현경에게 한 명의 스승이 생겼다. 정지용 시인이다. 해방 후 이대에서 강의를 했던 정지용은 현경을 특별히 아꼈다. 현경은 정지용 시인에게서 시경을 배웠고, 시인의 돈암동 집에도 방문한 적이 있을 만큼 정지용과 각별한 사이였다. 해방이 되자 국내 신문사에서 일 년에 한두 번 학생 시단 코너를 마련했는데, 이화여대에 관련 청탁이 오면 정지용 시인은 어김없이 현경을 먼저 불렀다. "현경 학생! 시 쓴 거 있으면 가져와 봐!"라고 얘기하곤 했다. 그러고는 현경의 시에 대해 "현경 학생 시는 건방져서 못 쓰겠는데…" 하면서 매번 반(半) 농담을 던지곤 했다.

  정지용 시인으로부터 이대 1학년 때는 『사씨남정기』를, 2학년 때는 『시경』을 배웠다. 정지용 시인의 시경 강의는 칠판에 그날 배울 한시를 다 써놓고 강의하는 방식이었다. 현경의 기억으로는 매주 수요일에 수업이 있었고 수업 시간은 90분이었다. 시경 수업이 있는 아침이면 정지용 시인은 늘 현경을 불렀다. 시인이 그날 배울 분량을 주면 현경이 수업 전에 그걸 칠판에 쫙 써놓았다. 교수들은 보통 앞문으로 들어오는 게 일

시인 정지용이 이화여대 교수를 할 때 여대생 김현경을 각별히 아꼈다.
(『정지용 전집』, 민음사, 2016)

반적이다. 하지만 정지용 시인은 그걸 보려고 꼭 뒷문으로 들어왔다. 틀린 데 있나 없나 걸어들어오면서 보기 위해서다. 틀린 게 있으면 바로 지적하지만 틀린 게 없을 때도 "잘 썼다. 수고했다." 하는 소리는 하지 않았다. 수업이 시작되면 정지용은 칠판의 한시를 하나하나 짚어가면서 설명했다. 수업을 하면서 칠판에 한시를 쓰게 되면 힘들 뿐 아니라 시간을 맞추기 어려웠기에 그런 지시를 했던 것이다.

시로는
당해낼 수가 없겠네

시인 정지용의 은거

현경의 작품 몇 편이 매체에 실린 적이 있는데 이 또한 정지용의 도움 덕분이었다. 가끔씩 정지용은 현경에게 쓴 글이 있냐고 물으며 가져오라고 했다. 현경이 몇 편의 시를 보여주면, 정지용은 그중 하나를 고른 뒤 이렇게 말한다. "이거 하나 내자. 이거 다시 써 오라." 그러면 현경이 시를 다시 다듬고 정서해 매체에 보내는 방식이다. 그렇게 해서 현경의 작품이 몇 군데 실리게 되었다. 시가 아닌 수필도 실린 게 있지만 어느 매체인지는 알 수 없다. 시는 박영준이 편집자로 있던 《민성》지 등에 게재되었다.

그렇게 현경과 각별하게 지내던 정지용이 1948년 들어 갑자기 학교를 떠났다. 언젠가 정지용은 현경에게 몇 차례 "아이고! 올드미스 등쌀에 못 살겠다."라고 얘기한 적이 있다. 익살스러운 표현이었지만 사실 정지용의 심경이 드러난 말이었다. 당시 이화여대가 말 그대로 올드미스 천지였던 것은 사실이다. 이화여대를 움직이는 교수들 대부분이 올드미스였다. 정지용이 그만두게 된 데에는 담배 영향도 있었다. 줄담배였던 정지용이 올드미스 등쌀에 맘대로 피우지 못해 푸념하는 것을 현경도 여러 차례 들은 적이 있다. 그렇지만 진짜 이유는 다른 데에 있었다. 이승만 정부에 비판적이었기에 더 이상 이화여대에 머물 수 없게 된 것이다. 정지용은 세상과 절연하고 은거하려는 마음이 강했다. 종교적인 불편함도 어느 정도 작용했다. 가톨릭 신자이기에 미국 북감리교에 기반한 개신교 대학인 이화여대와 여러모로 맞지 않았던 것이다. 정지용은 사직과 함께 집도 옮겼다. 돈암동에서 당시 변두리 농촌이던 녹번리(현재 은평구 녹번동)로 이사를 갔다. 그가 살았던 돈암동의 집은 성심여고 밑이고 성북경찰서와 가까웠던 아담한 기와집이었다.

   입학과 함께 시에 대한 열정이 높아진 현경은 우리나라 서정시에 대해 의문을 가졌다. 왠지 마음에 들지 않았던 것이다. 대신 일본의 전위파들 시를 좋아했다. 그 점은 수영과 같았고 그래서 서로 잘 통했다. 현경은 입학한 뒤에도 여전히 수영과 책을 바꿔보고 일주일에 한 번 혹은 열흘에 한 번꼴로 만났다. 수영과 만나면 맨 먼저 그동안의 습작을 내놓고 자랑스러운 표정이 되었다. 또 종이에 쓴 시를 그냥 가져가지 않았다. 대여섯 편 정도의 시를 리본으로 매듭까지 해서 만든 미니 시집을 들고 갔다. 수영의 높은 경지를 알게 되면서부터는 자신의 작품을 봐주는 것 자체를 큰 영광으로 여기게 되었다. 수영도 현경에게 자신의 작품을 보여주었다. 그 시를 보면서 현경은 '시로는 당해낼 수가 없겠다.'는 생각이 들었다. 그렇다고 경쟁심이 들거나 질투가 나는 건 아니었다.

아직도 찾지 못한 김수영의 시, 〈거리〉

수영은 일상에서는 약간 어눌할 때가 있지만 토론할 때는 능변가로 돌변한다. 필력도 대단했다. 어릴 때 서당에 들어가 한자를 배운 이래 수영의 손에는 늘 책이 있었다. 현경은 수영을 만날 때마다 수영의 박학다식에 탄복하곤 했다. 수영의 산문을 읽으면서도 감탄했다. 모자라거나 과하지 않은 절제된 문체는 물론 글 주제와 마주하는 날카로움과 결기 그리고 해박한 배경지식에 바탕한 빼어난 문제의식과 논리성. 흠잡을 데가 없는 수영의 글을 볼 때마다 어느새 치열한 문제의식의 심연과 마주하게 되는 자신을 발견하게 되어 깜짝 놀라곤 했다. 그럴 때마다 '수영과 더 깊은 얘기를 나누려면 공부를 좀 더 많이 해야겠다.'는 다짐을 했다. 현경은 자신이 이화여대에서 가장 시를 잘 쓰는 사람이라 여겼지만 그 자긍심은 수영 앞에만 서면 한없이 작아졌다. 이미 수영은 현경에게 있어 스승 같은 존재가 되었다. 수영처럼 잘 쓰고 싶다는 자극이 현경에게 있어 강한 동기부여가 되었다.

  수영의 치열함을 직접 목격하는 일도 현경에게 있어 신선한 충격이었다. 낮에 함께 돌아다니다가 저녁이 되어 헤어질 무렵이면 수영이 자신의 시를 찢었다. 쭈욱 쭉 찢어 버렸다. "왜 그 아까운 시를 찢어 버리냐?"라고 물으면 "이 수준에서 머물면 안 된다."라고 했다. 수영이 "늘 새로워야 해! 한 번 더 껍질을 벗어야 해!"라고 하면 그때는 현경도 그래야 하겠구나 싶어 같이 찢었다.

  수영이 찢은 시 중에 〈거리〉라는 작품이 있었는데, 너무나 멋지고 낭만적인 시였다. 당시 수영의 암송력은 타의추종을 불허할 정도로 대단해 본인의 시를 좔좔 외고 다닐 정도였다. 찢어도 수영의 머릿속에는 다 들어 있었다. 안타깝게도 전쟁을 거치며 몇 번의 죽을 고비를 넘기면서 수영의 그런 능력은 상당히 쇠퇴했다. 수영의 시 〈거리〉는 우여곡절 끝에 잡지《민생보》에 발표된 바 있는데, 아쉽게도 그 잡지를 여태껏 찾지 못했다고 한다.

중학 2년부터 봉제를 익힌 패션 감각

이대에서 유명인사가 된 현경의 일거수일투족이 학내에서 늘 관심이 대상이 되었다. 현경의 입담과 문학 재능이 큰 역할을 했지만 어쩌면 현경의 외모가 더 눈길을 끌게 한 요인이었다. 현경은 자타공인 이대 최고의 멋쟁이였다. 어느 날부터인가 약학과 학생들 몇몇이 매일 아침 영문과 앞을 방문하는 희한한 일이 벌어졌다. 현경 때문이었다. 현경이 오늘은 무슨 옷을 입고 오나 궁금해서였다. 그렇게 현경의 패션 감각은 출중했다. 당시에 그렇게 세련된 복장을 하는 여학생이 거의 없던 때였다. 그랬기에 현경의 외모는 단연 눈에 띄었다.

현경이 옷을 잘 입고 다니는 것에 대해 학생들이 처음에는 오해를 했다. 부잣집 딸이라서 돈이 많아 비싼 옷을 입는다고 생각했던 것이다. 하지만 이내 사실과 다르다는 것이 밝혀졌다. 아무리 돈을 많이 들여도 현경의 것과 유사한 옷을 구할 수 없어서였다. 현경은 자신의 옷을 직접 만들어서 입었다. 그것도 매번 창의적인 아이디어로 새로운 옷을 만들었으니 학생들의 눈이 휘둥그레질 수밖에. 게다가 현경은 염색까지 해서 입었다. 그러니 학교 내에서 소문이 안 날 수가 없었다. 현경의 바뀐 옷을 확인하고서는 몇몇 학생들이 아는 체하며 다가와서는 말을 건네곤 했다. "이 옷 정말 예쁘네." "이거 정말 자기가 만든 거야?" "어쩜 이렇게 멋질 수가 있을까?" "이거 나

하나만 만들어 주면 안 될까?" "염색을 하니까 정말 멋지고 근사하네."

  옷 만드는 것에 대해 물어보는 친구들도 많아졌다. 현경은 도도하기는 했지만 거만한 편은 아니었다. 친구들에게 살갑게 대했을 뿐 아니라 옷 만드는 일에 대해서도 상세히 일러주었다. 입심이 워낙 좋았기에 얘기를 듣는 친구들은 너나 할 것 없이 현경의 얘기에 빠져들었다. 현경의 옷 만드는 솜씨는 확실히 외할머니의 재주를 그대로 물려받은 덕분이었다. 현경은 진명고등여학교 2학년 때부터 봉제를 배웠다. 재봉틀을 배우고 옷 원형 뜨는 것도 그때 익혔다. 봉제 첫 시간 끝나고 바로 실습에 들어갔다.

  비교적 간단한 동생들 원피스 만드는 게 목표였다. 여름 원피스를 만들어 입혔는데 시원해야 하니까 바이어스로 여름에 어울리는 옷감을 재단한 후 소매는 없는 원피스를 만들었다. 바이어스는 비스듬하다는 뜻의 영어 bias에서 따온 용어로 천을 경사지게 재단하여 쓰는 것으로서 파이핑 포켓의 테두리나 넥타이를 만들 때 쓰이는 방법이다. 신축성을 줄이는 이점이 있어 패치 포켓이나 여성용 스커트를 만들 때도 널리 활용된다. 현경은 직접 만든 소매 없는 원피스에 리본 하나를 달아 완성한 후 동생 셋에게 선물했다. 똑같은 디자인이었고 리본을 단 것은 옷의 맵시를 살리고 강조점을 두려는 현경의 아이디어였다.

　그렇게 연습을 하자 봉제 실력이 크게 늘었고 대학생이 된 이후에는 더욱 정교해지고 창의적인 수준에 다다르게 되었다. 어쨌든 타고난 솜씨였다. 염색약 역시 진명고등여학교 때부터 잘 알고 있었다. 현경의 집에 미야코 소메(そめ, 염색)라는 염색약이 있었다. 성능이 매우 훌륭해 그 염색약을 활용해 옷을 꾸미면 때깔이 확 바뀌어 마치 새 옷을 보는 듯했다. 다른 집과 달리 아버지가 사업을 한창 벌이고 있을 때였기에 집 곳곳에 염색약과 함께 옷감들이 많았다. 현경으로서는 자신의 재능을 마음껏 발휘할 수 있는 최적의 환경이었다.

　현경은 훗날 최고급 패션 모자는 물론 엄청난 고가의 코트까지 만들게 된다. 남다른 손재주와 패션감각을 살려 비즈니스에 뛰어든 것이다. 꽤 괄목할 만한 성과를 거두었는데, 사업 수완 역시 아버지를 닮아서인지 보통은 아니었다.

박인환과 임화
그리고 배인철

박인환의 책방, 마리서사에 드나들다

　현경이 박인환을 만났다. 1946년 무렵이다. 전후 시대의 상실감과 허무함을 센티멘털한 시어로 풀어낸 시 〈목마와 숙녀〉로 유명한 시인 박인환. 그는 1945년 말 '마리서사' 책방을 열었다. 그곳에 수영과 함께 들렀다가 박인환을 만나게 된 것이다. 장소는 지금의 종로3가 대로변이다. 박인환은 모더니즘 시 문학에 대한 열정이 높고 대단히 사교적인 인물이었다. 마리서사를 열었을 때 그의 나이는 20살이었다. 그런데 무슨 이유인지 박인환은 나이를 다섯 살 정도 올려 자신을 소개했다. 아마도 너무 어린 나이가 문인들과의 사교에 도움이 되지 않다고 판단해 그랬던 것으로 보인다.

그런데 박인환은 31살 나이에 요절한다. 3일간의 폭음 뒤 알콜중독성 심장마비로 사망한 것이다. 수영은 장례식장에 가지는 않았지만, 조문을 했던 동료 문인들의 입을 통해 박인환의 실제 나이를 알게 되었다. 수영은 친구처럼 지내던 박인환이 자신보다 5살 아래라는 사실에 한편으로는 마음이 불편했다. 가식이나 허례 따위를 극도로 싫어하는 수영은 박인환의 시 세계에 대해 냉정한 평가를 내놓게 된다. 수영은 겉과 속이 다른 행동을 절대 하지 못하는 그런 부류였다. 그래서 영원한 비제도권이었다.

마리서사에는 현경이 좋아하는 일본 전위파 시집이 많이 있었다. 그 이유로 몇 차례 마리서사에 들락거렸다. 현경을 처음 보게 된 박인환이 현경에 반했던 모양인지 일종의 '작업'을 시도했다. 마리서사에 점원이 한 명 있었다. 점원은 안경 쓰고 키도 작은 편이었다. 그 점원이 거의 매일 박인환의 편지를 현경에게 전달한 것이다. 그때 현경이 통학 거리가 멀다는 이유로 먼 친척뻘인 수표동 언니 집에 살고 있을 때였다. 매일 수표동 언니 집으로 박인환의 편지를 들고 찾아오는 점원을 보면서 현경은 기가 막혔다. 박인환이 점원에게 편지를 보내면서 현경을 만나면 붙잡아 자신에게 데려오라고 했던 모양이었다. 박인환의 집요한 작업에 대해 현경의 당시 심정은 이렇다.

그때 점원을 보낸 것은 그러니까 같이 놀자 그 의미죠. 하지만 제가 갑니까? 안 갔지요. 박인환 시인이 댄디하고 생긴 건 미남이었죠. 하지만 저한텐 매력적이지 않았어요. 마리서사에서 일본 전위파 시집 무라노 시로(村野四郎) 시집을 제가 보고 있으니까 박인환 시인이 다가와서 다른 시집도 읽어보라고 추천했어요. 그래서 일본 전위파 시인에 대해 이야기를 나눌 기회가 있었는데 제가 만족할 만한 수준은 아니더라고요. 조금 실망스럽다는 생각이 들었어요.

그저 아저씨일 뿐 남자는 아니었다

현경은 사실 콧대가 높은 여인이었고 그만큼 매력이 많은 인물이었다. 20살 꽃다운 나이가 되면서 이성에 대한 관심도 자연스레 생겼을 텐데 웬만한 인물이 아니고서는 눈길조차 주지 않았다. 그런 면에서 이종구에 대한 생각도 분명했다. 공부 잘하고 학식이 높아 말 상대로는 후한 점수를 줄 수 있고, 또 어릴 때부터 친하게 지냈던 터라 편하게 생각하는 '아저씨'였다. 그래서 이성으로서의 이종구를 마음속에 품은 적은 없었다. 하지만 이종구는 전혀 그렇지 않았다. 동경 유학 때에도 편지를 통해 여러 차례 좋아한다는 표현을 하는 등 자신의 마음을 계속 드러냈다. 그럼에도 현경의 반응이 없자 이종구의 집착이 더욱 커진 것으로 보인다.

이종구의 현경에 대한 집착을 엿볼 수 있는 장면들이 여럿 있다. 상당한 엘리트였던 이종구는 당시 여자가 나오는 맥줏집이나 찻집에 자주 출몰했다. 거기서 그는 현경하고 비슷하다고 여겨지는 여자만 찾았다. 그뿐 아니라 어딜 가든 현경과 닮은 여자를 살피는 묘한 버릇이 생겼다. 이종구는 장가도 가지 않았다. 대신 집에서 여러 여자들과 어울렸다. 현경이 이종구 집에 찾아갔을 때마다 여자가 반드시 있었다. 상해에서 온 20대 과부가 영어를 배우러 오기도 했고, 묘령의 부잣집 재원이 영어를 배우러 오기도 했다. 대부분 이종구에게 반해 사귀기를 원하는 여성들이었다. 조건으로만 보면 이종구는 일급 신랑감임이 분명했다.

이종구는 자신에게 구애하는 많은 여자들에 대해 결혼을 약속한다든지 하는 등의 진심을 담지는 않았다. 무례하지 않은 선에서 적정한 수준을 유지하는 식이었다. 그랬으면서도 여자가 끊이지 않았고 밤낮으로 여자와 어울렸다. 현경과의 관계가 진전되지 않아 그 대리만족을 위해 방탕한 모습을 보였는지는 정확히 알 수 없다. 현경은 그런 이종구의 행동을 탐탁지 않게 여겼다. 자신에 대해 지극정성인 것은 고마운 일이지만 남자 혹은 결혼상대로서의 이종구는 눈에 보이지 않았다. 특히 이화여대에 들어간 이후에는 더더욱 그런 생각이 강했다. 그냥 아저씨였다. 수영에 대한 생각도 이종구와 크게 다르지 않았다. 마찬가지로 아저씨였다. 일본말과 영어에 뛰어나고, 문학에 대한 안목이 매우 높고, 글도 잘 쓰고, 또 수준 높은 사람을 만나게 하는 안목을 키워준 스승 같은 사람이었을 뿐이다. 하지만 그때까지도 현경 스스로도 모르고 있었다. 수영과 자주 만나 문학에 대한 얘기를 주고받으면서 현경 마음 깊숙한 곳에 수영에 대한 깊은 믿음과 존경심이 서서히 자리하고 있었음을. 어쩌면 낭만적 판타지가 강했을 20살 처녀 때는 알 수 없었던, 성격이 다른 사랑의 싹이 수영의 치열한 삶에서부터 움트고 있었다는 것을. 남녀 간의 사랑이 서로에게 영향을 미치고 삶을 변화시킬 때 피어나는 인간애의 교감에서 싹튼 감정이라면 더더욱 그렇지 않을까.

처음 만난 사람 그리고 첫사랑

20살 숙녀 현경이 꿈꾸던 연애가 이뤄졌다. 카프 진영의 야전사령관이자 좌파 문학의 버팀목이었던 임화가 그 인연을 맺게 했다. 연애 상대였던 배인철을 임화의 집에서 처음 만나게 된 것이다. 그 인연은 육촌오빠 김순남 작곡가의 집에서 시작된다. 김순남과 친했던 임화가 김순남 집에 왔을 때 현경은 처음으로 임화를 알게 되었다. 김순남 집이 현경의 돈암동 집에서 얼마 멀지 않은 거리에 있었다. 현경이 시내에서 귀가할 때 김순남 집을 들러서 가곤 했다. 그 시절의 얘기를 들어보자.

1920년대 말 영화배우 시절의 임화.
조선의 발렌티노라는 별명이 붙을 정도로 꽃미남 배우였다.
1947년 봄, 임화는 배인철을 김현경에게 소개했다.
(『임화문학연구1』, 소명출판, 2019)

오빠하고 제가 친했어요. 오빠 집을 들러서 집으로 가곤 했죠. 오빠 집에 가면 그때 임화, 김남천, 오장환, 함세덕 등 좌익 계열의 예술가들이 회의를 해요. 오빠는 해방 전인 1944년에 부민관에서 작곡 발표를 했어요. 그때 오빠를 지원했던 분이 아버지였어요. 우리 아버지가 좀 능력이 있는 사람이었죠. 오빠 결혼식에도 우리 아버지가 많은 지원을 하셨어요. 그 사진도 있어요.

임화는 어느 모임이든 부인을 대동했다. 그의 부인은 첫째 부인이 아니라 재혼해서 맞은 소설가 지하련이었다. 임화와 지하련 사이에는 아들이 있었다. 8살쯤이었는데 참 이뻤다. 얼굴색이 하얀 그 아이를 임화는 꼭 데리고 다녔다. 그리고 임화와 지하련, 두 부부는 금슬이 매우 좋아 보였다. 사람들 앞에서도 애정 표현을 스스럼없이 했다. 그냥 조금 떨어져 앉아도 되는데도 항상 붙어 있었다. 현경의 눈에도 좀 눈꼴사나웠지만 애교스럽게 구니깐 그냥 넘어갈 수 있었다. '아! 얼마나 좋으면 저럴 수도 있나!' 속으로는 그런 생각까지 했다. 임화와 몇 번째 만났을 때다. 하루는 임화가 "현경 씨! 우리 집에 와서 식사 한번 해요. 다가오는 토요일 점심 어떠세요?" 하면서 정식으로 현경을 초청했다. 1947년 봄이었다.

현경은 문학계 거물인 임화의 초대에 흔쾌히 응했다. 약속

김순남의 결혼 사진. 1944년 10월 17일에 신부 문세랑과 결혼식을 올렸다.
웨딩 마치곡은 김순남이 직접 작곡했다. 김순남은 본명이 김현명으로
김현경과 돌림 자가 같다. 김순남은 김현경의 6촌 오빠가 된다.
김순남 뒤 국민복을 입은 사람이 김현경의 아버지다.
성우 김세원은 김순남의 외동딸이다.

날짜가 되어 임화의 집으로 향했다. 원남동 로터리에서 동대문 방향으로 나가는 길의 뒷골목에 임화의 집이 있었다. 지금은 길이 커졌지만 그때는 대로가 아니었다. 뒷골목에 접어들면 일본식 나무로 된 적산집이 있다고 해서 일러준 대로 따라가니 바로 그 적산집을 찾을 수 있었다. 그 임화 집에서 배인철을 소개받았다. 두 사람 모두 처음 보는 상대에게 놀라운 표정을 지었다. 서로에게 향하는 눈빛이 마구 흔들렸다. 첫눈에 서로에게 반한 것이다.

  현경의 첫사랑에 대한 판타지는 무엇이었을까. 21살 현경의 상상 속 왕자님이 배인철의 모습과 가까웠던 모양이다. 현경은 배인철의 첫인상에 강한 끌림을 느꼈다. 호리호리한 체형에 어울리는 회색 와이셔츠와 넥타이를 맨 모습이 너무 멋져 보였다. 게다가 초콜릿색과 흰색이 조화를 이룬 콤비네이션 구두를 신고 잔잔한 분위기를 더하는 중절모를 쓴 모습에 가슴이 뛰었다. 현경은 황홀해졌다. 저 멀리 바다 건너 상해에서 온 사람은 확실히 달랐다. 배인철도 마찬가지였다. 처음 보는 현경의 모습에 완전히 매료되었다. 현경의 반응보다 더했으면 더했지 덜하지는 않았다.

  이화여대 최고의 멋쟁이였던 현경의 눈엔 당시 청년들의 복장은 구질구질했다. 청년들은 대개 군복 물들인 옷을 입고 다녔다. 이종구와 그의 동생 이진구도 군복 물들인 바지 입고 다

김순남이 1948년 월북할 때까지 살던 집. 성북구 동소문동6가 193번지이다.
이 고택을 김순남을 기념하는 문화공간으로 보존하면 좋겠다. (2024년 촬영)

녔다. 옷도 없고 옷감도 구하기 힘들었기에 단벌 신사가 되어 매번 같은 옷을 입고 다니던 시절이었다. 하지만 배인철은 달랐다. 달라도 너무나 크게 달랐다. 게다가 심성이 올곧고 학식이 높은 인텔리로 보였고 예의가 바른 젠틀맨이었다. 서양 문물을 경험한 배인철은 현경에게 거리낌없이 다가갔고 현경 역시 수줍게 피하지는 않았다. 그렇게 첫 데이트가 시작되었다.

3장

마침내 시인과의 사랑이 익어가던 날

충격적인 총격사건과
희대의 스캔들

하루도 빼놓지 않았던 데이트였지만

첫 데이트. 현경은 배인철과 밤새도록 걸었다. 서울에서 인천까지 걸었으니 꽤 긴 시간이었다. 그 긴 시간 동안 끊임없이 이야기를 이어갔고, 이튿날 날이 밝아서야 기차를 타고 다시 서울로 올라왔다. 무박 2일의 첫 데이트를 마치고 수표동에 도착했다. 현경은 그때 수표동 언니 집에 기거하고 있었다. 수표동 언니는 친할머니 형제의 딸이다. 언니는 결혼해 아이 셋을 두고 있었다. 남편 이름이 황상근이었는데, 현경의 아버지 밑에서 무역상을 했던 인물이다.

수표동 시절은 열정 그 자체였다. 현경은 그때 연애는 물론 영어에 완전히 빠져 있었다. 영어 실력을 한시바삐 키우는 데 혼신의 힘을 다했다. 그래서 하루하루가 너무 짧았다. 시간이 모자라 미칠 지경이 되었다. 밥 먹을 때도 영어 단어장을 끼고 살았다. 한 숟갈 먹고는 영어 단어 하나를 외우는 식이었다. 또 토요일에는 돈암동 집으로 가서 옷을 갈아입고 일요일 저녁에 수표동으로 복귀했다. 그런데 어떻게 그럴 수가 있었을까? 그 바쁜 와중에도 현경은 배인철을 매일 만났다.

수표동에 공짜로 있었던 게 아니었다. 아이들의 가정교사 노릇이 숙식비인 셈이었다. 초등 4학년과 6학년 그리고 유치원생이었다. 가정교사를 하면서 담임을 찾아가서 의논까지 해가며 그 아이들을 가르쳤다. 현경은 타고난 선생이었다. 성적이 많이 올랐을 뿐 아니라 초등생 두 아이 모두 공부벌레가 될 정도였다. 수표동 언니 내외는 기뻐서 어쩔 줄 몰라 했다. 당연히 수표동 집에서 귀한 대접을 받을 수밖에.

보너스는 두둑한 용돈이었다. 그 돈을 들고 현경은 집을 나섰는데 학교에 가지는 못했다. 배인철이 수표동 집 근처인 종각 옆에서 대기하고 있었기 때문이다. 배인철은 항상 중절모를 쓴 채로 영자신문을 읽으며 현경을 기다렸다. 학교 가기 위해서는 종각을 지나쳐야 하는데 거기서 붙잡혀 오전부터 데이트를 했던 것이다.

두 사람은 다방에 들어가 차를 마시기도 하고 점심을 같이 먹으면서 데이트를 즐겼다. 여기저기 다니다 보면 시간은 화살이 되어 빠르게 흘렀고 어느새 저녁이 되어 헤어져야 했다. 당연하게도 현경만 '땡땡이'를 치는 게 아니었다. 배인철도 데이트에 정신이 팔려 만사를 내팽개쳤다. 배인철은 해양대학 교수직을 내던지고 서울로 올라온 상태였다. 배인철과의 데이트 기간은 불과 한 달 반 정도였다. 그런데 하루도 빠지지 않고 만났던 것이다. 현경 역시 그 기간 동안 학교에 가질 않았다. 아니 갈 수가 없었다. 간혹 등교하려고 나서는 학교 친구를 길에서 만날 때가 있었다. 그러면 배인철은 영자신문이나 코리아타임즈지(korea times)를 옆에 끼고 중절모를 쓴 채로 길옆에서 기다렸다.

  배인철은 상해 내 영국 조계에 있던 옥스퍼드 분교를 다니다 왔을 만큼 뛰어난 인재였다. 그랬기에 영어 실력이 출중했다. 1945년 9월 9일 미8군이 인천으로 들어왔을 때 환영사를 한 인물이 바로 배인철이었다. 배인철의 형 배인복은 보성전문의 럭비 선수로 활약하다 일제 말기에는 상해로 건너가 무역상을 크게 했다.

  배인철은 인천에서 태어나 중앙고보를 나오고 일본 니혼대학 영문과에 유학하다 징집을 피해 형이 무역업을 하던 상해로 갔던 것이다. 배인철은 서양 문물을 일찍 접하며 진보적인 사상을 익힌 인텔리였고 매너가 몸에 밴 점잖은 사람이었다.

하지만 이 전도양양한 청년의 삶은 너무 짧았다. 불의의 사고였다. 현경에게도 너무나 충격적인 변고였다.

충격적인 총격 사고, 희대의 패륜녀가 되다

1947년 5월 10일, 봄볕 가득한 남산 중턱에서 총격 사고가 났다. 그 자리에서 배인철이 총탄에 맞아 즉사했다. 현경도 옆구리에 경상을 입었다. 배인철이 머리에 총을 맞는 순간 턱 아래로 피가 마구 쏟아졌고 현경이 배인철을 부축하려고 허리를 굽힌 순간 총알이 옆구리에 스쳤다. 가만히 있었다면 현경도 총탄을 피하지 못하고 절명할 뻔했다. 현경 옆구리에서도 피가 나오고 흐른 피가 신발까지 흘러서 신발이 끈적끈적해졌다.

현경과 배인철, 두 사람이 데이트를 하다가 겪은 뜻밖의 참사였다. 그날 둘은 한산한 봄길을 걷기 위해 남산 필동으로 방향을 잡았다. 계곡 빨래터 위에 큰 바위가 있었다. 바위는 소나무가 둘러져 있어 둘이 앉기에 좋은 장소였다. 거기 앉아서 데이트를 하는데 바위 바로 위에서 의문의 총탄이 발사된 것이다. 불행히도 배인철은 다시는 숨을 쉬지 못했다. 괴한은 총격 후 어디론가 사라졌다.

배인철이 피를 철철 흘리며 쓰러지자 현경은 혼비백산했다. "사람 살려라!" 하며 울부짖었다. 놀란 가슴은 도무지 진정되지 않았다. 눈물이 넘쳐났다. 옆구리의 상처에도 아무런 통증을 느끼지 못했다. 배인철을 흔들어봐도 미동이 없다. 데이트 도중에 일어난 총성이 모든 것을 앗아갔다. 현경은 절규했다. 잠시 후 현경의 비명소리를 들은 빨래터 사람들이 올라오고 뒤이어 순경이 도착했다. 현경은 즉시 병원으로 이송되었고 더 이상 배인철을 볼 수 없었다. 뜨거웠던 두 청춘의 불꽃 서사는 그렇게 끝나고 말았다. 가슴 시린 비극이었다.

  병원에 일주일 정도 입원한 현경은 퇴원과 함께 경찰서 조사를 받게 되었다. 총격 사건은 언론에 대서특필되었다. 조선일보가 '탈선된 선생과 여학생'이라는 자극적인 제하의 기사를 실어 희대의 스캔들로 몰아갔다. 다른 언론들도 마찬가지로 반윤리적인 치정 살인 사건으로 기사를 쓰면서 가세했다. "너무 정부가 많다." "일곱 여덟 명의 남자하고 사귀었다." "삼각관계 치정으로 얽힌 정부가 범인이다." 등등의 선정적인 기사가 대문짝만하게 실렸다. 현경은 졸지에 치정 관계에 얽힌 패륜녀가 되었다. 그리고 연인을 잃은 충격이 가시지 않은 상태에서 고압적인 심문을 받아야 했다.

휴머니스트의 안타까운 죽음과 모욕적인 조사

  당시 현경을 조사했던 이는 오제도 검사였다. 소위 '빨갱이' 색출에 앞장섰던 반공검사로 유명한 인물이다. 오제도가 매섭게 현경을 몰아붙였다. 배인철 사체를 확인인 결과, 총알이 머리 쪽에서 발사된 뒤 턱 아래로 관통했다. 이걸 토대로 범인이 가까이에서 총을 쐈다는 게 오제도의 주장이었다. 그리고 현경과 배인철이 나란히 앉아 있는 상태였으니 얼굴을 아는 사람 아니면 가까이 올 수 없다고 단정했다. 그러면서 현경이 잘 아는 사람이 범인이라며 그 이름을 대라고 압박했다. 그러니까 남녀 관계에 얽힌 치정 살인사건이라는 결론하에 살인을 한 현경의 정부(情夫)가 누구냐고 다그쳤다. 현경은 참을 수 없는 모욕감에 치를 떨었다.

오제도 검사의 집요함은 다른 방향으로 이어졌다. 이번에는 좌익 빨갱이 분자가 살인범이라고 실토하라는 압박이었다. 배인철의 신분을 확인한 뒤의 일이었다. 놀랍게도 배인철이 남로당원이었던 것이다. 그것도 남로당을 이끌던 핵심 간부 이주하의 오른팔 역할을 했던 거물급 인사였다. 물론 현경은 그 사실을 전혀 알지 못했다. 배인철 스스로가 남로당원이라는 얘기를 한 번도 한 적이 없었기 때문이다. 그 사정을 알 리 없는 오제도는 "이번 사건은 좌익 계열에서 벌인 일이다. 배인철이 이주하 바로 밑인데 한 달씩이나 당 사무실에 안 나오니까 쏴 죽였다."라고 얘기했다. 기가 막혔지만 배인철이 남로당원이라는 사실은 가히 충격이었다. 그때는 경찰 조사를 하다가 공산당에서 그랬다 하고 결론 내리면 되는 시절이었다. 그 배인철 사건을 '삼각관계 질투의 총탄'이라는 제목의 신문기사.
이 기사에서 김현경을 여러 남자와 사귀고 있는 요부쯤으로 보도하고 있다.
(동아일보 1947년 5월 13일)

'탈선된 선생과 여학생 "란데뷰" 끝에 권총세례'
조선일보도 동아일보와 마찬가지로 배인철 사건을 남녀 치정 관계로 몰고 있다.
(조선일보 1947년 5월 13일)

만큼 이념 대립이 극심했던 때였고 좌익사범 검거에 혈안이 되어 있던 오제도 검사의 이해관계와도 잘 부합되는 매칭이었다.

진실과는 거리가 먼 자백을 요구하는 경찰 조사 과정에서 고문도 받았다. 현경은 암담했다. 배인철과의 한때를 생각하니 가슴이 미어졌다. 현경은 데이트를 하면서 배인철과 시 얘기를 많이 했다. 배인철은 정이 많고 감수성이 뛰어났는데 무슨 애기만 하면 눈물을 뚝뚝 흘렸다. 또 흑인 시만 고집했는데, 현경이 보기에 별로 신통치는 않았다. 그러다가 현경이 문학 얘기를 하면 "언제 그것을 다 읽었느냐?"라고 물으며 현경의 해박함에 놀라워했다. 어쩌다가 "제가 보통학교 5학년 때부터 앙드레 지드를 읽었다."라고 으스대면 배인철이 맞장구를 치며 칭찬했다. 그렇게 둘은 호흡이 잘 맞았다. 말하자면 배인철은 굉장한 휴머니스트라고 할 수 있었다. 어쩌다가 흑인 만나고 하면 시계를 빼 주고 그랬다. 한마디로 착한 인물이었고 권투선수 출신이라 체격도 좋았다. 이런저런 모습이 현경의 머릿속을 스쳐 지나갔다.

한줄기 구원의 빛,
"문학 하자!"

세상으로부터 버림받은 시간

　전 언론에 대서특필될 만큼 충격적인 스캔들로 회자된 총격 사건은 현경으로 끝나지 않았다. 치정사건으로 단정한 경찰이 남자들에게 인기 많았던 현경 주위를 샅샅이 뒤져 의심되는 사람을 죄다 연행했다. 수영을 비롯해 이종구, 이진구, 박인환이 경찰에 잡혀 흠씬 두들겨 맞았다. 이들 외에도 문학 교류를 하던 연대생 등의 몇 명이 추가되어 총 7~8명이 취조를 받았다. 그중에서 요령이 없고 좀 어벙벙한 수영이 가장 호된 고문을 받았다. 권총 찾겠다며 수영의 종로6가 고모집 기와지붕까지 다 뒤졌을 정도였다.

현경 주변 청년들을 마구 족쳤지만 경찰이 알아낸 것은 아무것도 없었다. 그런데 나중에 과학적 조사를 통해 개괄적인 정황이 파악되었다. 사건 현장은 바위 높이가 2m쯤 되고 소나무가 둘러 있어 둘이 앉기에 좋은 장소였다. 행정구역상으로는 필동인데 동국대 위쪽으로 남산에 가까운 위치였다. 계곡이 흐르고 빨래터가 있고 거기서 조금 더 올라가면 큰 바위가 있었다. 두 사람은 그날 한가한 데를 찾은 거였다. 신문에서 영화를 보고 거기에 갔다고 했지만 사실과는 다르고 사람들 눈에 띄는 걸 피해 한적한 곳을 찾았던 것이다. 그곳에서 두 사람이 얘기하고 있을 때 바로 위에서 총을 쏜 것이다. 바위 위에서 탄피가 두 개 발견되었다. 브라운 권총 탄피였다. 미군만 가지고 있는 권총이었다. 말하자면 바위 위에서 미군이 청춘 남녀 둘이 연애하는 장면을 내려보다가 샘이 나서인지 혹은 다른 이유로 우발적으로 총을 쏘았던 것으로 추측된다. 지금 같으면 근처 미국 군인들의 총기 휴대나 외출 시간 등을 조사하면 쉽게 범인을 잡을 수 있을 테지만 그때는 그런 수사를 하지 못했다. 결국 사건은 미궁에 빠지고 말았다.

  현경의 부상은 경미한 편이라 금세 회복했다. 어느 날, 병원에 배인복 부인이 병문안을 왔다. 배인철의 형수였다. 시동생에게 각별한 애정이 있었던 그 형수는 시동생에게 전해 들은 얘기만으로도 현경에게 호감이 많았던 모양이다. 현경도 배인철을 통해 형수 이야기를 들은 적이 있었다. 현경 이야기를 꺼냈을 때 형수가 빨리 결혼하라고 난리를 치더라는 내용이었다. 형수는 세련된 미인에다 점잖은 인텔리였다. 형수는 안타까운 표정으로 이런저런 지난 얘기를 꺼냈다. 배인철이 너무 좋은 남자였고, 사방에서 많은 여자들이 그에게 구애했고, 이화여대 다니던 한 여학생이 배인철에 반해 결혼을 원했다는 등의 얘기였다. 배인철은 현경과의 결혼을 구체적으로 생각했다고 한다. 이대생이 교칙상 결혼하면 퇴학 처리가 되기에 졸업 때까지 기다려야 할지 어떻게 해야 할지까지 고민을 했다는 얘기도 덧붙였다. 씁쓸한 얘기였다.

아무도 찾지 않는, 세상과 끊어진 사람

배인철 사건이 터진 후, 아버지가 발 벗고 나섰다. 사랑하는 딸을 그대로 방치할 수 없었던 아버지는 친분이 있던 중부서장에게 도움을 청했다. 그래서 현경은 중부서장 집에 가서 한 달가량 머물게 되었다. 추이를 신중히 지켜보려는 심산이었다. 그 집에는 약간 덩치 있는 부인 이인숙과 두 딸이 있었다. 그런데 두 딸 모두 이뻤는데 신재덕에게 피아노를 배우고 있었다. 신재덕은 백남준이 고등학생일 때 피아노를 가르친 선생이다. 또 현경의 6촌오빠인 김순남의 애인이었다. 그런데 신재덕은 이미 결혼을 한 유부녀였으니 불륜이었다. 불륜 사실을 알게 된 그녀의 남편이 그녀를 잡으러 경찰을 보낼 정도로 난리를 쳤고, 그 일로 신재덕이 돈암동 집 현경의 방에 며칠 숨기도 했다. 돈암동 집까지 형사가 찾아왔을 때 현경의 아버지가 겨우 설득해 중재를 했던 터라 현경도 그 스캔들을 잘 알고 있었다.

현경은 신재덕의 하나뿐인 동생 신재숙과도 간접적인 인연이 있다. 총격 사건이 일어나기 얼마 전의 일이다. 현경이 이화여대 김활란 총장으로부터 한 가지 제안을 받은 적이 있다. 김활란이 현경을 불러 "미국 콜롬비아 대학에서 스칼라십 2개의 티오(TO)를 보내왔다. 도서학과와 간호학과다. 네게 도서학 스칼라십 티오를 줄 테니 거기로 유학을 떠나라."라고 제안했다. 하지만 그때는 현경은 기고만장했던 터라 그게 성에 차지 않았다. 그래서 "도서학 전공해서 뭐해요?"라며 시큰둥하게 대답했다. 그 스칼라십은 미국 가서 생활하는 생활비까지 나오는, 상당히 파격적인 스칼라십이었다. 또 다른 학과로 편입하는 것도 허용되었다. 선택된 학생에게만 주어지는 그 특혜를 현경이 거절했고, 그 바람에 행운의 티켓을 거머쥔 학생이 바로 신재숙이었다. 신재숙은 현경 대신 미국 유학을 마친 후 귀국해 서울대 총장 비서를 했다.

중부서장 집에서 현경은 한동안 중부서장의 두 딸 공부를 봐주며 지냈다. 사람들을 만날 수 없으니 세상과의 연이 다 끊어진 것 같아 착잡했다. 폐기물이 되어 완전 매장된 기분이었다. 그러다가 다시 돈암동 집으로 돌아온 후 문득 미국으로 유학 가는 게 낫겠다는 생각이 들어 김활란을 찾아갔다. 지난날을 사과하며 다시 기회를 달라고 부탁했다. 하지만 그것은 대착각이었다. 이미 현경은 퇴학 처분이 내려진 상태였다. 사유는 총격 사건에 따른 풍기문란이었다. 미국 유학을 통해 숨통을 좀 트겠다는 몸부림은 쓸데없는 일이 되었다. 창피만 당하고 쫓겨나다시피 터벅터벅 물러날 수밖에. 그 사연을 들은 아버지가 현경을 위로했다. 다른 나라 유학을 권하며 현경을 달랬다. 유학비를 마련해주겠다고 했다. 그 말에 힘입어 집에 갇힌 채로 두어 달 정도 책만 보면서 소일했다.

어디선가 들려온 구원의 목소리

그렇게 어두운 터널을 지나듯 우울한 시간을 보내던 어느 날, 수영이 찾아왔다. 너무 반가워 울음이 나오는 것을 겨우 참았다. 수영을 보면서 한편으로는 이종구에게 서운했다. 항상 자신을 향해 뭐든 다해주겠다는 사람이 정작 자신이 가장 힘들 때엔 코끝도 보여주지 않는 게 괘씸했다. 해방되고 해후했던 이종구는 이후 이화여대를 자주 찾았다. 언젠가는 현경에게 〈결별〉이라는 시를 건넸다. 뭔가 하고 읽었더니, 윤리적인 것에서 진실된 사랑을 나누자는 내용이었다. 헌데 표현이 대단히 추상적이면서 모호했다. 하지만 그 뜻을 모를 현경이 아니다. 말하자면 먼 친척이라는 윤리적 장벽을 걷어내고 자신과 연애했으면 하는 바람을 애둘러 표현한 것이다. 이종구가 그 시를 건네면서 답을 달라고 요구했다. 하지만 응하지 않았다. 마음속으로 우러나지 않았던 것이다. 이종구는 이 같은 시도를 꽤 많이 했을 만큼 현경에게 적극적이었다. 그랬던 사람이 총격 사건 이후에는 얼굴을 보이지 않았다.

그런데 뜻밖에도 수영이 먼저 찾아왔다. 반가웠지만 한편으로는 미안한 마음이 들었다. 자신 때문에 수영이 엄청나게 곤욕을 치른 일을 현경도 알고 있었다. 안 그래도 어리벙벙한 데다 눈만 크고 벌벌 떠는 사람인데 경찰 조사에서 얼마나 봉변을 당했을지 생각만 해도 끔찍했다. 그런 수영에게 너무 미안했다. 늘 사람들 사이에 에워싸여 관심과 환호를 한몸에 받았던 현경이었지만 충격적인 사건 이후 먼 이야기가 되었다. 외톨이가 되어 혼자 있으면서 별의별 생각을 다하고 여러 사람의 얼굴을 떠올리곤 했다. 수영 차례가 되었을 때는 마음 한 곳이 따끔거렸다. 한결같고 요령을 모르는 사람, 남을 속이거나 거짓말을 할 줄 모르는 사람, 가득한 지성으로 광대무변의 세계로 나아가기만 하는 사람. '이 사람은 내게 어떤 의미를 주는 사람일까?' 이런 생각을 한 적이 있었는데 수영을 만나자마자 이전 일이 떠올라 피식 웃음이 났다.

총격 사건이 있기 일주일 전쯤이었다. 명동을 지나가고 있을 때 길거리에서 수영을 봤다. 걸어오고 있는 수영에게 다가가 배인철에게 소개하려 했다. 그런데 현경을 알아본 수영이 휙 돌아서더니 다른 골목으로 사라졌다. 그러고선 이튿날 새벽같이 돈암동 집으로 찾아왔다. 신발 신은 채 현경의 방으로 들어오려 하자 안방에 있던 어머니가 급히 나와 제지했다. 어머니가 수영을 알아봤다. "어! 자네 왜 이러는가? 아직 새벽인데." 그 소리에 이불 속에 있던 현경이 놀라 일어났다. 잠시 후 수영이 어머니에게 말하는 소리가 들렸다. "저기요 얼마 전에 현경이가요… 어떤 뼈다긴지 모르는 말 뼈다귀 같은 놈하고 명동에서 손을 잡고 무슨 짓을 하고 있는지 아세요." 막 따지듯이 말했다. 그럼에도 어머니가 "자네! 신발이나 벗게. 그렇다고 새벽같이 와서 화를 낼 게 뭐 있느냐." 하면서 타일렀다. 잠시 후 수영이 무안한 표정이 되어 맥없이 물러갔다.

  그런 일이 있었음에도 수영이 다시 돈암동 집에 찾아왔던 것이다. 총격 사건이 생긴 지 두어 달이 지나서였다. 수영이 신발도 안 벗고 툇마루 끝에 앉았다. 그러자 어머니가 말했다. "자네, 신발도 안 벗고 있어. 올라와서 차라도 한잔하지." 그 말에도 그냥 마루 끝에 앉아 미동이 없자 어머니가 현경을 나오게 했다. 툇마루 옆에 앉자마자 현경이 물었다. "웬일이에요?" 그랬더니 수영의 첫마디가 뜻밖이었다. "문학 하자!" 너무나도 짧은 4음절의 말이었다. 순간, 현경의 심장이 쿵쾅거렸다. 어디선가 구원의 목소리가 들리는 듯했다. 칠흑의 무저갱에 내리비친 한줄기 빛이랄까. 현경은 격동했고 그간에 쌓인 울분이 한꺼번에 가시는 것 같았다. 큰 위안이 되었고 수영이 너무 고마웠다. 마음 어떤 곳에서 묘한 감정이 일었다.

누구도 흉내 못 내는
아방가르드 여자

옛 스승을 따라 녹번리로

총격 사건이 일어나기 전 현경이 학교에 모습을 보이지 않았을 때 안달이 난 사람이 있다. 정지용 시인이었다. 그는 "애가 어떻게 됐냐?"라고 하면서 난리를 쳤다. 그러자 한 학생이 "종로 전찻길에서 봤는데요, 어떤 남자하고 같이 어디 가던데요." 하면서 정지용에게 알렸다.

그 말에 정지용은 단단히 화가 났다. 아무 연락이 없는 현경이 괘씸하기도 하고 칠판 글씨를 쓸 사람이 없어졌으니 곤란하기도 했다. 한편으로는 걱정도 했는데, 언론 기사에서 총격 사건을 접하고선 망연자실했다. 현경이 총격 사건으로 이화

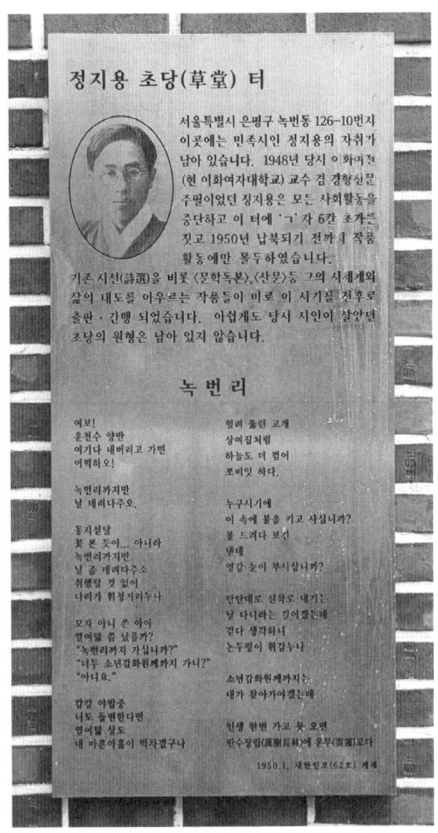

은평구 녹번동 126-10번지 녹번리 초당터에 지금은 빌라가 들어서 있고
알림판이 세워져 있다. 녹번리 초당은 'ㄱ자 6칸 초가'였다고 한다.
1948년 초에 현경은 여기서 하룻밤을 자고 갔다. (2024년 촬영)

여대에서 제적당하고 난 뒤 정지용도 더 이상 견디지 못하고 학교를 그만두고 녹번리로 은거했다. 이화여대가 여러모로 자신과 맞지 않았던 것이다.

녹번리는 딸기 농사를 짓는 곳으로 유명했다. 그곳에서 농사를 짓겠다는 게 정지용의 선택이었다. 녹번리 초당은 지금의 은평구 녹번동에 속한 곳인데 그때는 완전 농촌 마을이었다. 장성한 큰아들은 서울에 따로 살면서 정지용의 생활비를 보태고 있었고, 녹번리 초당에 같이 사는 정지용의 자녀는 아들 둘에 딸 하나가 있었다. 딸은 8살 정도였고 아들 둘은 중학생이었다.

녹번리로 옮겨간 뒤로는 학교도 멀고 해서 자녀들을 직접 가르쳤다. 국어는 물론 영어와 수학까지 모든 공부를 손수 지도했다. 현경은 언젠가 어떻게 연락이 되어 그를 만나게 된 적이 있다. 무학재 고개 넘어가기 전의 어느 술집에서였다. 대략 1948년 1~2월 무렵이다. 현경은 술을 마시지 않았고 대신 정지용이 막걸리를 혼자 다 마셨다.

술에 좀 취한 정지용이 현경에게 집까지 데려다 달라는 부탁을 했다. 정지용의 인품을 잘 알고 있던 현경이 흔쾌히 받아들였다. 좀 비틀거리는 정지용을 옆에서 부축해 걸어가야 했다. 정지용은 현경이 알고 있던 그대로 신사였고 자세는 청교도적이었다. 녹번리까지 걸어가는데 전혀 추태를 보이지 않았다. 날이 어두워져 녹번리 집에서 하루 머물게 되었다. 잠을 자는데 온돌방 아랫목 자리를 현경에게 주고 그 옆에 딸을 눕히고 부인과 본인 순으로 자리를 잡은 뒤 잠을 청했다. 부인이 밥을 짓기 위해 새벽같이 나가자 셋이 드러누워 있게 되었다. 딸은 세상 모르고 자고 있지만 잠에서 깬 현경은 좀 어색했다. 눈치를 챈 것인지 정지용이 현경에게 말했다. "밖에 나가서 산책이나 좀 할까." 그렇게 해서 밖에 나오니 논바닥에 서리가 하얗게 쌓여 있었다. 때는 겨울이어서 현경은 코트 차림이었다.

전쟁 와중에 홀연히 사라진 시인 정지용

두 사람이 논뚝에 쪼그리고 앉았다. 정지용이 현경에게 배인철과의 연애담을 물었다. 이에 현경이 덜지도 더하지도 않고 배인철과의 연애 이야기를 사실 그대로 들려줬다. 이미 그 사건의 충격에서 벗어난 때였고 예전의 활기찬 모습을 거의 회복한 상태였다. 얘기를 다 듣고서 안타깝다는 말로 위로하던 정지용이 이번에는 일본에서 겪은 자신의 연애 에피소드를 들려줬다. 그런데 이야기가 너무 싱거웠다. 아마도 마음을 편히 해주려는 배려였던 것 같다. "교토에 있는 동지사 대학 근처 2층집에서 내가 하숙을 하고 있는데, 아침 일찍 한 일본 여자가 바깥에서 내 이름을 부르는 거야. 그래서 내다보니까 바깥에 그 여자가 서 있었어. 그런데 하고 있는 꼴이 말이 아닌 거야. 단정치가 못한 데다 머리도 푸석푸석한 거야. 암만 내가 좋아서 찾아왔다지만 전혀 마음이 안 가. 그래서 나가지도 않고 2층에서 내다보면서 왜 왔느냐고 물었지. 그래 가지고 끝나 버렸지. 내 참! 그때 일본 여자가 왜 그렇게 구질구질하고 그랬는지 모르겠어."

  정지용 시인이 일본에서 유학했을 때는 이미 결혼을 한 유부남이었다. 일찍 장가를 간 정지용에게는 무척 순박한 시골 아낙같은 부인이 있었다. 한번은 정지용 집에 작가들이 방문했는데, 선물로 맥주를 사들고 갔다고 한다. 그런데 부인은 손님들 대접한다고 맥주를 따서 주전자에 끓여 술상에 올린 것이다. 정종인 줄 알았던 것이다. 맥주라는 술 자체를 모를 정도로 완전 시골여자였던 것이다. 정지용의 고향 옥천에서 있었던 얘기다.

  그날 아침 현경은 그 부인이 대접한 아침을 먹었다, 음식이 참 구수하고 정갈했다. 헤어질 때 정지용은 현경에게 시집 『백록담』을 주었다. 시집에 한자로 사인한 채. 현경은 이후 시인 정지용을 보지 못했다. 한국 시문학사에 큰 영향을 미친 시인은 6.25전쟁 중에 인민군들에 의해 납북되었다고 전해지는데 그 이후의 종적은 알 수 없다.

한여름 대낮의 아방가르드한 데이트

한편 수영의 방문 이후 현경의 일상이 반전되었다. '문학 하자'는 수영의 소리가 하루 종일 귓가에 맴돌았다. 장막이 걷히고 따스한 빛이 스며들었다. '문학 하자'는 말 뒤에 이어진 수영의 격려에 움츠렸던 마음에 온기가 들기 시작했다. 수영은 그때 "너는 공부하면 될 거 같다, 재주가 있다."라며 현경을 응원했었다. 현경은 본래 씩씩하며 자긍심이 강한 여자였다. 그런 모습을 되찾고 있을 무렵, 시간은 물처럼 흘러 어느덧 잔인했던 1947년이 저물고 있었다. 그리고 그 틈새로 수영과의 만남이 서서히 익어갔다.

돈암동 집은 문이 세 개나 될 정도로 제법 규모가 있었다. 동쪽, 서쪽, 남쪽에 문이 있었는데 그중 남쪽 방향의 문이 정문이었다. 차가 드나들 수 있을 정도의 대문이었다. 반면 다른 두 대문은 대개 닫혀 있었다. 어느 날 저녁, 동쪽 문 근처에서 휘파람 소리가 은은하게 울려퍼졌다. 베토벤 교향곡 5번〈운명〉이었다. 그 소리를 듣자마자 현경은 밖으로 뛰어나갔다. 길가의 방을 쓰고 있는 현경은 명확히 알고 있었다. 그 소리가 자신을 부르는 소리임을. 현경이 문밖으로 나왔을 때 수영의 휘파람은 여전히 이어지고 있었다. 그렇게 밤이 깊어지는 날이면 수영의 '운명'이 돈암동 하늘에 울렸다. 현경은 그때마다 뛰어나가 수영을 맞았다.

해가 바뀌고 1948년에 접어들면서 두 사람은 점점 연인이 되어갔다. 가장 힘들었던 시간에 찾아온 수영의 존재가 이전과는 사뭇 다르다는 것을 느꼈다. 현경은 서서히 아저씨가 아닌 남자로서 수영을 대하기 시작했다. 그렇게 두 사람이 더 가까워지면서 자연스레 데이트를 즐기게 되었다. 그러던 중 한 번은 둘이 노량진 종점에서 백사장을 따라 여의도 쪽으로 걸어간 적이 있었다.

 강렬한 태양이 내리쬐는 여름날이었다. 날이 얼마나 더웠던지 숨이 막히는 날씨였다. 강변을 걷다가 여의도 샛강을 건너 여의도 섬 한가운데를 가로질러 갔다. 한참을 가다 보니 그곳에 얕고 넓은 물웅덩이가 있었다. 물이 맑아서 바닥까지 훤히 보이는 물웅덩이였다. 현경은 무더위에 지쳐 있었던 터라 부끄러움을 잊은 채 훌훌 원피스를 벗었다. 그리고 속옷마저 던지고 알몸으로 물속에 텀벙 뛰어들었다.

 그 광경에 수영이 깜짝 놀랐다. 난처한 표정이었지만 이내 수영도 현경을 따라 알몸이 되어 물속에 뛰어들었다. 뜨거운 태양이 작열하는 한여름의 이색적인 데이트였다. 인적이 없는 여의도 섬 한복판의 맑고 시원한 물이 고여 있는 한강에는 아름다운 빛이 비치고 있었다. 평화로운 시간이었다. 그렇게 한참을 더위를 식히고 있는데 멀리서 사람 인기척이 들렸다. 수영과 현경은 재빨리 옷을 입고 다시 강을 건너 노량진 쪽으로 걸어갔다. 훗날 수영은 이 일이 너무나 인상적이었던지 두고두고 얘기했다. "당신은 아방가르드한 여자야. 어디서 그런 실험 정신이 나왔어?" 그 시절에 그 누가 그걸 흉내 낼 수 있을까? 현경은 그런 사람이었다.

나는 또
이별을 하는구나

수영의 급박했던 암치질 응급수술

한 여인을 위한 휘파람 소리 '운명'이 진짜 '운명'으로 감응하고 있음을 수영은 알고 있었을까. 시간이 나는 대로 수영은 돈암동으로 달려가 휘파람을 불었고, 그 소리에 빠르게 달려나온 현경과 밤 산책을 하곤 했다. 동네 두 바퀴 정도 돌면서 이런저런 얘기를 나누다 헤어졌다. 수영이 얘기했다. "열심히 공부하고 습작해 작품이 되면 일주일에 한 번도 좋고 두 번도 좋아. 종로6가 고모님 집으로 와. 기다리고 있을 테니." 퇴학으로 인해 현경은 시간이 많았다. 예전과는 달리 사람 만나는 일도 거의 없어졌다. 해서 많은 시간 문학 공부에 매진할 수 있었다. 매번 쓴 시를 여러 개 묶어 책으로 만들어 수영을 만났다. 손재주가 좋은 현경은 그 책에 리본을 달아 예쁘게 꾸미는 것도 잊지 않았다.

데이트는 주로 종로 뒷골목에서 했다. 예전처럼 명동 일대를 누비지는 않았다. 불필요한 구설수에 오르는 것을 조심해야 했다. 종로 뒷골목 구멍가게에서 알타리무 한 단을 사서 현경이 이빨로 껍질을 벗겨낸 뒤 수영의 입에 넣어주기도 했다. 그러면 수영은 어린아이처럼 좋아했다. 그리고 마른 새우 한 봉지를 사서 새우 수염을 다 떼어내고 주기도 했다. 그렇게 주면 수영은 싫은 내색 없이 껄껄 웃으며 하얀 이를 드러냈다.

그렇게 문학 공부와 데이트를 이어가는 1948년 어느 여름날, 수영에게 문제가 생겼다. 현경이 종로6가 고모집에 도착해 보니 수영의 상태가 말이 아니었다. 암치질이었다. 암치질은 안이 곪는 치질이었다. 그러니까 더 무서운 치질이었다. 수영은 고통이 심했던지 어쩔 줄 몰라 하며 데굴데굴 굴렀다. 병원 갈 생각은 엄두도 못 내고 있었다.

현경이 지체 없이 택시를 불렀다. 그리고 종로4가 근처의 강인선 항문과로 달려갔다. 남자 의사가 꺼먼 가죽으로 된 진찰 침대에다 수영을 엎드려 눕혔다. 그러고는 현경에게 수영 위에 올라타서 어깨를 꽉 누르라고 지시했다. 현경은 의사의 말대로 신발을 벗고 수영의 등 위에 올라타고는 어깨를 있는 힘껏 눌렀다. 그러자 의사가 수영의 바지를 벗기고 엉덩이에 메스를 들이댔다. 엉덩이 부위가 잔뜩 곪아 있었다.

메스가 가해지자 수영이 단말마의 비명을 질렀다. "아악!" 그럼에도 현경은 인정사정 없이 더 힘을 주었다. 수술칼이 지나간 자리에 썩은 고름과 피가 흘러내렸다. 통으로 그걸 받아내고서 응급수술을 마쳤다. 다행히 병원에 미국제 항생제가 있었다. 의사는 마이신을 거즈에 묻혀 상처에 박았다. 마취 없이 상처 부위에 솜을 박아 넣었으니 그 고통이 어떠했을까. 의사는 칼로 짼 부위를 꿰매지도 않았다. 그냥 "내일 또 와서 거즈를 바꿔야 한다."라는 이야기만 했다.

치료 과정이 무척이나 고통스러웠지만 수영의 상태는 확실히 좋아졌다. 치질로 인한 통증도 좀 진정이 됐다. 암치질에 비하면 일반 치질은 아무것도 아니다. 일반 치질은 항문 밖에 상처가 나는 것이지만 암치질은 그 안이 곪는 것이다. 그래서 암치질은 보통 아픈 게 아니다.

병시중, 밥시중을 위해 수영 곁을 지키며

응급수술을 마치고 수영을 택시에 태워 다시 고모집으로 데리고 왔다. 그리고 간병을 시작했다. 현경은 잠시 망설였지만 이내 마음을 굳혔다. 달리 간호할 사람이 없었기에 결단을 내려야 한다고 생각했다. 무엇보다 수영의 존재가 이미 현경의 마음속에 깊게 자리하고 있었다. 현경은 집에 들어가지 않고 고모집에 머물렀다. 그래도 집에는 연락을 해야 했다. 전화를 걸어 엄마와 통화했다. "엄마, 아저씨가 갑자기 치질이 심해져 병원에서 수술을 했어요. 근데 상태가 아직 안 좋아 걷지도 못해요. 근데 밥시중 할 사람도 없어요. 고모님이 한 분 계시지만 건넌방 세입자들이 해주는 밥을 먹고 있는 형편이에요. 임대료 대신인 거죠. 시중할 사람도 없고 죽어가는 사람 팽개칠 수 없으니 당분간 제가 간병할 생각이에요. 그렇게 알아주세요." 어머니가 딱한지 "알았다."라고 하면서 전화를 끊었다.

당시 수영 집안 상황은 좋지 않았다. 어릴 적에는 여유가 있었지만 아버지의 사업 실패 이후 점점 가세가 기울었다. 시내 중심지에서 외곽으로, 큰 집에서 작은 집으로 여러 차례 옮기다가 충무로 4가의 적산가옥에서 8남매가 살았다. 방은 2개뿐이었다. 수영은 당시 고모집 아랫방을 서재 삼아 시 작업에 몰두했지만 밥은 충무로 4가에서 먹었다. 수영 어머니의 생활력은 대단했다. 요리 실력 또한 뛰어나 집 한쪽을 터서 식당을 열었는데, 빈대떡을 파는 유명옥이었다. 그 유명옥의 음식이 소문이 나면서 제법 장사가 잘되었다.

어머니의 가게 유명옥에서 수영의 셋째 동생이 주로 일을 거들었다. 하지만 장남으로서 집안을 책임져야 할 수영은 돈을 벌기는커녕 매번 유명옥에서 밥을 먹고 어머니에게 용돈까지 받았다. 동생들에게는 영 체면이 서지 않았다. 묘한 것은 그렇게 무심하고 무책임한 장남에게 어머니는 물론 동생들까지 불만을 품지 않았다는 점이다. 그만큼 수영에 대한 기대감이 여전했기에 특별대우를 받았던 것이다. 그런데 이런 상황에서 암치질이라는 중한 병이 들었다고 얘기할 수는 없었다. 현경도 그 상황을 잘 알고 있었다.

집에서 고급 비단을 훔쳐 생활비 마련
현경이 병시중 든 지 며칠이 지났을 때다. 수영의 여동생 수명과 수연이 고모집에 와서는 대문 밖에서 집 안을 좀 살피다가 그냥 가는 일이 있었다. 당시 수연은 국민학생이었다. 현경은 그 광경을 보다가 순식간에 사라진 두 여동생과 한 마디의 말도 붙이지 못했다. 수영이 며칠째 유명옥에 나타나지 않아 걱정이 되었던 수영 어머니가 가보라고 한 것이라 여겼다. 수영은 치료를 받으면서 조금씩 호전되고 있었지만 여전히 현경의 도움을 받아야 했다. 그래서 현경이 아예 팔 걷어붙이고 부엌살림을 도맡았다.
손이 야무진 터라 처음 맡은 부엌살림도 문제없었다. 현경은 수영의 밥을 챙기는 것뿐 아니라 고모님 식사까지 챙겼다. 문제는 생활비였다. 있는 돈 모두를 치료비와 부엌살림에 쓰다 보니 주머니가 텅 비었다. 현경은 용돈을 아버지에게 받아

썼고 어머니에게는 받질 않았다. 어머니에게는 돈을 빌릴 수는 있지만 꼭 갚아야 했다. 용돈을 타려면 아버지를 만나야 하는데 아버지는 계동 개성집에 주로 머물고 있었다. 그런 상황이다 보니 아버지나 어머니에게서 용돈을 받아내기가 쉽지 않았다. 좋은 방법이 없을까 궁리하다가 돈암동 집으로 향했다.

집에 도착하니 마침 어머니가 있었다. 그런데 어머니는 현경을 보자마자 "너 잘 왔다. 마침 내가 오늘 볼일이 좀 있어 나가야 하는데 한 2시간 정도 집 좀 보고 있어라." 했다. 하는 수 없어 "그러세요."라고 대답하고 나니 답답했다. 어떻게 해서라도 돈을 마련하려 집에 왔는데 돈 얘기를 입 밖에도 꺼내지 못한 셈이었다. 어머니는 마당 집에 간다고 했다. 그 집은 동교동에서 노트 공장을 하고 있는 곳이다. 어머니가 그 집에 간 것은 필시 이자를 받기 위함이었다.

한참 어머니를 기다리다 불현듯 뭔가가 떠올랐다. 다락방에 있던 숭숭이 반닫이였다. 거기에 무지개색 비단이 여러 필 쌓여 있는 걸 봤던 기억이 났다. 그 생각이 들자 재빨리 다락방에 올라갔다. 숭숭이 반닫이 자물쇠를 열고 안을 확인하니 과연 비단이 있었다. 현경은 그중에서 연옥색 비단을 골랐다. 두께가 얇고 폭이 한 팔 길이 남짓한 일본 교토산 비단이었다. 그 비단 한 필을 꺼내 중문과 대문 사이에다 감추었다. 그리고 어머니가 귀가하자마자 "어머니! 일이 있어 갈게요." 하고서

숨긴 비단을 들고 나왔다. 그 즉시 동대문 시장에 갔더니 후한 값을 쳐주었다. 좋은 비단임을 확인한 포목점 사장이 좋아하면서 또 가져오면 얼마든지 사겠다고 했다. 그 돈이면 일주일은 충분했다. 살림살이에 수영의 담뱃갑은 물론 병원 비용도 거뜬했다.

결국 낙인이 찍힌 여자가 됐구나

열흘쯤 되니 또 돈이 바닥났다. 그래서 다시 돈암동으로 향했다. 다행히도 어머니는 전혀 눈치를 채지 못했다. 이번에는 분홍색 비단 한 필을 들고나왔다. 완전범죄(?)를 위해 숭숭이 반닫이의 자물쇠를 원래대로 잠갔다. 그렇게 해서 또 열흘 정도 지나니 마찬가지로 돈이 떨어졌다.

비단 한 필을 더 빼내기 위해 다시 돈암동에 갔으나 세 번째는 실패였다. 그 사이 아버지가 다락방을 확인하다가 비단 두 필이 없어진 걸 알아버린 것이다. 세 번째 비단을 훔치는 것에 실패한 것은 물론 "도둑질까지 해서 시 나부랭이나 쓰는 가난뱅이를 만나느냐?"라는 호된 질책을 받았다. 그리고 감금을 당하는 신세가 되었다. 며칠 후 몰래 도망쳐 나왔지만 별 방법이 없어 연락이 되는 몇몇 지인에게 사정해 돈을 빌렸다.

더위가 한창 기승을 부리던 어느 날, 어머니가 아버지 몰래 민어를 한 마리를 들고 현경을 찾아왔다. 수영을 좋게 보았던 모양이다. 덕분에 탕을 끓이고 조리를 해서 오랜만에 포식을 했다. 그 덕인지 수영의 치질 자리가 겨우 아물어서 지팡이 집고 다닐 만하게 되었다. 다락방에서만 생활하는 답답함에서 벗어날 수 있게 된 것이다. 발병한 뒤 어느덧 두어 달이 어떻게 지나갔는지 모르게 지나갔다.

벌써 가을이 오고 있었다. 하루는 수영이 지팡이 짚고 외출을 한 뒤 현경더러 잠깐 얘기하자고 했다. 수영이 현경을 바로 보지 못하고 옆으로 돌아앉아 얘기했다. "소문이 괴기하더라. 너하고 동거하고 있다는 게 문단에 쫙 퍼졌더라고. 만약 배인철 사건 재수사를 하면 내가 진짜 범인으로 덤터기 쓸지도 몰라. 너는 집에 들어가 있는 것이 좋겠어."

현경의 심장이 쿵 내려앉았다. 자신을 제대로 보지도 못하고 하는 수영의 그 말이 송곳처럼 가슴을 후볐다. '결국 나는 낙인이 찍힌 여자가 됐구나!' 아무 말도 할 수가 없었다. 고생스러웠지만 수영을 돌봤던 그 시간이 행복했었는데, 이마저도 허락되지 않는 게 너무 서글펐다. '이제는 끝이구나. 나는 또 이별을 하는구나.'

현경은 아무런 말 없이 짐을 싸고 돈암동으로 향했다. 일종의 오기 같은 심정이었던지 수영 앞에서는 눈물을 보이지 않았다. 돈암동 집에 들어서자마자 흐느꼈다. 그리고 폭풍처럼 밀려드는 서러움에 통곡하듯 울음을 토해냈다. 몸에 있는 물기라는 물기는 모두 눈물로 쏟아낸 뒤 현경은 탈진해 쓰려졌다. 하늘이 모두 무너져 내린 날이었다.

가장 로맨틱한 프로포즈, My soul is dark

새로운 출구, 프랑스 유학 준비

　프랑스 유학. 다시 찾아온 상실의 시간 앞에서 현경이 찾은 출구였다. 바람에 스치는 계절이 깊어 가던 어느 가을날의 다짐이었다. 수영에 대한 미련과 그리움 그리고 어지럽고 불투명한 내일. 복잡한 생각이 뒤엉켜 혼란스러웠지만 자신이 걸어야 할 길이 있음을 받아들여야 했다. 누군가에게 집착하고 매달리는 건 현경의 스타일이 아니었다. 툴툴 털어내고 홀로 일어서야 한다는 걸 잘 알고 있었다. 그래서 택한 것이 유학이었다. 진짜 문학을 하고 싶다는 생각도 들었다. 학교 제적으로 좌절된 미국 유학 대신 파리로 가겠다고 마음먹었다. 현경은 아버지가 돈암동 집에 들어온 어느 날 얘기했다. "아버지, 불어 공부를 할 생각이에요. 이제 결혼할 생각은 없어요. 그래서 불어 공부를 좀 한 뒤 파리로 유학 가고 싶어요. 학원비 좀 도와주세요!" 속절없이 1948년이 저물어 갈 무렵이었다.

아버지는 프랑스 유학에 동의했다. 학원비도 그 자리에서 흔쾌히 내놓았다. 아버지는 돈을 세서 주질 않고 그냥 집히는 대로 주는 분이었다. 두둑한 돈이 현경 앞에 놓였다. 당시 아버지 사업이 꽤 잘되고 있을 때였다. 기분이 좋았던지 아버지는 "그래, 이왕 결심한 거 한번 열심히 해야지." 하면서 격려의 말도 보탰다. 두둑한 돈에 그만 기분이 좋아졌다. 그 길로 명동으로 갔다. 수영의 뒤치다꺼리를 하느라 한여름부터 가을까지 두 계절을 잊고 살았던 터라 명동의 거리가 한없이 반가웠다. 명동에는 현경의 단골이 있었다. 그 가게에 들어가 보니 검정색 캐시미어 코트가 한눈에 들어왔다. 어깨선을 빳빳하게 처리한, 새롭게 유행하던 코트였다.

그때였다. "오래간만이네요." 하는 소리가 들려 고개를 돌려보니 이미 안면이 있는 가게 사장이었다. "이것 좀 입어보세요. 이게 어저께 새로 들어온 거예요. 그렇지 않아도 이거 걸어놓으면서 고객님 생각을 했어요." 입에 발린 말이지만 불쾌하지는 않았다. 단골집 사장이 권유하는 대로 코트를 입고 거울을 보니까 과연 멋진 코트였다. 꼭 현경을 위한 옷 같았다.

벗기가 싫을 정도로 맘에 들어 바로 구매를 했다. 그러다가 문득 수영을 떠올렸다. 고운 색상의 이 겨울 코트 입은 모습을 수영에게 가장 먼저 보여주고 싶다는 생각이 든 것이다. 하지만 그럴 수 없었기에 야속했다. 새로 산 코트를 입고 나선 명동의 거리가 왠지 우울한 모습을 하고 있었다.

스토커의 집요한 치근거림을 뿌리치고

집에 도착하자 어머니가 딸 모습에 연신 감탄했다. "야! 그 코트 정말 좋다!" 마침 그날 아버지도 집에 들렀다. 불어 학원에 등록했는지 궁금해서였다. 현경이 다시 코트를 입고서 아버지에게 얘기했다. "제가 너무 마음에 들어 안 살 수가 없었어요. 입으니까 벗기 싫어서 그냥 돈을 줄 수밖에 없었어요." 약간 들뜬 목소리로 자랑하니 아버지도 "잘 샀다!"라고 하며 좋아했다. 그렇게 해서 아버지에게 돈을 더 받은 뒤 다음날 불어 학원에 등록했다. 강의 첫날, 새로 산 코트를 입고 강의실에 들어가니 40여 명의 수강생이 있었다. 대부분 남자고 여자는 몇 안 되었다. 수업 시작 얼마 되지 않아 학원 선생이 현경을 지목하며 앞자리에 앉으라 했다. 영문을 몰랐지만 시키는 대로 뒷자리에서 앞자리로 옮겼다. 새로 산 코트를 입은 상태였기에 뒤에 있던 수강생 모두의 눈에 현경의 옷차림이 집중될 수밖에. 멋진 코트를 입은 미모의 수강생에게 시선이 몰리는 것은 당연했다. 늘 이런 시선을 받았기에 현경은 당황하지 않았다. 그저 80분 강의 시간에 집중했다. 앞자리에 앉으니 오히려 학습 의욕이 높아졌다.

  새로운 희망을 품게 되어서인지 공부에 대한 의욕이 넘쳐났다. 그런데 학원에 다닌 지 며칠 되지 않은 날이었다. 강의가 끝난 후 학원 선생이 "학생! 집이 돈암동이지?" 하며 물었다. 현경이 "네!" 하고 대답했더니 "나도 돈암동인데 같이 가자! 조금만 기다려!"라고 했다. 그러면서 돈암동까지 같이 전차를 탔다. 전철에서 내려서는 돈암동 집까지 데려다주겠다고 했다. 갑자기 현경의 마음이 불편해졌다. 남의 의사와 상관없이 구질구질하게 행동하는 사람을 극히 싫어하는 게 현경의 트레이드마크 아닌가. 며칠 후에는 "차를 한잔 마시면 어떠냐?"라고 또 말을 걸어왔다. 게다가 집이 돈암동에 있는 것도 아니었다. 그냥 쫓아오기 위해서 거짓말을 한 것이다. 그래서 제대로 눈길 한 번 주지 않았다. 그냥 학원 선생일 뿐.

  하도 졸라대는 통에 얼떨결에 차 한잔 잠시 마신 적이 있다. 그 때문인지 현경의 귀에 이상한 소리가 들려서 학원 다니기 힘들겠다는 생각이 들었다. 불어 기초 정도는 떼고 싶었지만 불필요한 추문이 생기는 건 죽기보다 싫었다. 학원 선생이 계속 치근대는 게 정말 골치가 아파 결국 중도 포기를 선언했다. 돈만 버린 셈이다. 그렇게 현경에게 달라붙던 그 불어 선생은 훗날 서울대 불문과 교수가 되었다. 그때 20대였던 그 선생은 옷차림도 허름했고 조금의 품격도 느껴지지 않았던 사람이었다. 그런 사람이 스토커가 되어 집 앞까지 따라와서는 안으로 따라오려 했을 때 현경은 단호히 거절하고 쫓아버렸다. "가세요! 가세요!"

우연히 다시 만난 자리에서의 프로포즈

한편 종로6가 고모집에서 현경과 몇 개월을 함께했던 수영은 본가인 충무로 집에 들어갔다. 현경과의 이별에 상심했던 수영의 상태가 좋을 리 없었다. 다락방에 거주하게 된 수영은 여전히 치질 때문에 누워 있는 시간이 많았다. 평소 자주 어울리던 문인들과의 교류도 할 수 없었다. 다만 길가로 나 있는 다락방 창가에 기대어 밖을 바라보곤 했다. 현경이 자신을 찾아오겠지 하는 기대감이었다. 한참을 그렇게 하고 있으면 팔꿈치가 멍들 정도로 문 모서리에 눌린 자국이 선명해졌다. 그리움이 짙을수록 그 자국에 상처가 커지는 듯했다.

수영 어머니는 아들의 그런 모습이 안쓰러워 별도의 공부방을 마련해 주었다. 충무로 건너편 필동에 큰 방 하나가 있는 양옥집 별채였다. 적산 가옥으로 방은 컸지만 이부자리밖에 없는 창고 같은 곳이었다. 거처를 옮긴 뒤부터 거의 매일 문인 친구들을 불러 술 파티를 벌였다. 그렇다고 그 생활이 오래가지는 않았다. 불과 두 달 정도였다. 그 이후에는 전혀 다른 생활이 기다리고 있었다. 장소는 다시 종로6가 고모집이었다.

여전히 학원 선생이 현경에게 집적대고 있을 때였다. 현경과 수영이 다시 만났다. 약속을 한 게 아니었다. 종로 4가 전차 정류장에서 전차를 기다리고 있을 때 누군가가 현경의 손목을 잡았다. 놀랍게도 수영이었다. 헤어진 지 몇 달 만에 보는 얼굴이었다. 수영이 말했다. "내가 지금 서울대학 부속 간호학교에 야간부 선생으로 영어 가르치러 가는 길인데, 수업이 두 시간이야. 내가 수업을 최대한 당겨서 한 시간만 하고 나올 테니까 잠깐만 여기서 한 시간 정도만 앉아서 기다려 줘." 그러면서 현경을 데리고 서울대학 병원 쪽으로 걸었다.

수영이 서울대학교 간호학교 야간부 영어 강사가 된 지 얼마 되지 않을 때였다. 형편이 어려운 집안 사정상 어머니에게 마냥 손을 벌릴 수는 없었던 터라 뭔가 일을 찾아야 했다. 그러던 차에 지인의 소개로 강사 일을 맡게 된 거였다. 당시 서울대 의과대학 자리에서 남쪽 방향에 있던 간호학교 앞의 작은 벤치. 그 벤치에 앉아서 현경은 수영을 기다리며 들떠 있는 자신을 발견했다. 야릇한 설렘에 전율이 일었다. 이 우연한 만남이 인연 같다는 생각에 이르렀다. 수영과 헤어져 있는 동안 가끔씩 불쑥 심장 위로 솟구친 자리에 남아 있던 감정의 찌꺼기가 무엇이었는지 분명히 알 것 같았다. 그런 생각에 잠겨 있는 사이 수영이 저 멀리서 걸어오는 게 보였다.

　기다린 지 1시간이 채 되지 않았다. 수영이 다가와 얘기했다. "그냥 일찍 끝내고 나왔어. 오늘이 월급날이야!" 그러면서 현경의 얼굴을 지긋이 바라보았다. 현경은 수영의 옅은 미소에 설렜다. 그 순간 수영이 가까이 다가가 현경의 팔을 잡고 속삭였다. "My soul is dark." 바이런의 시였다. 그 말에 현경의 마음이 걷잡을 수 없이 무너졌다. 짙은 그리움으로 부유했던 수많은 감정들이 한꺼번에 터져 나오는 듯했다. 현경이 그대로 수영의 품에 안겼다.

동거, 운명적인 사랑에 모든 것을

두 사람의 선택은 자유로운 사랑

My soul is dark
- 조지 고든 바이런

어두운 내 영혼, 오! 빨리 울려다오
내가 그 하프 소리를 들을 수 있을 때까지
당신의 부드러운 손가락으로 나의 귀에
달콤한 그 속삭임을
아직 마음속에 희망이 남아 있다면

당신의 선율로 다시 한번 불러다오
이 눈에 눈물이 아직 남아 있다면
흘러넘쳐 불타는 뇌를 진정시키리

하지만 거칠고 침울한 노래를 들려다오
기쁨의 선율을 먼저 들려주지 말고
음유시인이여, 나는 울어야만 한다
그렇지 않으면 무거운 심장은 터지고 말지니
내 마음은 슬픔 속에서 먹고 자라
오랜 불면의 침묵 속에 아파했더이다
그리고 이제 최악의 운명과 만나게 되었으니
당신의 노래가 없다면 금방이라고 터지리라

이 시는 영국을 대표하는 낭만파 시인 조지 고든 바이런의 작품으로 제목이 〈My soul is dark〉이다. 수영은 이 시 제목으로 자신의 마음을 전했다. 오랜 슬픔을 간직한 채 현경을 향한 그리움과 운명적인 사랑에 대한 절절한 고백이었다. 이 낭만적인 프로포즈 앞에 현경은 무너졌고 이것이 자신의 운명임을 받아들였다. 두 사람은 다시 종로6가 고모집으로 향했다. 각각 병치레와 병간호를 했던 두 사람의 공간에서 새로운 출발을 다짐했다.

그날부터 둘은 부부가 되었다. 동거가 시작된 것이다. 하지만 곧바로 쉽지 않은 통과의례를 거쳐야 했다. 현경이 돈암동 집으로 전화해 "아버지! 제가 지금 김수영 시인의 종로6가 고모집에 같이 있어요."라고 얘기했다. 마침 그 전화를 받은 아버지는 버럭 화를 내며 그 전화를 끊어버렸다. 그 이후부터 현경은 집에 들어갈 수가 없게 되었다. 1949년 2월경이었다.

  1949년이면 두 사람의 만남이 햇수로 6년째 접어들 때다. 23세 현경과 29세 수영의 선택은 자유로운 사랑이었다. 집안의 배경이나 관습, 윤리적 시선 등의 일반적 통념은 아무런 걸림돌이 되지 못했다. 자유연애를 통한 결혼, 거기에 동거부터 시작하는 두 사람의 결합은 확실히 파격적인 일이었다. 두 사람이 일치했던 지점은 서로에 대한 맹목적인 사랑과 자유의지였다. 두 사람이 종로6가 고모집에서 동거를 시작했을 때 살림살이를 새롭게 장만하지 않았다. 그저 수저나 밥그릇 몇 개를 추가했을 뿐이다. 집에서 용돈을 받아 생활했던 터라 집에서 쫓겨난 처지의 현경 수중에 돈이 있을 리 없었다. 대신 수영이 서울대학교 간호학교 야간부 영어 강사를 하면서 겨우 생활비를 벌었지만 궁핍한 생활을 벗어날 수는 없었다.

  헤어진 지 몇 달 만에 다시 만나 동거를 하게 된 두 사람의 시간은 꿈결 같았다. 현경은 시인 김수영의 아내가 되는 것을 그 어떤 가치보다도 최우선으로 두었다. 그 선택으로 인해 감당해야 할 모든 관계의 단절과 소외를 계산하지 않았다. 어쩌면 무모하리만큼 맹목적이고 실험적인 선택이며 동시에 충동적인 행동이었을 수도 있다. 그만큼 두 사람은 남녀 간의 사랑이나 결혼과 관련된 세상의 질서 같은 것에 눈을 돌리지 않았다. 오로지 자신들이 결정한 운명 앞에 나란히 마주하겠다는 의지, 즉 지독한 사랑을 택했다.

시어머니의 일숫돈으로 마련한 돈암동 신혼집

종로6가 고모집에서의 더부살이 생활은 1949년 11월에 돈암동 신혼집을 마련하면서 끝이 났다. 수영의 어머니(이하 '시어머니')가 일숫돈을 빌려 전세금으로 마련한 집이었다. 시어머니는 신혼살림에 필요한 목돈까지 보태어 두 사람을 지원했다. 두 사람의 종로6가에서의 동거가 길어지자 시어머니가 가만있을 수 없었던 것이다. 일숫돈으로 금가락지를 마련해 돈암동의 현경 집을 찾아간 시어머니는 현경 어머니를 설득했다. "이제는 어쩔 수 없으니 둘이 그냥 살도록 해줍시다."

결혼에 대한 양가 부모의 합의는커녕 상견례도 없었던 터라 누군가가 나서야 했다. 당시 유명옥을 운영했던 시어머니가 적임자였다. 현경의 아버지는 폭탄 선언을 하고 집을 나간 딸의 행동에 화가 나 있었고, 친정어머니의 경우 남편의 눈치도 살펴야 하는 좌불안석 상태였다. 시어머니의 설득에 어머니가 적극적으로 호응할 수는 없었지만 암묵적으로 동의할 수밖에 없었던 것으로 보인다. 물론 양가 하객들을 모아 결혼식을 거행하는 자체는 엄두를 낼 수 없었다.

   신혼집을 마련하기 전의 일이다. 하루는 시어머니가 현경을 불렀다. 그리고 두 사람은 관상쟁이를 찾았다. 여름이 지나고 초가을 무렵인 1949년 9월경이었다. 시어머니의 그때 모습을 현경은 매우 인상적으로 기억한다.

> 어느 날 시어머니가 저를 불렀어요. 그래서 꽤 유명하다는 관상쟁이 집에 가게 되었는데, 시어머니의 자태가 참으로 멋졌어요. 시어머니는 여름에 입는 모시를 겹으로 해서 가을용 모시를 만들어 입으셨어요. 정말 모양을 잘 낸 복장이어서 감탄했어요. 시어머니는 관상쟁이를 자주 찾았어요. 집안과 자식들의 길흉을 늘 걱정하신 거죠. 그 이후 제 어머니를 찾아가 설득하신 것 같아요. 당시 나이가 들고 식당 일을 하면서 고된 노동을 하고 있었지만 시어머니는 상당한 미인이었어요. 친절하고 사리에 밝으신 분이셨어요.

시어머니는 해방 직전에 자녀들을 이끌고 중국 길림에서 탈출했다. 생사기로의 위험한 여정이었는데 다행히도 가족 모두가 무사히 서울에 도착했다. 그런데 문제는 끼니 해결이었다. 길림을 떠나면서 전 재산을 버리고 서울로 향했던 터라 극심한 생활고와 마주해야 했다. 그래서 시어머니가 시작한 게 식당이었다. 시어머니는 미인이었을 뿐 아니라 음식 솜씨 또한 빼어난 분이었다. 음식점 '유명옥'은 별도의 장소를 얻어 시작한 게 아니었다. 길림 탈출 후 겨우 구한 충무로4가의 적산 가옥이 마침 일제강점기 때의 혼마치 길에서 인현동으로 빠지는 지름길 골목이어서 식당을 열 최적의 장소였다. 그만큼 유동인구가 많았다. 다행히도 식당 장사가 잘되어 한숨을 돌릴 수 있었다.

예나 지금이나 음식 맛이 좋으면 손님이 찾아오기 마련이다. 유명옥 유리문 앞에서 빈대떡 지지는데 그 냄새가 골목길을 지나가는 행인들의 코를 자극했다. 빈대떡과 설렁탕 맛이 어느새 유명세를 타면서 식당이 북새통을 이루기 시작했다. 특히 중년 남성들의 인기가 높았다. 시어머니의 단아한 모습도 한몫했지만 무엇보다 막걸리 한잔을 하면서 빈대떡과 설렁탕을 먹는 하모니가 안성맞춤이었다. 손님 중에서 거의 매일 들러서 음식을 먹는 일수쟁이가 있었다. 그 일수쟁이한테 시어머니가 돈을 빌리자고 하면 얼마든지 응했다. 일수쟁이 입장에서 볼 때 손님이 꽉 찬 게 확실한 보증이 되었던 것이다.

시어머니의 피땀과 정성으로 마련한 신혼집은 돈암동 전철길에서 성북경찰서로 넘어가는 길가에 위치한 곳이었다. 주인집 문과 겹치지 않게 별도의 문으로 드나들 수 있게 돼 있었다. 조그만 샛문을 거쳐 들어가면 바로 마루와 방으로 연결되었고 별도의 뜰아랫방도 하나 있었다. 뜰아랫방은 공부방으로 사용하기로 하고 현경이 쓰던 책상 같은 것을 집어넣었다. 어머니가 아버지 몰래 리어커로 보내주었다. 거기에 조그마한 항아리에다 된장, 간장, 고추장을 담아 보냈다. 이부자리는 그냥 참고 지내려 했더니 시어머니가 진분홍색으로 물감을 들인 이부자리 하나를 마련해 주었다. 현경은 친정집에서 덮던 것과 여분의 이불 중 원단 좋은 것을 선별해 신혼집으로 옮겼다. 물론 아버지가 집에 없을 때의 비밀작전(?)이었다.

시어머니는 언제나
든든한 언덕

잔소리 대신 묵묵한 지원으로

제대로 된 결혼식 없이 부부가 된 수영과 현경. 두 사람의 인연을 이어줄 뿐 아니라 언제나 방패막이가 되어 준 사람은 단연 시어머니다. 신접살림도 없는 더부살이 동거를 할 때 먼저 현경의 어머니를 찾아가 설득한 이도 시어머니였고 일숫돈으로 신혼집을 마련한 사람도 역시 시어머니였다. 집안의 기둥인 장남이고 특별한 대우를 받았던 수영에게 시어머니는 늘 정성이었다. 문학을 한답시고 장남 노릇을 제대로 못 했던 수영에게 잔소리 대신 묵묵한 지원으로 일관했다. 장남의 일탈에 가까운 동거에도 나무라지 않았고 두 사람의 결혼을 축복했다. 번갯불에 콩 튀기기 결혼에도 불편한 기색을 내비치지 않았다. 벼락치기로 며느리가 된 현경에게도 따뜻했다. 그 기억 하나를 이렇게 얘기한다.

시어머니가 참 인간적이셨어요. 한번은 이런 일이 있었어요. 돈암동 신혼집에 들어가기 전에 유명옥 다락방에서도 조금 살았을 때 이야기예요. 다락방 도배를 해야 한다는 생각에 풀을 만들었어요. 그런데 그걸 해본 경험이 없어서 그냥 밀가루를 물에 풀어서 불에다 올려놓았어요. 당연히 잘 안 되었어요. 계속 눌어붙어 어쩔 줄 몰라 하고 있는데 시어머니께서 먼저 냄비를 불에서 내려놓으셨어요. 그러시고는 "애야! 이렇게 하면 안 되고 먼저 냄비에다 물을 팔팔 끓이고, 끓는 물에 슬슬 밀가루를 저어가면서 부으면 된다."라고 친절하게 가르쳐 주셨어요. 그리고 오이지 담는 이야기도 해주셨어요. 시어머니가 오이지를 큰 독으로 하나 담는데 잘못해서 그 오이지가 그만 다 물러버렸다는 얘기였어요. 그렇게 시어머님 실패담을 들려주시면서 오이지 담는 법을 가르쳐주셨어요. 너무 따뜻한 분이셨어요.

한참 훗날 얘기지만, 현경은 수영과 부부싸움을 한 날이면 아이를 들쳐업고 도봉동으로 가곤 했다. 그때는 시어머니가

김수영 시인의 막내 여동생 송자의 졸업식 때 사진.
김수영 시인이 어머니를 많이 닮았다는 생각이 든다.
앞줄 왼쪽부터 수명, 송자, 시어머니, 수영 고모의 외손녀.
뒷줄은 왼쪽부터 수영 고모의 둘째 딸, 수영 고모의 첫째 딸, 수영, 현경이다.

도봉동에 살고 있었다. 현경이 시댁 본가에 그렇게 나들이할 때면 수영의 동생 수명이 한마디하곤 했다. "언니는 참 이상해. 언니는 왜 오빠하고 싸우면 친정으로 안 가고 밤낮 우리 어머니한테로 오세요?"

시댁 몰래 친정집에 값비싼 금비녀를

시어머니는 시집오기 전부터 동네에서 인물 좋다고 소문이 자자했다고 한다. 당시에는 시댁 살림이 꽤 부유했던 탓에 시아버지 혼담이 여기저기서 들어왔다. 그 혼담을 다 뿌리치고 시어머니를 선택했는데, 아마도 시어머니의 올곧은 품성과 남다른 자색 때문이었던 것 같다.

그런데 이상한 일이 벌어졌다. 시어머니가 시집온 이후부터 시할아버지가 안방에 기거하고 있던 새 시할머니를 전혀 부르지 않았다고 한다. 시할아버지는 상처 후 30대 과부와 새장가를 갔었는데, 무슨 이유인지 동네의 잔칫집에 갈 때면 새 시할머니 대신 시어머니를 앞세워 행차에 나섰다. 더군다나 시어머니를 금은보석으로 치장하게 했다. 화려한 비단으로 만든 치마, 비단 신발, 고급 귀걸이 등으로 치장한 시어머니의 자태는 매우 빼어났다.

새 부인 대신 며느리를 데리고 가는 행차는 시끌벅적했을 뿐 아니라 화려했다. 먼저 대갓집 마님이 타는 가마가 대청마루에 대령한다. 가마꾼들이 대기하다가 기별이 오면 시어머니가 그 가마를 탄다. 그러면 시할아버지가 별도의 남자 가마를 타고 뒤를 따랐다. 그렇게 요란스럽게 시어머니를 챙기고 귀하게 여겼던 시할아버지는 안방에는 한 번도 들어가지 않았으니, 시어머니 입장에서는 꽤 난처했던 모양이다.

 시어머니는 가난한 집안 출신이었는데 친정 식구 때문에 곤욕을 치른 적이 있다. 시집온 지 얼마 되지 않아 서울에 큰비가 내렸다. 어느 날 일하는 사람의 전갈을 받았다. 집 밖에 어떤 총각이 찾아왔다고 하는 거였다. 나가 보니 남동생이었다. 장마 때문에 친정 초가집이 무너졌다면서 말을 잇지 못하는 동생에게 그 자리에서 금비녀를 뽑아주었다.

 그 금비녀는 상당한 가격의 장신구로서 시할아버지가 며느리에게 준 선물이었다. 문제는 잔치집 등에 갈 때 그 금비녀를 반드시 꽂고 가야 했던 점이다. 남동생에게 비녀를 주고서 며칠 되지 않아 어디를 행차한다는 기별을 받게 되었다. 참으로 난감한 일이었다. 시할아버지 몰래 친정에 값비싼 금비녀를 주었으니 책임을 져야 했다. 시어머니에게 들은 그때의 얘기는 이렇다.

마음이 급해 동생에게 금비녀를 주고 나서 시어머니는 상당히 곤란한 처지에 놓였어요. 며칠 뒤 동네 유지의 잔칫집에 가야 한다는 기별을 받고 한동안 고민했대요. 그래서 궁리 끝에 찾은 방법이 손윗동서에게 금비녀를 빌리는 거였어요. 당시 (수영의) 큰아버지는 아편 환자였는데, 아편을 끊기 위해 금강산에 가 있어 손윗동서는 혼자 창신동에 살고 있었어요. 거기 가서 시어머니가 통사정을 해서 금비녀를 빌렸다고 해요. 그때 손윗동서(수영의 큰어머니)는 불경 책을 읽고 있었는데 쌀쌀맞기가 보통이 아니었다고 해요. 뾰족한 얼굴이었는데, 남편이 아편 환자라 아예 아이를 낳지도 못해 늘 외롭게 지냈던 탓인지 무척 차가운 성격이었다고 해요. 어려운 발걸음을 해서 고개 숙여 겨우 금비녀를 빌렸다는 얘기를 들을 때 참으로 시어머니가 불쌍하다는 생각이 들었어요. 저도 그 집에 딱 한 번 간 적이 있어요. 그때는 이미 큰아버지가 돌아가신 뒤였어요. 시할아버지가 큰아버지와 함께 살지 않았던 것은 아편 때문이었어요. 아편 피우는 아들 모습을 보기 싫었던 거죠.

왕십리에서 가난한 집안의 3녀 1남 중 맏이로 태어난 시어머니는 책임감이 강한 분이었다. 타고난 미모는 친정어머니를 꼭 빼닮았다. 시어머니의 친정어머니를 현경이 한 번 본 적이 있는데, 나이가 들었어도 누가 보더라도 감탄할 정도로 귀티가 났고 위엄이 있었다.

시어머니의 셋째 여동생은 수영보다 한 살 위인데 어의동

보통학교(현재의 효제초등학교)를 함께 다녔다. 1살 많은 수영의 이모는 덩치 큰 아이들이 수영을 괴롭히면 당장 달려가 이들을 평정할 정도로 '싸움 잘하는 여걸'이었다. 성적도 우수했던 이모 이름이 안소순이었는데, 훗날 차씨 집안에 시집을 가서 무려 8남 3녀의 자녀를 두었다. 이 중 3남이 바로 〈낙엽 따라 가버린 사랑〉을 빅히트시킨 가수 차중락이다. 그러니까 차중락은 나이 차이가 21살이나 나지만 수영의 이종사촌이다. 공교롭게도 두 사람은 같은 해인 1968년에 세상을 뜬다. 그때 차중락 나이는 불과 27살이었다.

험난한 시대를 견뎌내는 힘과 지혜

현경은 시아버지를 정식으로는 한 번도 뵌 적이 없다. 1948년 즈음에 충무로4가 유명옥에 몇 차례 들렀을 때 안방에 드러누워 있는 시아버지를 먼발치에서 본 게 전부였다. 게다가 얼굴을 직접 보지는 못했다. 누워 있는 이불자락밖에 볼 수 없어서다. 그때 수영은 인사를 시키지 않았는데 결국에는 1949년 1월에 천식으로 돌아가셨다. 수영과 현경이 동거하기 한두 달 전이다.

시아버지는 키가 크고 이목구비가 뚜렷한 호남형으로 자녀들 교육에 관심이 많았던 분이었다. 하지만 이재에는 밝지 못했던 탓인지 선대로부터 물려받은 많은 가산을 지키지 못했다. 현경은 결혼 후 시댁에 대한 얘기를 많이 들었는데, 그중 한 번도 뵌 적이 없는 시아버지에 대한 얘기가 강한 인상으로 남아 있다고 했다.

결혼 후 사진으로 시아버님 모습을 처음 보았어요. 시아버님이 수경(수영의 동생)을 안고 수영은 소년단 보이스카우트 복장을 하고 있는 사진이었어요. 그 사진에 비친 시아버님의 모습은 상당한 멋쟁이셨어요. 당시 보이스카우트 되기가 그렇게 쉬운 게 아니었어요. 중류 이상 상류층 아들이나 들어가는 거지요. 보잘것없는 생활을 하는 집안에서는 입단을 하지 못했어요. 그러니까 한 학교에서 소년단에 들어갈 수 있는 아이들이 그저 열 명 안쪽이었을 거예요. 그래서 시아버님 사업이 잘 안 돼 몰락한 게 안타까웠어요. 시아버님이 무능해서가 아니라 당시 전쟁이 몰고 온 군국주의 세태와 동떨어진 사업이어서 그랬던 것 같아요. 결혼 후 남편의 시에서 시아버님 얘기가 나오는데, 시아버님의 시적 감각이나 문학적 사유가 평범하지는 않았어요. 아마도 시인의 문학적 재능은 시아버님에게서 물려받은 것 같아요.

시아버지의 주종 사업은 지전(紙廛)이었다. 창호지 같은 고급 종이와 조끼 등을 파는 장사를 했다. 조끼는 주로 남자용이었는데, 남자 조끼는 가정집에서 바느질하기가 힘든 품목이었다. 그런데 군국주의 시대로 접어들면서 우리나라 전통 분위기를 유지하고 있는 업종이 위기를 맞았다.

또 업종 자체가 사양산업이었다. 사업 운영이 힘들어지면서 점차 가세가 기울기 시작했다. 설상가상으로 시아버지가 큰아버지가 요구하는 대로 땅문서를 내주면서 선대로부터 물려받은 땅을 모두 잃게 되었다. 이에 따라 경기도, 강원도 땅에서 매년 500석 정도 거둬들이던 집안이 끼니 걱정을 할 정도로 쪼그라들었다.

수영이 태어날 당시만 하더라도 종로2가의 집이 대저택에 가까운 부잣집이었다. 손이 귀한 집안의 장남(수영보다 먼저 태어난 남자아이 둘이 일찍 사망함)인 수영은 집안의 기대를 한몸에 받으며 귀한 대접을 받았다. 그러다가 가세가 기울면서 종로6가, 용두동, 현저동으로 집을 옮길 수밖에 없었다. 또 일제강점기 막바지에는 징병, 징용을 피해 일가족이 만주 길림으로 떠나야 했다. 시대의 격랑에 따라 한 치 앞을 내다볼 수 없는 부랑자 신세가 되어 흩어진 가족을 애타게 찾아야 하는 시간을 온몸으로 버텨야 했다.

반면 시어머니는 힘난한 시대를 견뎌내는 힘과 지혜를 갖춘 인물이었다. 선비 기질이 강하고 처세에 어두웠던 남편을 대신해 가장 노릇을 했으며 자식들을 지키는 데 궂은일을 마다 하지 않았다. 집안 형편이 좋을 때에도 시어머니의 근검절약은 몸에 밴 습관이었다.

수영이 다섯 살 때의 일화에서도 잘 알 수 있다. 수영이 서당에서 배운 한자를 낭랑하게 외우면 기분이 좋아진 시할아버지가 매번 손자에게 용돈을 주었다. 그 용돈을 받은 수영이 구멍가게로 달려가 장난감을 사고 나면 남는 게 없었다. 특히 총을 사서 화약을 넣어 당기면 "빵! 빵!" 소리가 났다. 그래서 시어머니는 용돈을 들고 구멍가게로 달려가는 수영을 중문 앞에서 가로막고 그 돈을 빼앗았다. 그 돈은 모두 부엌살림에 필요한 반찬거리 등에 사용되었다.

만주에서 금반지 장사, 해방 후에는 빈대떡 장사

언제 무슨 일이 벌어질지 모르는 일제강점기 말년인 1943년 가을, 수영의 가족은 만주 길림으로 이주했다. 징용과 징병이 두려웠기 때문이다. 시어머니의 바로 아래 동생(수영의 둘째 이모)이 먼저 만주에 정착해 있었다. 전황이 악화되자 시어머니는 둘째 이모와 상의한 끝에 과감하게 전 식구를 이끌고 서울을 벗어났다.

자식을 지키기 위한 용단이었다. 다행히 만주에서 둘째 이모의 도움을 받아 비교적 손쉽게 정착할 수 있었지만 먹고 사는 문제를 해결해야 했다. 시어머니가 낯선 땅에서 선택한 일은 장사였다. 그것도 위험천만한 밀수였다. 이유는 단순했다. 금반지가 제일 잘 팔리는 데다 몇 곱이 남는 장사였기 때문이다.

금이나 보석을 유통하기 위해서는 국경에서의 일경 검문을 반드시 거쳐야 했다. 온몸을 조사하기 때문에 보따리에도 넣었다가는 꼼짝없이 잡혀갈 수밖에 없었다. 그래서 생각해낸 방법이 수통을 이용한 은닉이었디. 당시 수통은 알루미늄으로 돼 있고 깨지지 않았다. 대개 수통에다 가죽끈을 달아서 어깨에 메곤 했는데, 수통 끈은 가죽끈이어서 매듭을 지어야 했다. 거기에 착안해 가죽끈 매듭 사이 공간에다가 금반지를 숨겨 넣고 열차 창문 옆 옷걸이용 쇠고리에 딱 걸어 놓고 태연히 앉아 있으면 감쪽같이 넘어갈 수 있었다. 일경이 수통까지는 조사를 안 했던 것이다.

시어머니는 서울에서 사들인 금을 몰래 만주로 가져가 팔았고, 반대로 만주에서 서울로 갈 때는 고춧가루를 가져가 장사를 했다. 고춧가루는 만주 집에서 직접 빻았다. 만주 벌판에 고추 생산이 많아 싼 가격에 살 수 있었다. 그 고추를 시장에서 대량 구입해 집에서 빻았던 것이다. 사선을 넘나들며 장사를 했던 시어머니의 담대함과 생활력 덕분에 만주 생활을 견딜 수 있었다. 수영은 당시 일본 유학 중이었다가 강제 징집을 피해 고모집에 돌아온 뒤 가족들의 만주 이주를 알게 되었고 서울에 온 어머니와 함께 만주로 넘어가 가족들과 합류했다. 이 같은 시어머니의 무용담을 듣고서 현경은 무척 놀랐다고 했다.

> 고추를 빻을 때 "온몸의 구멍이란 구멍은 다 맵더라."라는 시어머니의 말씀을 듣고 소름이 돋았어요. 시어머니를 포함한 조선의 어머니들이 참으로 대단하다는 생각도 들었어요. 한편으로는 자식들 먹여 살리기 위해 고생하신 시어머니 모습이 눈에 훤히 보여 너무 불쌍하고 안타까운 심정이 되었어요.

시어머니의 헌신적 노력으로 만주 생활이 안정되었지만, 일본 패망을 앞두고 길림 전역에 살상극이 벌어졌다. 그때에도 시어머니는 발 빠르게 서울행을 결정했다. 재산보다는 자식의 생명이 훨씬 중요했기에. 전 재산을 다 버리고 서울에 도착했을 때는 만주 초기 때처럼 먹고 사는 게 막막했다. 이때에도 만주에서 돌아와 충무로 근처에서 빈대떡 장사를 시작한 둘째 이모의 권유를 받아들여 유명옥을 열었다.

시어머니는 유명옥에서 장사할 때 머리를 단장하고 한복 입은 채로 행주치마를 했다. 행주치마도 깨끗하고 하얀 것을 단정하게 묶었다. 그 복장으로 빈대떡을 부치고 설렁탕을 만들었다. 음식 솜씨가 보통이 아니었을 뿐 아니라 다른 가게보다 빈대떡을 조금 두껍게 했다. 빈대떡은 뭐라 해도 간이 중요한데 시어머니 간은 말 그대로 '표준간'이었다. 누가 먹어도 간이 맞았다. 정말 사람들 입에 짝짝 달라붙을 정도로 인기가 엄청났다.

유명옥은 미는 문이 있었다. 그러니까 적산 집을 약간 고쳐서 홀을 만든 것이다. 가게는 무척 작았다. 서넛이 앉아 먹을 수 있는 식탁이 하나 있고 좌석이 대여섯 정도였다. 시어머니가 빈대떡 부치는 철판이 놓여 있었는데, 유리문 밖에서 빈대떡을 부치는 모습을 볼 수 있었다. 현경은 1948년 이후에 몇 번 유명옥에 간 적이 있다. 그때마다 40~50대 중년들이 줄을 서 있는 장면을 보았을 정도로 언제나 대성황이었다. 이와 관련해 현경은 아쉬운 얘기를 덧붙인다.

그때는 제가 20대 초반이라 그랬는지 유명옥 손님 모두가 영감처럼 보였어요. 40~50대 남자들이 가장 많았어요. 시어머니 음식은 정말 대단했어요. 손님 모두가 감탄하는 소리를 들었어요. 그런데 6.25전쟁이 그 모든 것을 앗아갔어요. 유명옥 장소는 6.25 때 폭격을 받아서 없어져 버렸어요. 전쟁이 끝난 후 가보았더니 그 일대가 아주 벌판이 되어버렸어요. 새롭게 들어선 집들은 전부 전쟁 이후에 지은 집들이었고요. 다만 충무로4가 파출소 하나만 온전히 남아 있었어요. 6.25전쟁만 없었으면 큰부자가 되고도 남았을 겁니다. 아마 지금의 한일관 정도가 아니라 그보다 더 유명한 설렁탕 집이 됐을 겁니다. 많이 아쉽고 시어머님이 그리워요.

4장

전쟁이 남긴 것, 그 상처가 배태한 것

전쟁의 소용돌이 속에서

전쟁이 앗아간 신혼의 꿈

현경이 임신을 했다. 돈암동에 신혼살림을 시작한 이듬해인 1950년 3월경이었다. 4월 무렵이 되어서는 입덧이 심해졌다. 그래서 시장에 나가 입에 맞는 음식을 찾는 게 일이었다. 또 봄볕 가득한 거리를 걷고 싶었다. 그때 시장 들어가는 입구에는 시골 할머니들이 이것저것 가지고 나와서 팔았다. 거기서 현경은 봄철 나물을 구경하다가 필요하면 이것저것을 사기도 했다. 그뿐 아니라 시장 곳곳을 돌며 뭐가 없나 하며 기웃기웃 들여다봤다. 수영에게 말하지 않고 시장에 나올 때에도 예외 없이 수영이 나타났다. 현경이 집에 보이지 않으면 수영이 곧바로 현경을 찾아나섰던 것이다. 첫 아이를 가진 신혼 시절의 풍경이었다. 포근하고 따뜻한 봄날 같았다. 그렇다고 입덧이 심했던 현경의 입맛에 맞는 음식을 쉽게 구하지는 못했다.

그즈음 수영이 현경에게 선물한 게 몇 개 있었다. 그중 하나가 부로바(Bulova) 시계였다. 이 시계는 빈티지하고 클래식한 미국제 제품으로 상당한 고가였다. 물론 이 시계를 정품으로 제대로 지급하고 산 것은 아니었다. 영어 강사를 하면서 쥐꼬리만 한 월급밖에 받지 못했던 수영에게 그런 돈이 있을 리 만무했다. 수영이 산 제품은 '쓰리꾼'들이 소매치기한 물건이었다. 동대문 쪽 청계천 노점상들이 이 물건들을 염가에 구입해 수리한 뒤 적당한 가격으로 팔았던 것이다. 정품에 비해서는 상당히 낮은 가격이지만 수영 입장에서는 목돈이 들어간 선물이었다. 아내를 위한 수영의 생애 첫 선물이었다. 그 마음을 잘 알았기에 현경은 75년이 지난 지금도 그 시계를 고이 간직하고 있다.

수영은 첫 아기를 임신한 아내 현경에게 손거울도 선물했다. 동그란 상아에 장미꽃을 조각한 조그마한 손거울이었다. 쑥스럽게 건네는 그 선물을 받으며 "어머, 이거 비싼 건데…." 하면서 받았다. 환하게 웃으며 선물을 받는 아내의 모습에 수영은 마치 어린아이가 된 것처럼 좋아했다. 물론 그 선물도 중고 제품이었고, 이 사실을 현경도 잘 알고 있었다. 아마도 이

돈암동 신혼방이 있었던 자리는 동소문동5가 118-3번지로
지금은 성신초밥 음식점이 1층에 들어섰다. 2023년 7월 입원 이후
컨디션이 좋은 날을 벼르고 벼르다 최장거리의 마지막 외출을 감행했다.
점심 식사를 위해 성신초밥에 들렀다. (2024년 촬영)

현재 성신초밥 외관 모습. (2024년 촬영)

시기가 신혼부부 두 사람의 사랑이 꽃처럼 피어올랐던 시간이 아니었을까. 가난한 살림살이였지만 두 사람은 어렵게 사랑의 결실을 맺은 부부였다. 그들에게는 서로 떨어져 살 수 없다는 사랑의 뜨거움만으로 모든 장애물을 뛰어넘은 공통의 감성이 있었다. 전통적인 윤리의식이나 사회적 편견 따위는 두 사람 앞에는 아무런 장애가 되지 못했다. 사랑을 향한 치열한 자유의지였다.

하지만 날것 그대로의 사랑을 나누었던 신혼 생활은 너무 짧았다. 두 사람 앞에 가장 혹독하고 잔인한 시간이 기다리고 있었던 것이다. 1950년 6월 25일에 발발한 한국전쟁. 그 시대를 살았던 모든 사람들의 삶을 송두리째 뒤흔들었던 가장 절망적인 전쟁 앞에서 신혼의 꿈은 산산조각이 났다. 두 사람의 집안 전체도 쑥대밭이 되었다. 현경이 임신 4개월을 넘기고 있을 때였다.

19살 셋째 여동생의 월북

현경은 언니 현정 외에도 자매 셋이 더 있다. 이름이 각각 김현소, 김현락, 김현진이다. 그런데 현경 바로 아래 동생이 한 명 더 있었는데, 셋째인 김현옥이다. 5자매가 아니라 원래는 6자매였던 것이다. 셋째 김현옥이 경기여중 6학년 때 6.25 전쟁이 났다. 6자매 중에서 유일하게 좌익 활동에 앞장섰던 김현옥은 현경 못지않게 총명하고 활달한 성격의 소유자였다. 현경이 해방을 맞을 때가 19세였는데, 5살 아래인 김현옥 역시 19살에 1950년 전쟁을 겪게 되었다. 좌익 사상에 심취했던 김현옥은 당시 수학 선생과 연애를 하고 있었다. 그런데 수학 선생이 형무소에 잡혀 들어가는 일이 생겼다. 남로당원 활동에 따른 수감이었던 모양이다.

  김현옥은 일요일마다 형무소에 가서 면회를 했다. 그때마다 일제 종합비타민을 준비해 갔는데, 당시 형무소에 면회 가는 사람은 다 종합비타민을 들고 가는 게 다반사였다. 햇빛도 제대로 보지 못하고 야채 등의 영양소 섭취가 어려워 비타민 부족 증세가 심각했던 이유였다. 그 비용이 만만치 않았던 탓에 김현옥은 용돈이 바닥나자 약값을 보태달라며 어머니와 현경을 졸랐다. 김현옥은 대범한 학생이었을 뿐 아니라 선동가적 기질이 상당했다. 전쟁이 일어난 후 경기여중 학생 집회에서 단상에 올라가 열변을 토했다. "우리 경기여중생들은 전부 인민군에 협조해야 합니다. 혁명을 꼭 이루어야 합니다."

  여성 혁명가를 꿈꾸었던 김현옥은 전쟁 이후 아예 가출하고서 인민군 지원 활동에 매진했다. 또한 연인인 수학 선생과 같이 돌아다니면서 대전까지 내려가기도 했다. 대전으로 내려갈 때 잠시 집에 들러 신발을 바꿔 신고 갔는데, 그 신발이 현경이 얼마 신지도 않고 아껴 두던 신발이었다. 현경은 뒤늦게

셋째 동생 김현옥 모습.
다행히 작은 증명사진 하나가 남아 있었다.

야 자신의 신발이 없어진 것을 알았다. 확인해 보니, 동생이 헌 신발을 벗어놓고 자신의 신발을 신고 간 것이 분명했다. 이후 현경은 동생을 보지 못했다. 수학 선생과 함께 인민군을 따라 이북으로 올라갔던 것이다.

수영은 셋째 동생 김현옥을 굉장히 좋아했다. 수영의 시 〈토끼〉는 셋째 동생과 연관이 있는 작품이다. 셋째 동생이 돈암동 신혼집에 놀러 온 적이 있다. 그때 동생은 돈암동 본가의 토끼가 새끼를 낳았다는 얘기를 전해주었다. 현경의 친정집이 정릉 고개 모퉁이에 있었는데 집 뒷마당 300평 정도 되는 공지가 있었다. 그 공지에 초가집이 한 채 있고 노인 한 분이 거기서 살고 있었다. 토끼를 길렀던 곳은 초가집 옆이다.

셋째 동생은 일본말을 잘해서 현경이 가지고 있던 일본 책 전부를 가져다 읽었다. 광복을 맞았던 1945년에 경기여중에 입학한 김현옥은 학업 성적이 매우 뛰어났고 수학의 미분, 적분을 척척 해낼 정도로 수학 실력도 월등했다. 그래서 수학 선생과 연인 사이가 되었던 모양이다. 동급생 중에서 최고였던 김현옥의 일본어 실력은 현경하고도 맞먹을 정도였다. 보통 학생들은 해방 후 일본어를 대부분 잊어버리는데, 김현옥은 완전히 달랐다. 해방 후에도 꾸준히 일본 책을 읽었던 모양인지 유창한 일본어를 구사했다. 영어는 물론 일본어 등의 어학 능력이 탁월했던 수영의 눈에 처제의 총기와 열정이 대견했던 것인지, 수영은 처제를 이뻐했다. 김현옥 역시 언니와 형부가 신혼집을 꾸리고 살아가는 모습이 매우 아름답게 보였던 모양인지 들뜬 표정이 되어 수다를 떨었다.

셋째 동생이 토끼 이야기를 한참 하다가 밤이 깊어서 돌아갔다. 그날따라 달이 휘영청 떠 있었고, 현경과 수영은 산책 겸 동생을 돈암동 친정집까지 바래다주었다. 그리고 집에 돌아오는 즉시 수영은 현경에게 아무 종이나 달라고 하고선 그 즉시 방에 엎드려서 시 한 편을 완성했다. 〈토끼〉라는 시였다. 현경은 지금도 그 시를 보면 아련하게 셋째 동생이 생각나고 새삼스럽게 시인 김수영의 천재적인 감수성을 떠올리게 한다고 얘기한다. 1950년에 쓴 수영의 〈토끼〉에는 동생 김현옥이 한참 얘기했던 토끼의 속성을 압축적으로 제시하면서 시상을 전개한다. 첫 구절 '토끼는 입으로 새끼를 뱉으다'라고 운을 떼면서 토끼를 '탄생과 동시에 타락을 선고받는 존재'라고 정의한다. 토끼의 삶이 먹고 살기 위해 힘겹게 뛰어야 하는 것을 강조하면서 인간의 운명과 연결시키는 대목은 수영의 단단한 정신세계를 잘 엿볼 수 있다. 묘하게도 현경은 토끼띠다.

어느 날 갑자기 의용군에 끌려간 시인

6.25전쟁이 터졌을 때 현경은 임신 4개월째였다. 인민군이 서울을 점령하면서 하루아침에 세상이 뒤바뀌었다. 수많은

시민들이 거리에 쏟아져 나와 긴 피란길 행렬이 이어졌고, 라디오 방송에서는 이승만 대통령의 특별성명이 방송되었다. '유엔과 미국이 도와주러 오고 있으니 국민들은 동요하지 말라'는 대통령의 말을 믿는 사람이 얼마나 있었을까. 미리 남쪽으로 도망간 대통령의 녹음된 육성이 방송된 다음날 한강철교가 폭파되어 수백 명의 인명이 희생되었다. 인민군이 서울을 장악한 뒤 곳곳에서 들리는 포성에 현경은 잠을 이룰 수 없었다. 수영 역시 뱃속에 아이를 가진 아내와 충무로의 가족 안위가 걱정되어 전전긍긍했다.

당초 충무로4가의 시어머니와 시댁 식구들은 피란을 가려 했다. 하지만 함께 떠나기로 했던 막내 이모(안소순)네의 차량이 도심으로 진입할 수가 없어 결국 피란을 떠나지 못했다. 식구들 모두 어두운 지하실에서 웅크리며 인민군의 동태를 숨죽이며 지켜볼 수밖에 없게 되었다. 현경 역시 불안한 마음으로 하루하루를 지켜보며 뱃속 아이를 걱정하는 일 이외에는 아무것도 할 수 없었다. 수영 역시 외출을 하지 않고 돈암동 신혼집에서 칩거하다시피 하면서 긴 사색의 시간을 보내고 있었다. 좌우 이념의 극한 대립이 초래한 파멸적인 전쟁과 이것으로부터 배태한 두려운 세상에 대한 수영의 고민이 깊어졌다.

전쟁 발발 후 수영은 밖에 나가지 않고 대부분의 시간을 집에 머물렀다. 그러던 어느 날, 수영이 현경에게 얘기했다. "내가 오랜만에 문학가동맹에 한번 나갔다 올게." 그렇게 한 마디를 남기고 새벽에 외출한 수영은 그날 집에 돌아오지 않았다. 서울이 인공 치하에 있던 8월 2일이었다. 그날 수영의 복장은 반팔 셔츠가 전부였다. 수영이 입었던 셔츠는 현경이 직접 만든 옷으로 옷감은 노방이었다. 노방은 여름에 입는 실크 종류 천으로 빳빳한 것이 특성인데, 모시보다 고급 옷감으로 쳐주었다. 오랫동안의 칩거로 인해 얼굴이 허연 상태로 집을 나간 수영은 그날뿐 아니라 그 이후에도 현경 앞에 나설 수 없게 되었다. 그 길로 곧장 의용군으로 끌려가 북녘땅으로 죽음의 행군을 시작했기 때문이다.

훗날 극적으로 귀환한 수영에게 노방 셔츠에 대해 물어본 적이 있다고 한다. 이에 수영이 "밤에만 걷고 의정부로 해서 이북으로 끌려갔어. 낮에는 공습이 심하니까 나오지 못하고 어디 학교 같은 데 숨어 있다가 깜깜해지면 밤새도록 걸었지. 그때 팔월 초순이라 밤에도 무척 더웠어. 그런데 험한 상황 속에서 계속 땀으로 범벅이 되고, 행군하고, 그냥 자고 해서 그랬는지 한 이틀 지나니까 그 노방이 다 찢어져 버렸어."라고 대답했다.

의용군으로 끌려가기 전에 수영을 포함한 당대의 문인들이 함께 수용되었던 곳이 일신국민학교(충무로3가 소재)였다. 현경은 새벽에 나가 돌아오지 않는 수영을 수소문하다 일신국민학교에 있다는 것을 알아내고 감자를 쪄서 수명과 함께 급히 달려갔다. 거기서 수영의 모습을 발견했지만 가까이 다가갈 수는 없었다. 보초들이 살벌하게 가로막고 있던 그 상황에 대해 현경은 이렇게 회고한다.

그때 일신국민학교에서 철망 사이로 수영에게 감자를 전달했어요. 그게 마지막이었어요. 당시 일신국민학교를 철망으로 둘러쳐 놓았어요. 인민군이 너무 지독하게 보초를 서고 있어 감히 접근할 수가 없는 상황이었어요. 다행히 보초가 감자 보따리는 받아주더라고요. 수영은 멀리서 안타까운 표정으로 한숨을 쉬면서 쳐다만 보았어요. 저와 수영은 멀리서 서로 쳐다만 볼 뿐이었어요. 보초 때문에 말을 건넬 수 있는 상황이 못 되었어요. 그런데 그 보초들이 수영에게 감자를 주었는지는 잘 모르겠어요. 아마도 저들이 다 나눠 먹었을 겁니다. 그 보초가 수영에게 몇 개를 주었겠어요. 아쉬운 건 밤에 행군할 때 도망쳤으면 되었을 텐데… 그러지 못해 결국 개천까지 올라갔다가 거기서 천신만고 끝에 평양으로 도망쳐 나왔잖아요.

끝내 돌아오지
못한 사람들

인민군 소굴이 된 돈암동 친정집

전쟁의 야만성과 폭력이 현경 친정을 직격했다. 사업가로서 명성이 높았던 아버지가 전쟁 와중에 사망하는 충격적인 일이 벌어졌다. 총격이나 폭격에 의한 사고가 아니었다. 아버지를 시기한 동창의 밀고로 인해 벌어진 어이없는 죽음이었다. 아버지를 잃은 가족은 그야말로 풍비박산이 되었다. 가족들은 아버지의 죽음에 절규했다. 더욱이 슬피 울 틈도 없이 맨발로 도망가야 하는 처지가 되었다. 가까스로 몰살은 피했지만 하루 앞도 내다볼 수 없는 칠흑의 피란길로 내몰렸다. 게다가 아버지가 모은 모든 재산이 다른 사람 수중에 넘어가고 말았다. 이보다 더한 절망은 없었다.

  6.25 때까지 식구들이 거주했던 돈암동 집은 돈암동 405-1번지로 동네에서 가장 눈에 띄는 저택이었다. 통이 큰 사업가 아버지가 직접 설계한 집에는 담장 안의 안채 뒤에 김장밭이 있을 정도로 평수가 상당했다. 김장밭에 있던 낡은 초가집에는 집안 일을 돌보고 밭농사도 짓는 할아버지 한 분이 살고 있었다. 이 저택은 전쟁 초기부터 인민군에게 접수되었다. 큰 공간이 필요했던 인민군이 돈암동 집을 장교 연락처로 사용한 것이다. 그렇게 되면서 돈암동 집 주위에 밤낮으로 인민군 장교 지프차가 상주하게 되었다. 작곡가 김순남도 이 시기에 돈암동 집을 지프차 타고 한 번 방문하기도 했다.

  인민군 치하가 되면서 아버지는 김장밭에 있던 초가집에 숨었다. 본채는 모두 인민군들이 점령한 상태에서 아버지를 뺀 나머지 식구들은 안방에 기거하게 되었다. 응접실과 거기에 달린 방, 현관에 밤낮으로 연락장교들이 들락거렸다. 그랬기에 식구들은 감히 밖에 나갈 수도 없게 되었다. 현경도 인민군 소굴이 된 친정집에 합류하게 되었다. 남편이 의용군으로 끌려간 상태에서 아무도 없는 집에서 더 이상 머물 수 없었다. 배가 점점 불러왔기에 불안한 마음도 있었고 한편으로는 친정 식구가 걱정되었다.

  현경은 친정집 창고에 짐을 다 집어넣고 친정에 들어갔다.

그렇게 불안하기 짝이 없는 인민군과의 불편한 동거가 두어 달 남짓 지났을 때 9.28 서울 수복을 맞았다. 상주하던 인민군이 썰물처럼 사라졌다. 인민군이 철수할 때 미역 등의 먹을거리를 친정집 마당에 잔뜩 쌓아 놓고 가버렸다. 동네 사람들이 그걸 보고 이게 웬 떡인가 싶어 다 집어갔다. 다행히도 철수하는 인민군 장교들이 점잖았다. 친정집 식구들에게 공손히 대했고 쌀과 북어 같은 음식을 남기고 떠났다. 퇴각하면서 집에 불을 지르지 않을까 해서 무서웠는데 그런 일은 일어나지 않았다. 소리 없이 물러났고 응접 세트 등의 식구들이 쓰던 물건을 가져가지 않았다. 그렇게 인민군이 물러가고서 아버지가 초가집에서 나왔다.

청천벽력, 아버지의 억울한 죽음

큰 화를 피했다 싶어 안도했던 식구들에게 청천벽력 같은 재앙이 덮칠 줄은 꿈엔들 생각하지 못했다. 친정집 뒤쪽에 살았던 악질 형사가 화근이었다. 인민군이 내려올 때 그 형사 식구들은 다 도망가고 없었다. 그러다가 인민군들이 퇴각하자 재빨리 돌아와서는 아버지를 성북서에 고발했다. 빨갱이 노릇을 했다는 거였다. 밀고한 사람은 탁씨 성을 가진 아버지 동창이었고, 그의 아들이 성북서 악질 형사였다. 그 악질 형사가 아버지를 성북서로 잡아갔다. 성북서에서 아버지를 빨갱이로 몰면서 모진 고문을 가했다. 결국 야구방망이로 때려 아버지의 허리가 부러지며 그 자리에 쓰러졌다. 그리고 잡혀간 그날에 사망하고 말았다.

아버지가 죽었다는 소리에 식구들은 통곡했다. 성북서에 달려가 아버지 시신을 수소문했지만 그마저 찾을 수 없었다. 아버지를 밀고한 사람은 평소에 새벽같이 친정집 문을 열고 들어와서는 물지게에다 물을 가득 채우곤 했던 탁씨였다. 그 사람은 친정집 마당의 펌프 물이 기막히게 좋다며 아버지의 싫은 내색도 아랑곳하지 않고 뻔뻔하게 들락거린 인물이다. 그 사람은 아버지의 매동보통학교 동창이었다. 그는 아버지가 사업에 성공한 것에 대해 평소 질투가 많았다. 그런 질투심이 아버지를 빨갱이로 몰고 사지에 밀어 넣은 것이다. 잔인하고 교활한 인간이었다. 그 사람은 일각문에 방 두 개 있는 집에서 살았는데, 평소에는 동네 사람들에게 아버지와 동창임을 내세우며 괜히 뻐기고 그랬던 자였다. 그랬던 자가 상황이 바뀌자 돌변하면서 천인공노할 만행을 저질렀던 것이다.

아들이 성북서에 들어갔을 때 자기 아들이 형사라고 엄청나게 뻐겼던 그 사람의 만행에 현경은 치를 떨었다. 하지만 되돌릴 수 없는 일이었다. 아버지는 9.28 서울 수복과 같은 극도의 혼란상만 아니었으면 쉽게 죽을 인물이 아니었다. 아버지는 일제강점기 시절부터 조병옥 박사와 친분이 두터웠다. 전쟁이 나자 아버지는 조병옥에게 아버지가 타던 자동차를 빌려주었다. 그 일로 인해 피란을 가지 못했고, 또 그로 인해 어이없는 참극을 맞게 된 것이다. 최소한의 법적 절차가 있었거나 조병옥 박사에게 전화 한 통이라도 했다면 결코 일어나지 않았을 일이었다. "저 사람이 빨갱이다."라고 하면 그냥 한 사람의 생명을 앗아가는 야만의 시간이었다.

초등학교 교사가 꿈이었던 수강의 비극

시댁 식구들도 재앙을 피하지 못했다. 시어머니에게 있어 전쟁은 악마보다도 잔인했다. 장남이 어느 날 갑자기 의용군으로 끌려간 뒤 시어머니는 "수영이 몸이 약해 아마 죽었을 거다."라며 땅이 꺼지듯 한숨만 내쉬던 일상이 이어졌다. 그 고통스러운 시간 속에서도 시어머니는 다른 아이들을 지켜야 했다. 충무로4가에 숨죽이고 있던 수영의 남동생들은 수영이 인민군에 끌려간 뒤에도 8월의 불볕더위와 싸우며 집 천장 위에 숨어 살았다.

엄마의 당부에 따라 무사히 여름을 버텼던 아들 셋 중 그만 셋째 김수강, 넷째 김수경이 9.28 서울 수복을 얼마 앞둔 날에 인민군에게 붙잡히고 말았다. 방심한 탓이었을까, 집 천장에서 내려온 날에 인민군이 들이닥쳤던 것이다. 그 이후 시어머니는 다시는 두 아들을 보지 못했다. 몇 달 사이에 세 아들을 잃은 어머니의 가슴 찢어지는 슬픔을 어찌 말로 표현할 수 있을까.

시어머니가 운영하던 유명옥의 설렁탕 가마가 매우 컸다. 소머리가 매일 2개씩 식당으로 배달되었다. 그러면 그걸 셋째 수강이 다 손질해서 가마에 넣고 푹 삶아 고았다. 힘든 노동에도 얼굴 하나 찡그리지 않았다. 수강은 현경과 동갑으로 토끼띠였다. 수강은 체격이 정말 좋아 유도선수 같았고 성격은 아주 소박했다. 시집 식구 가운데에서 제일 컸던 것으로 짐작되는데 수영보다 5cm 정도 컸던 것 같다. 수강의 꿈 역시도 소박했는데, 초등학교 선생이 되는 거였다.

수강은 양정고등학교를 졸업했다. 그때는 고등학교만 졸업하면 고등임시교원 자격증을 줬다. 그래서 현경은 덕수보통학교 출신의 인맥을 활용해 시동생 수강을 돕겠다고 나섰다. 담임은 아니지만 현경의 학급을 5, 6학년 때 가르쳤던 박기서 선생을 찾아갔다. 남대문경찰서 바로 옆에 있던 장학관 사무실이었다. 현경은 카스테라 한 상자를 들고 장학관 박기서를 만나 얘기했다. "선생님, 우리 집안에 국민학교 선생을 하고 싶은 시동생이 한 명 있는데, 아주 착하고 믿음직합니다. 양정고를 나왔는데 선생을 하면 아이들을 훌륭하게 가르칠 것입니다."

면담은 대성공이었다. 현경의 요청대로 수강 채용에 대한 긍정적인 답변을 들었다. 절차에 따라 이력서를 제출하고 최종 결정을 기다렸다. 하지만 거의 결정된 것으로 알고 기다리고 있는 와중에 전쟁이 터졌다. 수강의 불운은 거기서 그치질 않았다. 충무로 4가에 있던 우익 청년들이 수강을 민보단 훈련부장으로 뽑았다. 수강이 워낙 체격이 좋고 우직한 성품이었기에 그랬던 것이다.

하지만 이것이 수강에게는 재앙이 되었다. 인민군이 서울을 장악했을 때 민보단 출신은 대부분 처형시켰을 정도로 표적이 되었다. 사실 수강은 유명옥 일을 열심히 돕고 있어서 우익 활동을 할 시간도 별로 없었다. 그런데도 인민군에게 잡혀가 처형되었다. 안타깝게도 인천상륙작전을 불과 며칠 앞둔 때였다.

훤칠한 미남자 수경도 의용군으로 끌려가

넷째 수경은 경기중학교 야구부 주장으로서 훤칠한 미남이었을 뿐 아니라 반듯하고 성적도 우수한 모범학생이었다. 유명옥 근처 골목에서 야구방망이로 기회만 나면 연습하고 하는 걸 현경도 여러 번 본 적이 있다. 돈암동에 신혼집을 마련한 이듬해인 1950년, 수경을 신혼집 아랫방에 머물게 했다. 당시 수경은 경기중학교 6학년이었다. 야구부 주장으로서 부산까지 원정 시합에 나서기도 했는데, 대학 진학을 위한 수험 준비도 해야 했다. 유명옥이 너무 복잡해 공부하는 데 어려움이 많아 돈암동으로 불렀다. 주인한테 먼저 얘기해 허락을 받았다. 그래서 50년 봄부터 수경이 아랫방에 기거하면서 진학 공부를 하게 되었다. 현경은 새벽에 등교하는 시동생에게 밥은 해주지 못했지만 도시락은 매일 챙겨주었다. 반찬은 시어머니에게 좀 얻어오기도 하면서 해결했다.

수경 역시 전쟁의 피해자였다. 청운의 꿈이 전쟁의 화마에 휩쓸렸다. 7, 8월 무더위를 견디며 집 천장 위에 잘 숨어 살다가 잠시 친구 집에 갔다 오다 인민군에 잡히고 만 것이다. 그 한 번의 실수로 의용군으로 끌려갔고 다시는 가족을 보지 못했다. 장남 수영이 기적적으로 생환했지만 두 아들을 잃은 시어머니의 상처는 10년, 20년 세월이 흐른다 해서 잊힐 성질이 아니다. 시어머니는 깊숙이 감춰두었던 심연의 상실감과 그리움을 가끔씩 수영과 현경에게 드러내곤 했다.

10년이 훌쩍 넘는 시간이 지난 뒤였다. 어느 새벽에 중앙정보부 요원들이 집에 들이닥쳤다. 혹시 수영을 잡아가려는 게 아닌가 해서 마음이 조마조마했는데 그 때문은 아니었다. 1950년에 사라진 수경에게서 편지가 왔고 이를 빌미로 중앙정보부가 가택수색을 했던 것이다. 당시 현경과 수영은 마포구 구수동에 살고 있었고 시어머니가 있는 시댁 본가는 도봉동이었다. 요원들은 몇 차례 구수동과 도봉동을 새벽 2, 3시에 급습해 집 곳곳을 수색했다. 물론 수영 본가 가족은 수경으로부터 온 편지를 즉각 신고했고, 그 덕분에 조사 하루 만에 풀려날 수 있었다. 다만 수경이 의용군을 하다 북으로 올라갔고 그때까지 죽지 않았다는 것만 짐작할 뿐이다.

몰살을 피한
아찔한 피란길

지나가는 트럭을 세워 피란길로 직행

9월 28일 서울이 수복되었다. 하지만 도시는 대혼란에 빠졌다. 보복살인 등의 무법 행위가 횡행했다. 성북서에서 아버지 시체도 못 찾고 식구들이 집으로 돌아왔을 때, 어떤 동네 아주머니가 허겁지겁 집으로 뛰어들어서는 "아이구! 이대로 있으면 빨갱이 식구로 몰려 다 몰살당해요. 경찰들 몰려오기 전에 빨리 도망치세요!"라고 얘기했다. 그 소리에 가슴이 철렁 내려앉았다. 집을 내준 게 인민군에게 협조한 것으로 간주되면 가족들 모두의 생명이 위험해질 게 뻔했다. 그래서 버선발로 바로 도망을 갔다. 그때 만약 도망가지 않았다면 동네 아주머니가 말한 대로 몰살당할 수도 있는 위험한 상황이었다. 현경은 무거운 몸으로 동생 셋을 앞세워 어머니와 함께 수표동 언니 집으로 일단 피신했다.

일단 한숨을 돌리고 곰곰이 생각해 보니, 앞으로 어떻게 살아야 할지 기가 막혔다. 고민 끝에 돈암동 집에 다시 가보기로 마음먹었다. 배가 불러 거동이 불편했지만 대책을 세우지 않으면 가족 모두가 굶어 죽을 것 같아 가만있을 수가 없었다. 버선발로 나왔기에 집에 돈이 될 만한 것을 전혀 챙기지 못했다. 새벽에 돈암동 집에 가 살금살금 살펴보았다. 집은 문이 닫힌 채로 조용했고 동네도 쥐 죽은 듯했다. 자세히 보니 모든 게 그대로 있는 것 같았다. 좋은 기회를 놓칠 현경이 아니었다. 마침 큰길에 나가 보니 아리랑고개 방향에서 군대 트럭이 오고 있는 게 보였다. 군대 트럭을 민간용으로 내준 차량이었다.

현경이 그 군대 트럭을 세웠다. 그리고 기사에게 애원했다. "아저씨! 우리 피란 가려 하는 데 지금 짐을 좀 실어 주실 수 없으세요? 대신 돈은 두둑하게 드릴게요." 잠시 현경을 위 아래로 살피던 기사가 뭔가 낌새를 알아차린 모양인지 순순히 그러겠다고 대답했다. 현경이 트럭 조수석에 타고서는 집 동쪽 문으로 가자고 요구했다. 돈암동 집이 서쪽, 남쪽, 동쪽에 문이 있었다, 그중 동쪽 문 앞에 차를 대놓고 급히 물건을 실었다. 급하니까 눈에 보이는 이불보를 쫙 편 뒤 안방의 장을 열었다. 그리고 무조건 서랍째 이불보에 쏟아부었다. 그걸 묶어 던져주면 트럭 아저씨가 짐칸에 실었다. 그렇게 몇 차례 짐을 옮긴 후 수표동으로 향했다.

짐을 다 옮긴 후 현경이 두고두고 후회한 게 한 가지 있었다. 조선 백자 안에 든 설탕을 버리고 조선 백자를 실었어야 했는데 그러지 못해 너무 아쉬웠다. 무거울 것 같아 겁이 나 조선 백자를 깨버리고 설탕만 실은 게 생각할수록 분했다. 조선 백자로 만든 큰 항아리에 모란꽃이 그려져 있었는데 그 안에 설탕이 가득 들어 있었다. 설탕은 오래되어 딱딱하게 굳어 있었다. 그걸 어떻게 옮길지 고민하고 있을 때 트럭 운전수가 "아예 부숴 버려요."라고 해서 고개를 끄덕인 게 실수였다. 트럭 운전수가 가까이 있던 장작개비 같은 것으로 항아리를 딱 때리니까 반으로 쫙 갈라져서 설탕만 실었다. 그렇게 한 조선 백자 항아리가 한두 개가 아니었다. 참 멍청한 짓을 한 것이고 참으로 아까운 조선 백자였다.

소박데기 며느리 모녀 집에서 더부살이

그래도 설탕을 가져가서 시골에서 인심을 많이 쓸 수 있어 다행이었다. 또 설탕을 주고 된장, 고추장 등을 얻을 수 있었다. 그때는 설탕이 귀하고 비쌌다. 현경이 짐을 다 옮긴 뒤 어머니와 동생들이 있는 수표동 언니 집을 들렀다. 친정 식구 모두를 태우고 곧바로 조암리로 향했다. 조암리는 어머니의 마름이 사는 곳이었다. 황급히 나서는 피란길이라 미처 시어머니에게 알릴 틈이 없어 현경은 중간에 종로6가 고모집에 잠시 들러 시어머니에게 쪽지를 남겼다. 그 쪽지를 나중에 시어머니가 보았고 1·4 후퇴 앞두고 시댁 식구들이 조암리로 합류했다. 정신없었던 피란길 전 과정을 트럭 아저씨가 함께했다. 조암리까지 무사히 식구를 모두 태워주었다. 그렇게 고마울 수가 없었다. 현경과 친정 식구들의 은인이었다.

  조암리에 도착했을 때가 10월 초순쯤이었다. 이때를 떠올리면 온통 서러웠다는 생각뿐이라는 게 현경의 기억이다. 일제강점기 때 조암리에서 어머니에게 매년 우마차로 소작물을 보냈던 마름은 송기학, 송기환 형제다. 사업 수완이 좋았던 이들 형제는 이후 마을의 유지가 되었다. 조암리에서 버스 정류장과 약국을 운영했으며 사진관도 두 사람 소유였다. 말 그대로 조암리의 경제권을 틀어쥔 사람이 이들 형제였다. 다행히도 마을 중심이 된 송기환이 어머니를 괄시하지 않았다. 피란을 갔을 때 송기환이 처음에는 어느 집의 비어 있던 사랑채로 안내했다. 거기서 며칠 있으니까 조선제약주식회사 소유의 약초밭을 관리하는 사람의 집을 소개했다. 그래서 마차에다가 짐을 다 싣고 거기로 옮겼다.

약초밭 집은 일본식 집이었다. 친정 식구들은 건넌방을 쓰게 되었다. 방이 기역 자 모양이었고 마루가 크고 마루 앞은 유리문이 달려 있었다. 그 약초밭 집에는 송기환의 큰며느리가 살고 있었는데 소박댁이라고 했다. 송기환 큰아들이 사진관을 운영하다 젊은 첩을 들였는데, 조강지처인 큰며느리가 약초밭 관리인 집으로 내쳐진 거였다. 이 집은 동네에서 한 등성을 넘어야 도착하는 외딴집이었고 소박데기 며느리와 딸 하나가 외롭게 살고 있던 곳이었다. 현경의 기억에 그 딸이 못생겨도 그렇게 못생길 수가 없었다. 소박데기 며느리와 딸이 안방에 살고 건넌방에 친정 식구들이 머무는 더부살이가 한동안 계속되었다.

우여곡절 끝에 첫 아기 출산

12월 25일 성탄절이 되었을 때 대규모 인원의 시댁 식구들이 조암리로 몰려들었다. 급히 피란길을 떠날 때 현경이 남긴 쪽지를 시어머니가 보고서 조암리로 피란을 왔던 것이다. 처음에는 차중락을 포함한 막내 이모 대가족과 함께 트럭을 타고 왔다.

시댁 식구는 시어머니와 시누이 3명 그리고 둘째와 막내 시동생이었다. 둘째는 용케 병역을 피했다. 인공 치하에서 의용군으로 끌려가지 않았고 1·4 후퇴 때도 환자 행세를 해서 징병

장남 준과 시누이 세 자매 수명, 수연, 송자 모습.

을 피했다. 그리고 조암리에는 남지 않고 막내 이모네 트럭을 타고 부산으로 떠났다. 조암리에 남은 시댁 식구는 시어머니, 수명·수연·송자 세 자매와 막내 수환 다섯 식구였다.

시댁 식구들도 아무것도 안 가져왔기에 처음에는 친정어머니가 대식구에 맞춰 밥을 해야 했다. 친정 식구까지 포함하면 모두 열 명이었다. 밥은 그냥 보통 양은솥에다 했는데, 쌀보다는 보리가 많았다. 현경에게는 갓 아기를 낳았다고 해서 한 귀퉁이에 쌀밥을 지어 따로 주었다. 그게 양심에 걸렸던 현경이 어머니를 말려 그다음부터는 그냥 다 섞어버렸다. 친정어머니가 좀 쌀쌀맞고 냉정한 데다 잘 웃지도 않는 편이었다. 그럼에도 용케 시댁 식구들한테 찡그리지 않고 보리밥이나마 잘 나눠 먹었다는 게 속으로 다행이라 여겼다.

공교롭게도 시어머니가 조암리에 도착한 12월 25일에 현경이 출산을 했다. 첫아기가 아기 예수와 같은 날에 태어난 것이다. 출산 때 웃지 못할 상황이 벌어졌다. 시어머니와 친정어머니 그리고 거기에 가세한 동네 노인 한 분이 연출한 해프닝이었다.

시어머니가 도착하는 날에 장남 김준을 낳았어요. 그런데 친정어머니도 그렇고 시어머니까지 상당히 당황해하셨어요. 당연히 아기를 많이 낳은 분들이라 능숙하게 출산을 도와줄 줄 알았는데 그게 아니었어요. 친정어머니는 아이를 여섯 낳아도 모두 산파 도움을 받았어요. 여덟 명을 낳은 시어머니도 마찬가지였어요. 그래서 두 분 모두 아이를 받아본 적이 없었던 거죠. 제가 산통을 하자 두 분 모두 벌벌 떨었어요. 진통이 심해지자 두 분이 기저귀 옷감을 찢어 제가 붙잡을 수 있게 해주셨어요. 그런데 두 분 모두 겁이 났던지 동네 노인 한 분을 불렀어요. 그 동네 노인은 아이를 받아 본 경험이 있을 거라 여겼던 거죠. 그런데 그 노인도 무명을 걸고는 붙잡으라 말아라 하면서 야단치는 걸 본 적이 없었던 거예요. 그런데도 자기네들은 일하다가 부엌에서도 낳았다는 얘기만 했어요. 그러니까 그 노인도 경험하지 못한 상황이었어요. 그래서 마찬가지로 떨기만 했어요. 세 노인이 함께 어쩔 줄 몰라 하면서 떨었던 상황이었어요. 그 와중에 친정어머니는 아무리 돈이 많이 들어도 딸아이를 죽일 수 없다며 우마차를 부르자고 했어요. 우마차를 불러 이불을 깐 뒤 산모를 눕혀 병원이 있는 수원으로 나가려고까지 했어요. 시어머니는 그 순간에 불경을 읽었어요. 시어머니는 피란 와중에도 불경 책을 그렇게 소중히 가지고 다니셨어요. 그 불경 읽는 소리가 저에게 도움이 되었어요. 마음이 평안해졌어요. 나중에 친정어머니는 물시중만 하면서 떨었어요. 아기를 낳고 난 뒤 친정어머니가 얘기했어요. 제가 어떻게 될까 싶어 너무나 무서웠다고. 그렇게 우여곡절 끝에 무사히 애기를 낳았어요. 지금 생각해 보면 우습기도 하지만 사실 상황은 심각했어요.

반면 둘째를 낳을 때는 한결 수월했다. 첫 아이를 낳은 지 8년이 지난 1958년 때였다. 둘째 동서 덕분이었다. 둘째 동서는 김일성 대학 출신 산파였는데, 아이를 받는 솜씨가 정말 뛰어났다. 마포 구수동 집에서 산통이 시작되었을 때, 둘째 동서가 얇은 고무장갑에 물을 좀 적신 채로 아기집을 살짝 자극했다. 그런데 하나도 아프지가 않았다. 바깥에서 벌어지도록 천천히 그리고 기술적으로 도움을 주니까 그런 모양이었다. 둘째 동서는 정말 뛰어난 산파였다. 뒤에 서울 도봉구 도봉동에서 막내 송자의 남편 홍영식 의원하고 같이 병원을 냈다. 그만큼 동서의 기술이 참 좋았다. 병원도 번성했다.

피란 시절의
웃지 못할 이야기들

어린 동생들이 똥지게 지며 고구마 재배

돈암동 집에서 급히 돈 될 만한 꺼내 온 보따리 속에 담요가 여섯 장 있었다. 그 담요가 상당히 비싼 물품이었다. 현경이 그 담요를 팔았다. 경황 없는 가운데에서도 여러 장의 담요를 갖고 나온 게 정말 다행이었다. 친정 식구가 하나만 쓰고 나머지 5장을 시장에서 팔았더니 제법 큰돈을 마련할 수 있었다. 담요 한 장에 쌀 한 가마니 정도의 돈을 받은 것이다. 그 돈으로 집 한 채를 샀다. 약초밭이 있는 곳에서 한 등성이 너머에 새로 장만한 집이 있었다.

현경이 산 집은 짓다가 만 가옥이었다. 문짝도 두 개밖에 없고 동문에 거적때기를 못으로 박아 놓은 상태였다. 그럼에도 새집이었기에 한결 기분이 좋았다. 현경이 문을 만들어 달았다. 마루도 아예 없었는데, 그 집을 지으려 했던 사람이 미처 마루 공사를 하지 못했던 모양이었다. 현경도 마루를 만들지는 못했다. 마루 공사비가 많이 들어서 엄두를 내지 못했다. 대신 흙과 자갈을 섞어 그 공간을 메꿨다. 흙으로 평평하게 고른 뒤 그 위에 멍석을 깔았다.

  현경이 집을 산 곳은 조암리에서 약간 떨어진 사랑리라는 곳이었다. 조그만 집이었지만 식구들과 편안히 지낼 수 있는 곳이었다. 6.25 때 약초밭 관리인 집 앞에 약초밭이 방치되어 있었는데, 그 약초밭을 얻어서 넷째 김현소와 다섯째 김현락이 똥지게를 져가면서 고구마를 재배했다. 당시 중학교 2학년과 국민학교 5학년밖에 되지 않았을 때였다. 남부럽지 않게 부유한 집안의 공주처럼 살았던 아이들이 생전 해보지도 않았던 농사일까지 하게 된 것이다. 시어머니가 그 모습을 직접 보면서 기특하다면서 감탄했다.

조암리 고등공민학교의 만능선생

  현경은 피란 생활 중에 자신의 성(姓)을 바꾸었다. 생존을 위한 고육지책이었고 가족의 안위를 지키려는 본능적인 방어기제가 발동된 것이다. 현경은 피란지에서 도민증을 새로 만들 때 자신은 물론 동생들 성씨를 바꾸었다. 식구들 이름이 부역자 명단에 있을지 모른다는 노파심이 들어서였다. 성북서에서 빨갱이로 몰려 사망한 아버지도 그렇고 열성적인 남로당 활동을 하다 월북한 셋째 현옥도 마음에 걸렸다. 보통 이름을 부를 때 성은 뺀 채 "현경아, 현소야!" 하고 불렀기에 의심을 피할 수 있었다. 성을 바꿨음에도 다행히 도민증을 받을 수 있었다.

가족들의 먹고사는 문제는 스스로 해결해야 했다. 이때에도 현경이 앞장서면서 지휘관 역할을 했다. 조암리 장날이 되면 피란 내려올 때 가져온 보따리 속에 들어 있던 옥양목으로 적삼을 만들어서 시장에 내다팔았다. 남은 옷감 자투리를 활용해 소아복도 만들어서 시장에 내놓았다. 파는 것은 동생들에게 맡겼고 현경은 집에서 어머니와 함께 바느질했다. 그렇게 가족들의 노동력을 총동원해 생계 문제를 해결하고 있을 무렵, 삼괴고등공민학교에서 여자 선생 한 명을 구한다는 소식을 듣게 되었다.

이현경이라는 이름으로 지원했다. 그때 삼괴고등공민학교 교장은 고려대학 출신의 서태원이었다. 현경은 조암리 파출서 주임의 추천을 받았다. 이 추천을 받는 과정에서도 우여곡절이 있다. 파출서 주임은 이북에서 내려온 남자였는데, 겉모습은 조금 멋스럽고 그랬던 사람이었다. 이 사내가 시장에서 동생들과 함께 적삼을 파는 현경의 모습을 눈여겨보고선 현경을 쫓아다니기 시작했다. 아무튼 가는 곳마다 남자 때문에 골치가 아팠다. 현경에게 반한 그 파출소 주임의 적극적인 섭외로 교장을 만나게 되었고, 그 자리에서 교장이 현경을 채용했다. 국어, 영어, 가사, 음악, 미술까지 다섯 과목을 맡게 되었다. 거기에 또 연구 수업까지 도맡아야 했다. 만능 선생이 된 현경은 실력을 유감없이 발휘해 사람들을 깜짝 놀라게 했다. 그 일로 인해 현경은 조암리의 유명 인사가 되었다.

훗날 수영이 귀환해 사랑리 집에서 일주일 정도 머물 때, 조암리의 부자들과 내로라하는 인사들이 모였다. 다들 현경을 좋아했던 터라 수영을 극진히 대접했다. 진수성찬의 만찬을 베풀며 요란하게 떠받들기까지 할 정도였다. 아무튼 짧은 기간이었지만 별의별 활동을 했다. 옷 만드는 솜씨를 발휘해 아이들 교복까지 만들어 팔기도 했다. 교복은 하늘색으로 했는데, 수원에서 옷감을 떼 와 현경이 재단하면 학부형 중에서 바느질 잘하는 사람이 현경이 재단한 선대로 바느질을 했다. 그렇게 손발을 맞춰 교복을 만들었다. 공민학교 학생들이 한 50명쯤 되었는데, 50명을 일제히 교복을 입히고 연구 수업을 했다.

교복은 공짜가 아니라 다 돈을 받았다. 교복 값을 다 받으니까 돈이 좀 남았다. 단체복이었고 현경이 직접 재단해 바느질

다섯째 동생 김현락 모습.

만 맡겼으니 비용을 절약할 수 있었다. 시골 돈으로는 제법 큰 이익금을 서태원 교장에게 건네자 입이 벌어질 정도로 좋아했다. 그뿐 아니었다. 연구 수업을 참관하러 온 지방 선생 접대도 현경의 몫이었다. 현경의 연구 수업에 참관하려는 인원수도 상당했다. 현경이 직접 작문한 과제로 2학년 연구 수업을 했는데, 소문이 났던지 인근 지역의 선생이 견학을 하기 위해 마구 몰려들어 30여 명에 이르렀다. 장학사까지 직접 참관할 정도로 열기가 대단했다. 그때 현경은 이 선생, 이현경 선생이었다. 당시 삼괴고등공민학교의 여선생은 현경을 포함해 둘이었고 남자 선생은 서너 명 정도였는데 현경의 존재감이 단연 돋보였다.

특별했던 공부벌레 다섯째 동생의 졸업식

현경의 기억 속에 피란 생활은 설움 그 자체였다고 했다. 하지만 위기 속에 기회가 있는 법. 천신만고 끝에 서울에서 탈출하고 조암리로 피란을 왔을 때는 하늘이 온통 잿빛이었지만, 위기에 맞선 현경의 활약은 눈부셨다. 만삭의 몸으로 겨울을 맞았고 힘겹게 출산한 이후에는 당장 먹을 게 없어 걱정이 태산 같았다. 현경은 야무지고 다부졌을 뿐 아니라 생활력이 뛰어났다. 기지를 발휘해 담요를 팔아 목돈을 만들고, 그 돈으로 새집을 구입했다. 놀고 있는 약초밭을 빌려서 어린 동생들이 똥지게까지 져가며 고구마를 심을 수 있게 했다. 그리고 옷을 직접 만들어 시장에 내다팔았다. 그리고 마침내는 공민학교 선생이 되어 조암리에서 가장 유능한 교사로 명성을 얻게 되었다. 그 덕에 친정 식구의 피란 생활은 안정을 찾았을 뿐 아니라 약간의 여유까지 생겼다.

전쟁이 소강 상태에 접어든 1953년 초, 친정 식구들은 조암리를 떠나 수원으로 집을 옮겼다. 극적으로 수영이 조암리를 찾아온 지 얼마 지나지 않아 이사를 하게 되었는데, 급하게 옮기게 된 이유가 따로 있었다. 조암리 장날에 아버지를 죽음으로 몰았던 성북서 형사의 아버지인 탁가를 만난 것이다. 그 사람을 발견하고서 현경은 피가 거꾸로 솟는 기분이었다. 아버지 시신도 찾지 못해 생각만 해도 치밀어오르는 분노를 주체하기 어려운 원수를 조암리 장터에서 보게 될 줄이야. 하지만 침착하게 판단해야 했다. 냉정하게 가족의 안위를 지키는 게 중요했다.

조암리에 더 머물면 안 되겠다는 생각을 하고서 급히 집을 내놨다. 그랬더니 평소 가까운 사이였던 조암리의 한 총각이 그 집을 샀다. 급매였기에 시세보다 상당히 낮추어 집을 양도했다. 그 총각은 현경의 동생들에게 관심이 많았지만 동생들은 거들떠보지도 않았다. 그렇게 급히 이루어진 수원행. 사랑리 집을 판 돈을 가지고 수원 매산동의 일본 적산 집을 구했다. 그 와중에 언니 현정까지 합류했다. 언니는 수원에서 선생으로 복귀했고 형부는 장학사 일을 하고 있었다. 언니 내외는 외동딸과 함께 제일 좋은 방을 차지하고 쌀값과 전기세를 냈고 어머니가 반찬에 드는 비용을 감당했다.

 욕심이 많았던 언니는 밤에 불만 켜면 난리를 쳤다. 자신이 전기세를 내는 것이니 빨리 불을 끄라고 성화를 부려 동생들이 공부를 제대로 하기 어려웠다. 그 시절, 또 하나의 골치 아픈 일이 생겼다. 조암리에서 수원으로 전학하면서 성이 바뀐 게 문제였다. 다섯째 현락이 수원여중에 입학할 때 호적 초본이 필요한데 성이 이씨로 돼 있었다. 그냥 넘어갔다가 일생 잘못된 성 씨로 살 것 같아서 담임 선생을 찾아갔다. 현경은 담임 선생에게 이런저런 사정이 있어 성을 바꿀 수밖에 없다고 자초지종을 얘기하며 사정했다. 그러면서 이왕 입학했으니 아이 장래를 위해 이번 기회에 고쳐 달라고 부탁했다. 전쟁 중에 벌어지는 피치 못할 사정을 다들 이해했던 터라 담임이 흔쾌히 그 요청을 받아들였다. 전란을 겪으며 벌어진 웃지 못할 이야기였다.

 다섯째 동생 현락에 얽힌 재미있는 일화 한 가지가 있다. 현락이 국민학교 5학년 때 전쟁이 났고, 조암리로 피란을 가서는 고구마 농사를 위해 똥지게까지 지었다. 어린 나이부터 격동의 역사를 피부로 느낀 현락은 총명한 아이였다. 피란지에서 2년 동안 국민학교를 다니고 거기서 졸업했다. 수원으로 집을 옮긴 뒤에는 수원여중에 진학했다. 수원 집에서 큰언니가 돈이 든다며 전기불을 켜지 못하게 해서 새벽에 등교해 공부를 했다. 그만큼 지독한 공부벌레였다. 새벽에 학교를 가니까 보통 집에서 출발할 때는 컴컴했고 학교에 도착하면 날이 밝았다.

한번은 현락이 달 밝은 야밤에 집을 나섰다. 새벽인 줄 착각했던 것이다. 날씨가 추웠던지 현락이 오버를 뒤집어쓰고 날이 밝아지기를 기다렸지만 어둠이 걷어지지 않았다. 그때였다. 학교 경비가 순시를 돌다가 귀신이 나타난 줄 알고 놀라서 그 자리에서 기절해 버린 사건이 벌어졌다. 그랬던 현락이 전교 1등으로 졸업식을 맞게 되었다. 졸업식 때 교장 선생이 그 귀신 소동에 대한 얘기를 꺼냈다. 교장 선생의 송사 일부 내용은 이렇다. "그런 학생이 오늘 1등으로 졸업을 맞는다."

어둠 뚫고 사선 넘어
귀환한 시인

좌익 진영의 집요한 권유를 받았지만

수영은 해방 이후 남로당에 가입한 적이 있다. 자발적인 의지는 아니었고 여러 문인들과 함께 단체로 가입한 거였다. 입당하기까지의 자세한 과정에 대해서는 알려진 게 별로 없다. 다만 수영 입장에서 보면, 해방정국의 혼란기에 휩쓸린 행위에 가까웠다. 대략 추정하면 이렇다. 문인들이 대거 모인 어느 술자리에서 누군가가 일어나 선동한다. "우리나라가 썩었다. 친일파들이 판을 치는 세상이다. 우리 남로당에 힘을 실어 주자." 그리고 주도하는 사람이 단체로 이름을 적어 낸 것이다.

술자리에서 선동해 단체로 남로당 가입을 추진한 인물은 남로당의 공로자로 인정받는다. 당시 사회주의 사상에 심취한 문인들이 상당히 많았고 수영과 교류하던 문인들의 상당수도 좌익 계열이었다. 당시 수영과 어울렸던 인맥만을 고려한다면, 수영은 좌익이 되고도 남음이 있었다.

그렇지만 수영은 좌익과 거리를 두었다. 이와 관련해, 수영은 산문 〈연극하다가 시로 전향〉에서 "당시의 나의 자세는 좌익도 아니고 우익도 아닌 그야말로 완전 중립이었지만, 우정 관계가 주로 작용해서 그리고 무엇보다도 줏대가 약한 탓으로 본의 아닌 우경 좌경을 하게 되었다고 생각된다."라고 밝힌 바 있다.

1947년 5월 미소공동위원회가 재개되었을 때 남한의 정당들은 당원 숫자 부풀리기에 혈안이었다. 당원 숫자가 많으면 나중에 임시정부가 구성될 때 대표를 많이 보낼 수 있다는 것 때문이었다. 남로당도 이때 대대적인 당원 배가운동을 했다. 수영도 이때 가입했을 것이다. 현경은 결혼하기 전에 수영이 남로당에 가입했다는 것을 알았다. 수영이 "남로당에 가입이 되어 있더라."라고 말한 적이 있었다.

사실 수영도 그랬지만 현경 역시 남로당 독서회를 우습게 여겼다. 현경이 이화여대를 다닐 때 학내에 좌익 서클이 많았다. 서클이 대부분 좌익 독서회였다. 좌익 독서회에서 현경을 영입하려는 시도가 몇 차례 있었다. 하지만 현경은 그런 활동

자체가 싫어서 응하지 않았다. 그러다가 끈질긴 요청 때문에 그 모임에 한 번 간 적이 있다. 현경이 참석했을 때, 일행들이 저녁 식사로 수제비를 만들고 있었다. 멸치를 우린 국물에 밀가루 반죽을 뜯어 만든 수제비였다. 장소는 학교 앞이 아닌 아현동의 아지트로 한옥 행랑방이었다. 당시 이화여대 내에서 유명인사였던 현경은 이때 상황을 다음과 같이 회상한다.

당시 이화여대 내의 좌익 계열 학생들이 모여 누구를 끌어들일지를 상의하고 했어요. 그러다가 누군가의 입에서 제 이름이 나온 거죠. 이화여대에서는 누구를 뽑고 또 숙대에서는 누구를 영입할지 등을 의논한 거죠. 그런데 남로당 계열의 반대파라 할 수 있는 크리스천 쪽에서도 저를 지목했어요. 저는 그런 게 너무 싫어서 학생회장 같은 거에는 관심이 없고 출마를 안 한다고 선언했어요. 그랬는데 워낙 집요하게 남로당 계열 학생들이 자기 서클에 한번 가보자고 권유해 딱 한 번 참여하게 된 거였죠. 선언문 같은 거 돌려가면서 읽고, 자본주의 비판 논문 몇 페이지를 언급하면서 구체적으로 우리 현실에 부합하는 방안 등을 토론했어요. 남한의 이승만을 완전 미군의 앞잡이라고 얘기하는 등의 과격한 주장도 나왔어요. 그리고 토론이 끝나자 모두에게 유인물 한 뭉치씩 주었어요.

수영의 남로당 탈당 성명서 발표

현경은 독서 모임 자체가 무척이나 부담스러웠다. 자신에게 맞지 않는 옷을 입은 느낌이었다. 독서 모임이 끝났을 때 현경은 유인물을 가방에 넣었다. 아현동 방면에 배포하라는 주문을 받았지만 버리고 싶은 생각뿐이었다. 하지만 막상 둘러보니 버릴 장소가 마땅치 않았다. 아현동 아지트에서 얼마 벗어나지 않은 곳에다 버리면 좌익 학생들이 눈치를 챌 것 같고, 조금 떨어진 동네에다 버리자니 그 무거운 걸 들고 다니는 것 자체가 여간 부담스럽지 않았다. 당시 암행하던 사찰계 형사들이 많았다. 그 형사들한테 검문당하는 것도 두려웠다. 그래서 현경은 아현동을 벗어나 서대문 방면에 도착하자마자 눈에 보이는 쓰레기통에 유인물을 던졌다. 그러고는 재빨리 돈암동 집으로 향했다.

그 이후부터 현경은 좌익 학생들을 피해 다녔다. 현경은 생리적으로 사회주의 운동과 맞지 않았다. 이는 수영도 마찬가지였다. 두 사람은 자유, 사랑, 자연 등과 관련한 주제에 반응했다. 또 문학을 하는 데에는 절대 자유, 절대 사랑, 절대 자연이 필요하다고 생각했다. 그래서 공산당을 무시했고 뭐든지 이념의 잣대로 인식하는 것에 동의할 수 없었다. 그때 서울대 치과대학이 소공동에 있었는데, 좌익 활동이 가장 왕성했다. 서울대 치과대학 학생들이 헨리크 입센의 〈인형의 집〉 연극

공연을 준비할 때 현경을 영입하려 했다. 여성해방과 성 역할에 대한 담론이 녹아 있는 그 연극에 영향력 있는 현경을 끌어들이려 했던 것이다. 하지만 현경은 여러 구실을 대며 참여하지 않았다.

수영은 결혼 후인 1949년 11월 19일 서울신문에 남로당 탈당 성명서를 발표한다. 남로당에 자발적으로 가입해 적극적으로 활동한 게 아니었음을 잘 알 수 있는 대목이다. 그야말로 단체로 가입한 것이고 자신도 몰랐는데 나중에 보니 가입이 되어 있었다는 것이다. 수영은 현경처럼 체질적으로 공산주의자가 될 수 없는 자신을 잘 알고 있었다. 1948년 작곡가 김순남이 월북하기 전 돈암동 집에 있을 때 현경이 수영을 소개한 적이 있다. 이때 김순남은 수영이 회색이라고 좋아하지 않았다고 한다. 김순남이 파악한 수영의 정확한 정치적 입지였을 것이다. 만약 수영이 지방에 있었다면 상황이 어떻게 되었을지는 짐작하기 어렵지 않다. 이승만 정권이 전향자를 대부분 보도연맹에 가입시킨 후 전쟁 직후에 무자비하게 처형하지 않았는가.

어느 날 갑자기 의용군으로 끌려간 수영

전쟁은 시인 김수영에게 죽음보다 훨씬 더 고통스러운 기억을 가슴 깊숙한 곳에 새겼다. 이 기억은 전쟁이 끝난 후에도 수영의 일상을 파괴적으로 지배했을 만큼 강력했다. 전쟁 발발 후 수영은 피란을 가지 못한 채 칩거 생활을 이어가며 깊은 고민에 빠졌다. 임신한 아내 현경이 걱정되었고, 무엇보다 파멸적인 전쟁의 의미가 무엇인지 혼란스러웠다. 그래서일까. 수영은 인공 치하의 세상이 어떤지 살펴보고 싶었고 함께 어울리던 문인들의 안위가 궁금했다. 1950년 8월 2일 이른 아침, 수영은 현경에게 문학가동맹에 잠시 들렀다 온다면서 외출했다. 수영은 전혀 짐작하지 못했다. 그 외출 한 번이 지옥으로 향하는 문이었음을.

해방정국에 결성된 조선문학가동맹은 좌익 성향의 단체였지만 대부분 문인들이 가입할 정도로 대세였다. 우익 성향이 강했던 박인환과 이봉구도 가입했는데, 두 사람은 1949년 9월에 탈퇴 성명을 발표한다. 수영은 좌익 문인들과의 교류가 많았던 관계로 조선문학가동맹에 가입했고, 남로당 탈당할 때 같이 탈퇴한다는 성명서를 발표했다. 그랬던 수영이 이봉구와 함께 종각 옆 한청빌딩의 동맹 사무실에 도착했을 때는 많은 문인들이 운집해 있었다. 문인들 모임이 예정되어 있었던 것이다. 그 모임에서는 '인민군의 영웅적인 싸움'을 직접 체험하기 위해 문학공작대를 조직한다면서 각자의 희망 지역을 적게 했다. 하지만 희망 지역 얘기는 구색이었을 뿐이다. 이 자리에 모인 문인들은 모두 일신국민학교로 자리를 옮겼고, 다음날 아침 문화공작대가 아닌 의용군이 되어 북행을 시작했다.

　꿈에서도 생각지 못했던 이 여정은 수영을 몇 차례나 죽음 직전까지 몰아붙이며 1952년 11월까지 이어진다. 무려 2년 3개월이 넘는 이 시간 동안 수영은 극한의 고통과 공포 속에 갇혀 신음조차 낼 수 없는 무저갱의 지옥 생활을 한다. 일신국민학교에 집결한 의용군은 8월 3일부터 북행을 시작한다. 연신 떨어지는 미군 폭격기의 공습을 피해 수영의 행군은 전곡, 연천, 개천, 북원으로 이어졌다. 북원 훈련소 생활을 견딜 수 없었던 수영은 필사의 탈출을 감행하지만 이내 체포되어 다시 훈련소에 투입되었다. 체포되는 과정에서 목숨을 잃을 뻔한 일촉즉발의 상황을 맞았을 뿐 아니라 말할 수 없는 학대를 당하면서도 수영의 탈출 의지는 꺾이지 않았다. 1950년 10월, 수영은 유엔군이 평안남도 순천에 진입할 무렵의 혼란을 틈타 다시 탈출을 감행했다. 일주일 동안 혼신의 힘을 다해 대략 200킬로미터를 걸으며 서울로 이동했다.

　기적 같은 탈출에 성공했지만 수영을 기다린 것은 더 혹독한 고문이었다. 자신이 의용군으로 끌려가 북한에 갔다 탈출했다고 신고했지만, 수영은 중부서를 끌려가 말할 수 없는 고문을 받았다. 그 고문으로 수영은 다리를 못쓰게 되었고 다리를 절단해야 하는 위기에 빠졌다. 거기에 중부서 고문 과정에서 수영의 이가 모두 망가지고 말았다. 수영은 중부서에서 당한 고문을 '으스러진 설움'이라고 표현한 바 있다. 중부서의 고문이 얼마나 끔찍했는지 짐작할 수 있는 대목이다. 수영은 불행 중 다행으로 다리 치료를 받아 절단 위기를 간신히 벗어났지만 계속되는 수난에서 벗어나지는 못했다.

혹독한 고문, 살해 위기를 딛고 생환한 시인

중부서에서 고문을 받은 다음 수영은 이태원 육군형무소에 갇히게 되었고 이후 인천 포로수용소로 이송되었다. 그러다가 적십자병원 기차를 타고 부산으로 이송되어 서전병원에 옮겨졌다가 다시 들것에 실려 부산 거제리 제14야전병원에 도착했다. 이후 수영은 다리 치료를 마친 후 부산 거제리 제3수용소에 배치되었다. 그런데 제3포로수용소는 친공 포로로 가득한 곳이었다. 수영은 〈시인이 겪은 포로 생활〉에서 "홍일점이라는 말이 있지만 나는 정말 백일점이었다. 나만 빼놓고 일천육백 명 제3수용소 전체가 적색분자 같은 생각이 들었다."라고 얘기한 바 있다. 수영은 1951년 2월 28일, 동료 열한 명과 함께 적색 포로들에게 인민재판을 받게 되었는데, 밤중에 급히 탈출함으로써 가까스로 목숨을 건졌다.

부산에서 거제도 포로수용소로 옮긴 이후에도 좌우 진영의 험악한 싸움은 지속되었다. 수영은 3일 단식을 단행하여 병을 핑계로 부산 거제리 제14야전병원으로 복귀하게 되었다. 수영의 강인한 정신력과 기지가 만들어 낸 기적이었다. 제14야전병원은 수영에게 있어 마음을 잡을 수 있는 고향 같은 곳이었다. 수영의 시 〈어느 날 고궁을 나오면서〉에도 14야전병원 얘기가 나오는데, 여기서 수영은 통역과 간호원 보조 일을 하면서 힘겨운 포로 생활을 이어갔다.

  1952년 11월 28일, 마침내 오랜 포로 생활을 마감하고 수영이 석방되었다. 미국 아이젠하워 방한을 앞두고 전격적으로 풀려난 것이다. 그때 수영은 온양에서 석방되었고, 여비로 받은 담요를 다섯 장을 들고 서울로 향했다. 그 어떤 말로도 형언하기 어려운 고난의 시간이었다.

전쟁이 끝났지만
다시 엇갈리는 두 사람

수표동 형부의 배신

전쟁이 끝나고 정보부가 대구에 있을 때다. 현경이 그 정보부에 근무하던 이진용 대령을 개인적으로 알고 있었다. 우연한 기회에 연락이 닿아 그 사람을 만나 돈암동 친정집 사정을 얘기했다. 아버지의 피땀이 서려 있는 집을 되찾겠다는 마음이 굴뚝같았다. 이진용 대령을 만나기 전에 돈암동 집 사정을 살펴보았더니, 모든 방을 피난민들이 다 차지하고 있었다. 현경의 이야기를 듣고서 이진용 대령이 돈암동에 무단거주를 하고 있던 피난민들을 모두 내쫓았다. 덕분에 그 집을 되찾았지만 다시 입주할 엄두가 나지 않았다. 악몽 같았던 시간을 다시 떠올릴 자신이 없었다.

  현경은 그 집을 헐값에 팔았다. 그 집을 산 이는 6.25전쟁 당시 인천지구 엄 사령관이었다. 그런데 큰 사달이 났다. 중간에 엄 사령관 사위가 사기행각을 벌인 것이다. 사위라는 작자가 엄 사령관과 현경 사이에서 심부름을 하면서 사령관이 건넨 수표가 아닌 가짜 수표를 건넸다. 말 그대로 거액을 중간에 먹어버린 것이다. 수표를 받은 날이 토요일이어서 그 사실을 다음주 월요일이 되어서야 알게 되었다. 똑똑한 현경으로서도 어쩔 수 없는 일이었다. 그냥 포기할 현경이 아니었다. 결국에는 1년 정도 걸려서 그 집을 되찾았다. 결코 쉬운 일이 아니었고 갖은 애를 먹었다. 아버지의 죽음이 얽혀 있는 돈암동 집과 연을 끊기가 그렇게 힘이 들었다.

  돈과 재물 앞에서 인면수심을 드러내는 사람들이 있기 마련이다. 전란의 혼란기가 그런 염량세태를 좇아 일신의 야욕을 챙기는 이가 속출하기 마련이다. 현경 역시 비정한 경험을 하게 된다. 이화여대 다닐 때 잠시 거주했던 수표동 언니네의 형부가 그 주인공이다. 수표동 언니네는 다른 여염집과 달리 부산 대청동의 근사한 일본 가옥에서 피란살이를 했다. 돈이 많으니까 그게 가능했다. 사실 그런 편안한 피란살이를 할 수 있게 된 것은 모두 아버지의 돈 덕분이었다.

  아버지가 9·28 수복 직후 참변을 당하자 그 사람이 아버지

회사를 다 차지해 버렸다. 아버지 밑에서 일했던 그 사람은 아버지가 벌인 사업을 잘 알고 있었다. 전쟁 직전에 아버지가 오징어와 쌀을 가득 실은 선박을 홍콩으로 보냈다. 그 대가로 홍콩으로부터 타이어를 받는 무역인데 전쟁이 일어나면서 교역이 끊어졌다. 그런데 전쟁 후에 홍콩의 상대 사업자가 의리를 지켜 타이어를 보내왔다. 그 타이어를 그 사람이 꿀꺽 삼킨 것이다. 전후의 혼란기였기에 친정 식구들이 신경쓰지 못했던 것이다. 게다가 아무도 아버지 사업에 대해 알지 못했다. 세상 물정에 어두웠던 어머니는 아버지 사업에 대해 전혀 들은 바가 없었다. 더 역겨웠던 일이 있었다. 친정 식구들이 돈암동 집에서 맨발로 도망 나와 수표동 집에 잠시 있을 때, 그 작자가 수표동 언니에게 험한 말을 내뱉었다는 것이다. "빨갱이 가족을 돌봐주다 우리들이 피해를 보면 어떡하느냐?" 참으로 후안무치한 인간이었다.

대구에서 살림을 차리려 했지만

사랑리에서 2년 3개월여 만에 극적으로 남편 수영을 만났지만 재회의 기쁨은 불과 1주일 정도뿐이었다. 수영은 대부분의 문인들이 모여 있는 부산으로 내려갔다. 당시 부산에는 피란 생활을 하던 박인환, 조병화, 안수길, 김경린, 조지훈, 조연현, 김중희, 김종삼 등 수영과 안면이 있는 문인들이 득실거렸다. 수영이 부산에 나타났을 때, 몇몇 문인들이 수영의 처지를 알고 취직 자리를 마련해 주려 했다. 그중에서 시인 박태진이 가장 적극적이었다. 박태진 부인 김혜원이 현경과 이화여대 영문과 동창이라는 인연도 한몫했던 것으로 보인다. 당시 박태진은 교통부 차관으로 있던 장인에게 수영의 취직 자리를 부탁했다.

그 덕으로 수영은 대구 수송부대 본부 데이캄지에 취직하게 되었는데, 미8군 수송관 통역 자리였다. 그때는 전시였기 때문에 수송 부대의 위세가 상당했다. 그런 만큼 하늘의 별 따기 같은 노른자위 직장이었다. 현경이 대구로 향했다. 통역 일을 하고 있다는 소식을 들은 후 두 돌이 갓 지난 아들을 둘러업고 수영을 찾아나선 것이다. 겨울이 조금 지난 1953년 3월 무렵이다. 내려가 셋방이라도 하나 얻어 살림을 차리겠다는 생각으로 냄비 하나와 은수저 두 벌을 가지고 갔다. 은수저 두 벌은 결혼할 때 장만한 것으로 아무리 어려워도 안 팔고 줄곧 간직했던 거였다, 그 은수저를 보따리에 싼 뒤 대구에 갔을 때 수영이 부하를 역으로 보내 하숙집으로 곧장 이동했다. 하숙집 주인은 상당한 인텔리 여성으로 동경 유학파였다. 주인은 매우 친절했고 수영이 조퇴를 하고 하숙집에 도착하자 저녁상을 차려주었다.

주인이 차려준 저녁상 덕분에 허기를 면했는데, 뜻밖의 애기를 들었다. 수영이 통역 자리를 그만두려고 사표를 내고 왔다는 거였다. 남들이 다 부러워하는 통역 자리가 수영에게는 마뜩잖았던 것이다. 상당한 보수를 받았지만 미군 지시를 따르고 굽신거려야 하는 일 자체를 수영이 견디지 못했기 때문이다. 수영은 미국 사람들에게 비굴한 태도를 보여야 하는 그 일이 역겹다면서 다시 부산으로 내려가겠다고 했다.

대구에서 살림을 차리겠다는 현경의 계획은 처음부터 어긋났다. 아이마저 밤새도록 울었다. 추운 날씨에 낯선 곳에서의 하룻밤이 아이에게도 힘이 들었던 모양이다. 그렇게 하룻밤을 새우고 다음날 다시 대구역으로 향했다, 역시 수영의 부하가 역까지 바래다주었다. 수원까지 가는 열차 티켓과 사과 한 광주리도 사주었다. 수원행 기차에서도 아이가 자꾸 보챘다. 서울까지 6시간 걸리는 열차였으니 수원까지는 5시간 정도 걸렸다. 기차 안에서 아이가 배고프다고 해서 사과 하나를 주고 현경도 한입 넣었다. 그렇게 사과로 배를 채우며 이윽고 수원에 도착하니 광주리에 사과가 딱 한 알 남았다. 그걸 보는 순간 설움이 옷깃을 스쳤다. 앞으로 수영과 함께해야 할 초라한 초상, 하나뿐인 사과가 슬퍼 보였다. 광주리에 남은 하나뿐인 사과와 같은 신세가 되어 다시 친정집 신세를 지기 위해 터벅터벅 발걸음을 옮겼다. 얼마 후 수영이 부산에서 선린상고 야간부 영어 선생을 한다는 소식을 들었다.

수표동 언니 부산 피란 집에서 이종구를 만나고

현경이 부산으로 내려갔다. 휴전협정이 임박했던 1953년 4~5월경이다. 이번에는 아들을 친정어머니에게 맡겨놓고 혼자서 내려갔다. 부산에서 자리를 잡으면 아이를 데려올 생각이었다. 내려간다고 연락을 했더니 수영이 부산역으로 마중을 나왔다. 부산에 도착할 무렵 피란민들 사이에서 곧 환도가 된다는 소문이 퍼졌다. 많은 이들이 부산 판잣집을 정리해 서울로 올라가기 시작했다. 그때까지는 한강이 통제되어 있어 서울로 갈 수가 없었다. 그런데 도강이 허용된다는 소식에 많은 피란민들이 영등포 방면으로 몰려들었다. 시어머니와 시집 식구들은 이미 사랑리의 피란 집을 정리해 영등포에 머물고 있었다.

부산에 버리고 간 판잣집이 여기저기 뒹굴었다. 그런 집들은 신문지가 다 찢어진 채로 널부러져 있었고 밑에는 시궁창 물 내려가는 게 다 보일 정도로 허름했다. 철도 바로 옆에 판잣집의 경우 기차가 지나가면 집 전체가 심하게 흔들거렸다. 수영은 둘째 동생 수성이 기거하던 판잣집에 머물고 있었다. 부산진역 근처 초량동의 그 판잣집에 들었더니 냄비 걸어 놓고 간신히 밥을 해먹는 모양이었다. 이부자리도 지저분하고, 벽은 신문지로 발라놨는데 너덜너덜했다. 현경은 거기서 하룻밤을 자고 그 이튿날 아침에 수표동 언니네가 피란 생활을

서울대 영어영문학과 졸업 무렵의 이종구.
(출처 : 이종구추모문집2, 계간문예, 2005)

하고 있던 집으로 갔다. 그 집은 부산 대창동에 있는 아주 큰 일본식 집이었다.

 그 집을 간 이유는 단 하나, 취직 부탁을 위해서였다. 그런데 거기서 이종구 소식을 듣게 되었다. 예전 서울 수표동에서 현경이 한동안 가르쳤던 그 집 아들이 현경을 보더니 "아주머니! 아주머니!" 하면서 놀라워했다. 그러더니 급히 말을 이었다. "이종구 선생님한테 영어를 배우고 있어요. 선생님은 매일같이 아줌마 봤느냐? 어떻게 됐냐? 죽었냐? 살았냐? 하면서 만나기만 하면 그렇게 물어요." 그런 후 바로 학교로 뛰어가서 이종구를 불러왔다. 잠시 후 이종구가 얼굴이 벌게진 상태로 헐레벌떡 뛰어들었다. "죽은 줄 알았더니 웬일이냐?" 이종구는 현경을 보자마자 크게 소리쳤다. 이종구는 현경과 수영이 결혼해서 아이까지 낳았다는 걸 모르고 있었다.

불편한 동거로
번민이 깊어지고

취직을 위해 남부민동 이종구 집으로

이종구는 부산 남부민동 비탈에 살고 있었다. 제법 모양을 갖춘 판잣집에 살았는데 방이 두 개고 부엌도 있었다. 이종구는 현경에게 방이 하나 비어 있다면서 같이 가자고 했다. 마침 수표동 언니 피란 집에 다음날 아침에 수영이 찾아와 함께 이종구 집으로 향했다. 이종구는 자기 집을 보여주면서 현경의 취직 자리를 알아보겠다 했다. 남부민동 집은 이종구와 소설을 쓰고 있던 어느 국어 선생이 각각 하나의 방을 차지하고 있었다. 일자리가 필요했던 현경이 그 집에 들어가자 이종구는 국어 선생을 자기 방에 같이 머물게 했다. 그래서 나머지 한

방을 현경이 쓰게 되었다.

이때부터 이종구와의 어색한 동거가 시작되었다. 현경이 밥을 해서 있는 반찬 모두를 꺼내 요리를 했다. 이종구는 현경에게 이대 졸업장이 없으니깐 정식 학교는 안 되고 고등공민학교 정도는 동료 선생에게 부탁해 취직시켜 줄 수 있겠다고 했다. 그다음 날인가 이종구 동료 선생이 현경을 보러 왔다. 그 선생이 현경에게 얘기했다. "한 며칠 지난 후에 알려드리겠습니다." 현경은 며칠 후에는 취직이 될지도 모른다는 생각을 하면서 천천히 집을 살펴보았다. 살림 꼴이 엉망이었다. 방바닥은 지저분했고 빨래를 안 한 채 시커멓게 물들인 군복과 담요가 여러 장 쌓여 있었다.

도저히 안 되겠다 싶어 청소를 시작했다. 바닥을 싹 치우고 방바닥에 담요를 깔아 움직이지 않도록 고정시켰다. 종이를 대고 압핀같이 해서 못을 쳤다. 그리고 쌀은 있으니까 구공탄에 밥을 하고, 골목 내려가서 구멍가게에서 두부 한 모와 콩나물을 사다가 두부찌개를 했다. 그리고 뭐 짠지 조각 같은 거 좀 꺼내고 김치조각 같은 것을 좀 내놓았다. 빨래는 다 추려서 산에서 내려오는 물줄기가 졸졸 흘러내리는 냇가에 가서 빨았다. 아무튼 잠시도 놀지 않고 일했다.

남부민동 이종구 판잣집 밑에 오후가 되면 미군 PX 쓰레기차가 들어왔다. 그 차에서 많은 물량을 버렸는데 접시, 나이프, 스푼 같은 게 섞여 있었다. 미군들이 접시가 조금만 흠이 생기면 그냥 버렸던 모양이다. 접시도 몇 개 줍고 포크, 나이프, 스푼도 챙겨서 집에 와서 깨끗이 닦으니 훌륭했다. 미군 야전 도시락이 좀 찌그러진 게 몇 개 있어 그것도 하나 주워 놓았다. 사과 궤짝 사다가 두 개 붙이니까 딱 사각형 테이블이 되었다. 현경은 자신의 보따리에서 치마 하나를 골라 적당히 잘라서 테이블보로 사용했다.

유부녀하고 산다는 소문

시인 조병화가 당시 서울고등학교 선생이었다. 그 조병화와 소설 쓰는 국어 선생 김광식이 함께 남부민동 판잣집에 놀러 온 적이 있었다. 미군 PX 쓰레기차에서 여러 가지를 챙긴 덕분에 금세 집 전체가 '삐까번쩍'해졌다. 집 내부도 깔끔하게 변하고 별의별 살림 도구가 갖추어졌다. 예전부터 이종구는 귀가 따가울 정도로 현경에게 얘기하곤 했다. "너 같은 여자하고 결혼해야 되는데."

이종구에게는 늘 여자들이 있었다. 이종구 집에는 밤낮으로 영어 배우러 오는 묘령의 대학생이 한두 명 있었고, 상해에서 왔다는 과부는 노상 집에서 살다시피 했다. 그 과부는 20대의 젊은 여성이었다. 얼굴은 그리 예쁜 편은 아니었지만 부산 출신이라 그랬던지 서양물이 좀 들어 보였다. 그 여자는 현경이 가까이 다가가면 뒤뜰에 몸을 피하고서는 아예 들어오지 않았다. 나중에 그 이유를 알아보니 현경의 미모와 비교당하는 게 너무 싫었던 거였다. 그 여자는 이종구를 좋아하고 이종구가 아직 결혼을 안 한 상태라 기대를 했던 모양이다. 물론 현경이 그걸 눈치채지는 못했다. 그저 아저씨 이종구에게는 늘 여자가 많다는 생각뿐이었다.

  현경이 살뜰하게 집을 꾸리고 식단을 짜게 되자 이종구는 마치 안락한 가정을 꾸린 듯 좋아했다. 그러면서 혹시나 현경이 달아나면 어찌나 싶어 아침에 학교를 갔다가도 뭔가 찜찜한 생각이 들면 다시 돌아왔다. 그러다 보니 서울고등학교 내에 "유부녀하고 산다."라는 소문이 났다. 그런 연유로 김홍규 서울고등학교 교장이 현경을 찾아왔다. 그 교장은 이종구와 같은 영어 전공자로서 이종구를 굉장히 아꼈다. 이양하의 영어사전이 사실상 이종구가 만든 거나 다름없다고 할 만큼 이종구의 실력이 출중했던 것이다. 당시 이종구가 서울고등학교 입시반을 맡았는데 학교에 얼굴을 비추지 않는 날이 많아지면서 어느 유부녀와 동거한다는 소문이 돌았던 것이다.

  어느 날 교장이 직원들에게 물었다. "어쩌다 이종구 선생이 어떤 유부녀 때문에 학교에도 안 오고 그러나?" 그런 다음 직접 그 소문을 확인하러 현경을 찾아왔다. 그것도 이종구 몰래 온 거였다. 현경을 만나 단단히 혼을 내려고 왔는데 직접 현경을 보니 생각했던 여자가 아니었다. 상황을 파악한 현경이 단도직입적으로 교장에게 말했다. "저는 수원에 아들도 있어요. 여기는 취직을 하러 온 거예요." 그 말에 교장이 반색하면서 "아, 그래요." 하고는 그냥 갔다.

번민의 시간이 점점 깊어지고

이종구 집에 머무는 시간이 길어지면서 현경은 번민에 빠졌다. 이종구와는 8살 때부터 잘 알았고 아저씨라고 부르면서 편지를 주고받았던 사이였다. 이종구의 도움에 고마움을 느꼈지만 숱한 고비와 사선을 넘어 생환한 수영과 아이를 생각하면 마음이 아렸다. 맨날 여기서 벗어나야 한다는 생각으로 현경의 마음을 옥죄는 시간이 점차 늘어났다. 밤낮으로 그런 고민에 사로잡혀 있음을 이종구도 모를 리 없었다. 현경이 편지를 써 놓고 훌쩍 떠날지 모른다는 생각에 조바심이 난 이종구의 일상도 늘 불안했다.

수원 친정의 생활비 문제가 현경의 맘속 돌덩이였다. 취직이 되지 않아 현경은 조급해졌다. 어머니한테 맡긴 아이 생각에 가슴이 답답했다. 여동생 셋도 눈앞에 아른거렸다. 어찌 알았는지 어느 날부터인가 이종구가 그 생활비를 보탰다. 월급의 딱 절반을 우체국을 통해 수원에 부쳤다. 그러면서 현경에게 "너무 걱정하지 마. 내가 오늘 우체국 갔다 왔어."라고 말했다. 그리고 나머지 봉투를 현경에게 주면서 생활비 하라고 주었다. 이종구 자신은 한 푼도 주머니에 넣지 않았다. 그게 너무나 고맙고 힘이 되었지만, 그러면서도 고생하고 있는 수영을 떠올리면 심장에 무거운 짐이 걸린 것 같았다. 두 마음이 싸우는 시간. 그 시간이 지속되면서 마음속 갈등이 깊어졌다. 늘 고민에 빠진 모습, 그 시간이 길어졌다.

남부민동 집에 수영이 한번 왔었다. 일요일이었다. 현경의 사정과 마음을 수영이 좀 눈치를 챈 것 같았다. 이종구와 현경이 겸상을 해서 막 밥을 먹으려는데 수영이 찾아온 것이다. 갑자기 분위기가 무거워졌다. 세 사람 모두 침묵했다. 몇 시간이 그렇게 흐르자 밥공기 위의 밥알이 말라서 굳어질 정도였다. 오랜 침묵을 깨고 수영이 한 마디 던졌다. 역시 이번에도 수영의 짧은 한마디였다. "가자!" 그 한마디에 곧바로 따라나서지 못했다. 아니 보따리를 쌀 수는 없었다. 마음이 복잡했고 난처했다. "저기 내가 나중에 갈게요. 먼저 가세요!" 현경은 궁색한 대답밖에 할 수 없었다.

어저께 이종구가 돈을 부쳐줬는데 바로 보따리를 싸서 수영을 따라가는 건 아니라는 생각이었다. 현경의 말에 수영이 한 마디 더 내뱉었다. 이번에는 이종구에게 한 말이었다. "자네! 이러면 안 되지." 그렇게 두 번의 짧은 말을 던지고 수영이 나갔다. 현경은 어깨가 처진 수영의 뒷모습을 물끄러미 바라볼 수밖에 없었다. 힘이 없어 보였지만 뒷모습이 참으로 당당해 보였다.

다시 한복 만드는 일에 매진

속절없는 얼마간의 시간이 흘렀다. 전쟁이 끝나고 휴전협정이 체결되었다. 부산에서의 고단한 삶을 뒤로 하고 현경은 다시 서울로 올라왔다. 어머니와 아이가 있는 친정집으로 복귀하지는 않았다. 환도 후 처음에는 성북동에 자리를 잡았는데 이종구 여동생과 함께 지냈다. 이종구 여동생은 태어날 때 고생을 해서 그런지 조금 모자랐다. 인물은 괜찮았는데 가르쳐주어도 제대로 배우지를 못했다.

현경은 교사 생활 대신 한복을 만드는 일에 매달렸다. 몸과 마음이 그곳을 향했다. 성북동에서 한복을 만든 것은 어쩌면 미래 직업을 향한 현경의 본능적인 날갯짓이지 않았을까. 훗날 현경이 뛰어난 패션디자이너로 나름의 성공을 거둔 것은 이때의 선택과 무관하지 않다. 아마도 이 시기가 현경에게 있어 인생 최악의 위기였던 것으로 보인다. 언제나 당당했던 아방가르드한 여걸이 자신의 캐릭터와 다른 옷을 입고 시름에 빠져 있었으니 말이다.

하지만 한복 작업을 하면서 본래의 모습을 되찾기 시작했고 늘 마음속 깊은 곳에서 열렬히 갈구했던 문학에 대한 꿈을 서서히 키워나갔다. 현경의 마음을 매료시킨 수영의 말, "문학하자."라는 그 말을 다시 되새기면서.

현경이 한복 만드는 것을 지켜보던 이종구 여동생이 "언니! 저도 한복 깃 다는 것을 배우고 싶어요."라고 해서 가르쳐 주었다. 그런데 그것을 거꾸로 해놓아 현경을 어리둥절케 했다. 그렇게 성북동 생활을 잠시 하다가 이종구 동생 이진구 소유의 원효로 집으로 옮겼다. 2층집인데 조금 삐뚤어진 가옥이었다. 이진구가 2층을 빌려줘 거기서 한복 작업을 계속했다. 집이 높은 지대에 있었던 탓에 문을 열고 밖을 내려다보면 사방이 훤히 보였다. 현경은 한복 작업에 매진하다 가끔씩 밖을 바라보며 시름을 달랬다.

이진구는 아이가 둘인 가장이었는데 술이 과했다. 한때 현경을 속으로 좋아했지만 형 이종구가 너무 적극적인 것을 보고 스스로 정리를 했다. 이진구는 서울대 불문과를 졸업한 수재로 당시 서울고등학교 선생을 하고 있었다. 이종구도 서울고등학교 선생이었으니 한 학교에 형제 둘이 함께 근무한 것이다. 그것이 뭔가 불편했던지 이종구가 열심히 알아보더니 서울대 교수가 되어 직장을 옮겼다. 이종구는 그만큼 능력 있는 학자였다.

5장

생명보다 지독한 사랑이었다

깊은 상처는
짙은 그리움이었다

더 깊고 지독한 사랑이 찾아오기 직전

현경과 수영이 다시 부부가 되었다. 그 어떤 이도 상상할 수 없는 전격적인 결정이었다. 어찌 보면 충동적인 행동일 수도 있는 파격, 그것은 두 사람만이 연출할 수 있는 지독한 사랑이었다. 오랫동안 떨어져 있던 두 사람이 만난 자리에서 수영은 또다시 한마디 말로 현경을 격동시켰다. "나가자!!" 그 말에 현경은 수영의 손을 잡고 삼선교 일대를 돌았다. 어떤 격식 같은 게 필요한 커피숍은 두 연인에게 불편한 자리였다. 아무런 말이 필요 없었다.

산책을 하다 날이 저물었을 때도 다른 말들은 불필요했다.

현경이 머물고 있던 성북동의 작은 집으로 향했고, 그날부터 다시 동거가 시작되었다. 수영의 낭만적인 프로포즈 'My soul is dark.'라는 한마디에 처음 동거에 들어갔던 상황이 재연되었다. 모든 것을 버리고 가난뱅이 시인과의 사랑을 선택했던 처음과 달리 이번에는 낭만이 사라졌다. 대신 그 자리에 운명의 무게가 깃든 절실함이 자리했다. 그 운명 앞에서 해명 따위는 불필요했다. 다른 가족의 동의나 격식 같은 것 역시 마찬가지였다. 두 사람이 향하는 시선만이 중요했을 뿐이다.

두 사람의 재결합은 어떤 영화에서도 연출하기 힘들 뿐 아니라 또 어떤 표현으로도 설명하기 어렵다. 분명한 것은 두 사람 앞을 가로막고 있을 법한 사회적 통념 따위는 아무런 방해가 되지 않았다는 사실이다. 심장이 뛰는 그곳으로만 향하는 자유의지가 그들의 유일한 사랑 문법이었다. 또한 더 깊고 지독한 사랑이 찾아오기 직전의 두 사람 인생이야말로 가장 고통스러운 시간이 아니었을까.

의용군으로 끌려간 후 몇 차례나 목숨이 달아날 뻔했던 극한의 시간을 버티며 극적으로 귀환한 수영은 상처투성이 그 자체였다. 숱한 폭력에 망가진 육신뿐 아니라 파리보다도 천한 목숨이 되어 비굴하게 엎드렸던 굴종의 영혼이 밤마다 수영을 괴롭혔다. 잔혹한 전쟁과 폭력의 트라우마가 밤을 깨뜨리며 수영을 핍박했다. 술을 하는 날이면 억누르고 있던 야성

막내 시누이 김송자 졸업식 때 모습.
왼쪽부터 현경, 시어머니, 수명, 수영, 막내 수환.

이 폭발하며 짐승처럼 울부짖었다. 그럴 때마다 시어머니와 수영의 동생들이 수영을 붙들고 함께 울었다. 따뜻한 가족애가 갈기갈기 찢긴 상처를 감싸 안았지만 술만 먹으면 미친 발작을 일으키는 수영의 짙은 상실감을 감당할 순 없었다. 짙은 상실감은 현경을 향한 짙은 그리움이기도 했다.

신춘문예 당선을 위한 독립과 칩거

휴전협정이 끝난 후인 1953년 8월 무렵, 현정의 친정 식구들이 서울로 이사를 왔다. 어머니와 세 명의 여동생이 신당동 산 아래의 집에서 살게 되었다. 거기에 세 돌을 앞둔 현경의 아들 준도 함께했다. 어머니는 진짜 냉정하고 차디찬 여자지만 아이들 공부에 대해서는 모든 것을 퍼부을 만큼 열정이 강했다. 공교롭게도 비슷한 시기에 시댁 식구들도 영등포에서 신당동으로 이사를 했다. 인쇄소를 했던 막내 이모네가 환도하면서 신당동으로 이사를 했는데, 인쇄소와 붙어 있는 신당동 별채가 시댁 식구의 거처였다.

이 시기에 현경은 이진구의 원효로 집 2층에 살고 있었다. 하지만 이진구와 같이 있는 것이 어색했다. 그래도 재봉틀은 항상 가지고 다녔다. 그 재봉틀로 남자 셔츠를 하루에 3개를 만들었다. 셔츠를 만들면 단춧구멍 만들어주는 가게에 가서 기계로 단춧구멍을 냈다. 그렇게 완성한 남자 셔츠를 팔아 반찬값을 좀 보탰다. 무료한 생활이었다. 이정표를 잃은 채 터벅터벅 걷는 걸음에 점차 지쳐 가던 현경이 어느 날 중대 결심을 했다. 독립이었다.

마음먹으면 곧바로 실천에 옮기는 현경답게 곧바로 원효로 집을 빠져나왔다. 돈벌이를 하는 데 꼭 필요한 재봉틀도 그대로 둔 채 달랑 백 하나만 들고 나온 것이다. 그 길로 친구네 집으로 갔다. 친구한테서 다시 소개받아 친구의 친구 집으로 옮겼다. 이종구가 찾아올 것 같아 비밀리에 움직였던 것이다. 그러다가 얼마 후 성북동의 집을 구했다. 그 집이 호기수 아나운서 오빠네 바깥채였다. 당시 호기수 아나운서가 오빠네에 살고 있었는데, 그 오빠 집에는 부인과 딸 하나가 있었다. 그 집의 아래채를 현경이 얻은 것이다. 위치는 현재 한성대입구역에서 미아리 방향으로 조금 가다 오른편에 있는 집이었다.

새 거처에서 현경은 나름의 굳은 다짐을 했다. 신춘문예 당선이었다. 등단을 하려면 신춘문예 당선이 필요했다. 새 거처에서 습작에 돌입했다. 아무도 찾지 않는 '아지트'에서 하루 종일 매달렸다. 아침에 일어나면 방구석에 원고 파지가 산더미처럼 수북했다. 습작을 하면서 수영을 떠올리곤 했다. 신문 지상에 도배가 되어 '천하의 요녀' 주홍글씨가 새겨졌을 때, 바람이 되어 나타나 "문학 하자!"라며 현경의 마음을 뒤흔들었던 시인 김수영을 추억했다. 그럴 때마다 짙은 그리움이 온

1969년 사진. 운전면허증을 따기 위해 찍은 증명사진이다.

몸을 스치며 잠을 이룰 수 없었다.

현경은 국민학교 시절 방학이 되면 외삼촌한테 가곤 했는데, 거기에는 암파문고와 세계문학전집이 모두 있었다. 외삼촌이 기거하는 방의 건넌방이 그런 책으로 사면이 둘러 있는 서재였다. 보통학교 4학년 때 벌써 외삼촌한테 앙드레 지드의 『좁은문』을 빌려다가 읽었다. 그리고 외삼촌의 권유로 괴테의 명작 『젊은 베르테르의 슬픔』도 감동적으로 독파한 바 있다. 또 그때 외삼촌은 일본의 대중 소설가 키쿠치 칸을 평하면서 "천박하니까 읽을 필요 없다."라고 충고하며 대신 나쓰메 소세키의 작품이 좋다면서 많이 읽기를 권했다. 현경은 나쓰메 소세키의 『복장』도 좋았지만 『마음』에 매료되었다. 그 기억 때문인지 현경이 신춘문예를 목표로 소설을 쓸 때 나쓰메 쇼세키의 『마음』에 많은 영향을 받았다. 결과물도 그 작품과 비슷한 습작이었다.

공부벌레 현락에게서 온 편지

홀로 숨어지내다시피 한 습작 생활이 길어지면서 친정집 소식이 궁금했고 걱정되었다. 다섯 살이 된 아들도 보고 싶었고 어머니와 동생들의 근황을 알지 못해 답답했다. 현경이 무척 아꼈던 다섯째 동생 현락도 '아픈 손가락'이었다. 현락이 졸업할 때 현경은 수원을 떠나 부산에 있었다. 그때도 피란민 생활이었으니 하루하루 먹고사는 데 정신없을 때였다. 사랑리에 있을 때부터 현경이 사실상 가장 노릇을 하면서 어머니와 동생들을 부양했는데, 부산으로 떠난 후에는 어떻게 해서든 돈을 마련해 부쳐야 했다. 그 때문에 힘겨워할 때 이종구가 많은 도움을 주었다.

그러던 중 현경이 현락의 편지를 받았다. "언니! 제가 학교 선생을 하기 위해 사범학교를 갈까 아니면 간호대학을 갈까? 간호대학은 숙식이 다 해결되니까 집안의 부담을 안 줘도 될 거 같은데. 어디를 선택하면 좋을까요?" 그 편지를 읽으며 왈칵 눈물이 났다. 어린 나이에 돈 문제로 고민하는 동생이 너무 안쓰러웠다. 현경은 그때 무척이나 마음이 아팠다고 했다.

동생의 편지를 받고 곧바로 답장을 보냈어요. 아무리 어려워도 사범학교로 가라고 했어요. 그 덕분인지 공부 잘하는 현락이 사범대학에 입학했어요. 서울사범인데 당시에는 제일 센 학교였어요. 우등생으로 들어갔어요. 입학 순위가 7번째였어요. 졸업할 때에도 10등 이내에 들어 서울 시내에 발령받았어요. 대견했어요. 현락이 발령받은 곳은 남대문 국민학교였어요. 물론 성적순 발령이었어요. 현락은 선생이 된 후에도 쉴 틈이 없었어요. 낮에는 학교 선생이었지만, 밤에는 한양대학 야간 물리원자력학과를 다녔어요. 스스로 위대한 사람이 되고 싶다는 포부가 남달랐던 아이였어요. 그런데 얘가 날씬한 데다 미모가 뛰어나고 공부를 잘하니 남학생들이 가만두지 않았어요. 하도 쫓아다녀서 공부에 지장을 줄 정도였어요. 결국 그 일로 자퇴를 했어요.

현락은 언니 현경 못지않게 악바리 근성이 있었다. 자퇴한 다음해에는 서강대 생물학과에 입학했다. 그때는 현경이 수영과 재결합해 마포구 구수동에서 살고 있을 때였다. 서강대가 신당동 집과 거리가 있어 현락은 현경 집에서 등하교를 했다. 현경이 현락에게 큰아이 가정교사도 하면서 같이 지내자고 했던 것이다. 그래서 현락이 피아노를 들고 구수동 집으로 들어온 것이다. 수영의 산문에 등장하는 "처제 피아노 소리 때문에 미치겠다."라고 했던 그 피아노였다. 현락은 스트레스를 받아도 공부에 매달렸는데, 졸리면 피아노를 치기도 하고 일어선 채로 공부를 했다. 그렇게 잠을 쫓으며 공부한 결과, 여태 그런 학점을 받은 학생이 없었다고 할 정도로 성적이 좋았다. 서강대가 학점 짜기로 유명한 대학인데, 그런 대학에서 그런 성적을 냈으니 얼마나 열심히 했는지 알 수 있다. 에피소드 하나를 덧붙이는 현경의 표정에 동생에 대한 애정이 물씬 풍긴다.

현락이 그렇게 열심히 공부해서 우수한 성적으로 졸업해서 무척 대견했어요. 더군다나 졸업 전부터 성신여고 선생으로 발탁되었어요. 그 학교 졸업 특별반에서 특별한 학생을 만났어요. 바로 박정희 대통령의 큰딸 박근혜였어요. 그 과정에서 좀 곡절이 있었어요. 현락이 출근한 지 얼마 되지 않았을 때 특별반을 담당하고 있던 선생이 학교에 못 나오게 되었어요. 그래서 그 선생 대신 현락이 그 반을 맡았는데 너무 잘 가르쳐서 청와대 육영수 여사의 점심 초대까지 받았어요. 거기에 예상치도 않았던 포상도 받았어요. 치마저고리 한 벌과 격려금 20만 원이었어요. 그때 돈 20만 원이면 상당히 큰돈이었죠.

그날부터 다시
부부가 된 사연

운명을 바꾸는 한마디, "그리로 가자!"

　이종구에게서 벗어나 혼자만의 습작 활동에 전념하던 현경이 1955년 새봄을 맞았다. 4월의 꽃향기를 맡으며 길을 걷던 현경이 문득 수영에게 편지를 써야겠다고 생각했다. 늘 떠올리면 그리운 사람이었지만 다시 만날 염치는 없었다. 봄바람이 꽃향기를 실어 올 때마다 갖은 고생을 했던 수영을 떠올렸고 그때마다 가슴이 시렸지만, 그렇다고 수영에게 다가갈 엄두는 내지 못했다. 다만 문학에 매진하고 있다는 자신의 용기와 포부를 알리고 싶어 수영 앞으로 엽서를 보냈다. 삼선교 빵집 나폴레옹 건너편 다방에서 몇 월 몇 일 오후 5시에 만나자는 내용이었다. 약속한 날에 있었던 상황을 현경은 선명히 기억하고 있다.

막상 엽서를 보내고 나서 약속한 날짜까지 기다리는 게 너무나 힘들었어요. 물리적으로는 긴 시간이 아니었지만 어쩌면 제 인생에서 가장 길었던 기다림이었어요. 그랬는데 막상 약속시간이 다가오자 무척 떨렸어요. 미리 가서 앉아 있더라도 수영이 안 나올 것 같은 생각이 들어 일부러 늦게 갔어요. 20분쯤 늦게 들어가서는 조심스럽게 다방 문을 열고 안쪽을 들여다봤어요. 그 순간이었어요. 수영이 와이셔츠 차림의 말쑥한 복장으로 앉은 채로 저를 딱 바라보았어요. 문을 열면 바로 보이는 자리에서 저를 보면서 찡긋했어요. 그 상황에서 눈을 피하거나 자리를 피할 수 없잖아요. 그래서 안으로 들어가 수영 맞은편에 앉았어요. 수영이 차 한잔을 시켰어요. 자세히 보니 머리도 단정했어요. 이발소에 다녀온 것 같았어요. 마음이 설렜지만 아무 말도 하지 못했어요. 수영도 마찬가지였어요. 어떻게 살았느냐, 아들이 잘 있느냐 등의 그런 얘기도 전혀 하지 않았어요. 차를 다 마실 무렵 수영이 그냥 나가자고 했어요. 그 말에 저도 수영을 따라 나갔어요. 그리고 삼선교를 쭉 한 바퀴 돌았어요.

"나가자!"라는 말. 그 말은 두 사람을 사랑으로 잇게 했던 "문학 하자!"라는 말과 꼭 닮아 있다. 현경은 수영의 말에 자석처럼 이끌렸다. 말이 필요 없던 산책길이 어둑어둑해질 무렵, 수영이 다시 짧은 한마디를 내뱉었다. "신당동으로 가자!" 현경은 차마 신당동으로는 갈 수가 없었다. 시어머니와 시동생, 시누이가 다 있는 시댁으로 갈 엄두가 나지 않았다. 그때 신당동 시댁에서 수영이 큰 방을 혼자 쓰고 나머지 식구들이 한방을 쓰던 상태였다. 그런 신당동 시댁으로 함께 가겠다는 말은 차마 입 밖으로 낼 수 없었다. 현경이 잠시 우물거리다가 겸연쩍게 얘기했다. "제가 방 하나 얻어놨는데…"

그랬더니 수영의 입에서 나온 또 한마디는 "그리로 가자!"였다. 세상에 존재하는 모든 가식을 거부하는 수영다운 대답이었다. 현경 역시 아방가르드 여인이었다. 둘은 그렇게 다시 부부가 되었다. 성북동의 이튿날 아침이 밝았을 때 수영이 얘기했다. "평화신문에서 문화부장으로 오라고 그러는데 사실 갈까 말까 망설였는데… 이참에 내가 취직할게. 그래서 돈 벌어줄게." 너무나 예기치 않은 말에 현경은 어질어질했다. 너무 감격해서 눈물이 핑 돌았다. 수영이 나간 뒤 얼마 되지 않아 시동생 수환이 찾아왔다. 자전거에 수영의 책과 이부자리가 매달려 있었다. 수영의 이 엄청난 '속도전'에 아연실색했지만 현경의 가슴이 콩닥콩닥 뛰었다. 행복했다. 평화신문 가기 전에 수영이 신당동 집에 들러 막내 시동생에게 짐을 옮기라고 시킨 모양이었다.

수영이 선본 다음날에 전달된 현경의 엽서

신당동 시댁으로 보낸 현경의 엽서는 어떻게 수영에게 전달되었을까? 현경의 오랜 기억에 의하면 전달 과정은 이렇다. 먼저 그 엽서를 큰시누이 수명이 발견했다. 수명은 오빠가 들어오면 줘야겠다고 생각했다가 오빠가 만취해 들어오자 다음날 주기로 했다. 그걸 줬다가는 화를 내며 찢어버릴 것 같아서였다. 다음날 아침이 되어 수영이 세수하러 나왔을 때 "오빠! 엽서!!" 하고 내밀었더니 쓰윽 보더니만 그냥 포켓에 넣었다는 것이다.

그 전날에는 수영이 친구들 주선으로 선을 봤다. 물론 이 얘기는 두 사람이 재결합을 한 뒤에 수영에게서 들은 사연이다. 수영 친구 중에서 의사를 포함한 점잖은 친구 몇 명이 수영 혼자서 방황하고 있는 모습이 안타깝다며 수도여고 영어 선생을 소개했다. 얼떨결에 그 자리에 나가 그 여선생과 선을 봤다고 했다. 수영이 현경에게 말한 이야기를 옮기면 이렇다.

토요일이었어. 그 여선생 집이 남산 아래 회현동이야. 그 여선생이 "자기가 집에서 토요일에 기다릴 테니까 오세요."라고 얘기를 했어. 그 수도여고 영어 선생이 굉장히 나를 좋아한다고 그러더라고. 수준 있는 남자를 찾는데, 내가 영어도 잘하고 그러니까 조건이 된다고 생각한 모양이야. 그래서 나도 말쑥하게 옷을 차려입고 시간에 맞춰 회현동 집으로 갔지. 그 여선생이 다기 세트를 꺼내 차를 조그만 소반에다 차려서 보자기를 덮어놓고, 아랫목에는 포대기를 깔아놓았더군. 포대기는 아랫목이 식을까 봐 깔아놓은 모양이야. 내가 들어가니까 일본식 집인데 문간방이었어. 안으로 들어오라고 해서 내가 찻상 앞에 앉았지. 앉으니까 그 여선생이 "선생님! 거기는 차가우니까 포대기에 발을 좀 집어넣으세요." 하면서 나를 그리로 끌어당기더라고. 그런데 무슨 이유인지 그 포대기에 발이 안 들어갔어.

무슨 이야기든 숨김이 전혀 없는 수영의 얘기를 들으면서 현경은 빙그레 웃었다. 포대기 밑에 다리도 녹일 겸 차도 먹을 겸 충분히 다리를 넣을 수 있는데, 어색해서 거기 포대기 밑에 발이 안 들어갔다는 대목에서는 그만 킥킥대고 웃음을 터뜨리고 말았다. 수영은 그날 차 한 잔을 대접받고 그냥 나왔다고 했다. 그리고 명동에서 친구들과 어울려 술 한잔 걸친 후 밤늦게 인쇄소 별채 방으로 들어갔다. 그다음 날 아침에 세수할 때 수명으로부터 현경이 보낸 엽서를 받게 된 것이다.

혼인신고를 할 겨를도 없었던 동성동본 부부

현경과 수영 모두 본관이 같은 김해 김씨이고 파(派)만 다르다. 현경과 수영이 결혼할 당시 동성동본 결혼은 불법이었다. 두 사람의 결혼 당시 양가 모두 동성동본이라는 사실을 알고 있었지만 딱히 반대를 하지 않았다. 사실 반대를 안 했다기보다는 상황 자체가 너무나 전격적인 결합이었기에 이런 것 저런 것 살피고 생각할 여유도 없었다. 수영 역시 그런 것에 전혀 구애받지 않았다. 게다가 동거부터 먼저 시작했기 때문에 혼인신고를 할 생각도 하지 못했다. 결혼하고 얼마 있지 않아 전쟁이 터지고 의용군으로 잡혀가는 일까지 생겼으니 혼인신고를 생각할 겨를조차 없었던 것이다.

호적에는 혼인신고 날짜가 1953년 2월 2일로 되어 있다. 알고 보니 두 사람 모두 혼인신고를 한 적이 없다. 그 일은 수영의 외삼촌이 했다. 혼인신고, 출생신고 등 행정 처리가 필요한 것은 모두 외삼촌이 다 했다. 인쇄소 사무장을 했기 때문에 차씨 일가, 수영의 김씨 일가 행정 업무를 대신 처리했던 것이다.

전쟁 때문에 모든 것이 혼란스러웠어요. 행정상 처리 같은 것은 아예 신경을 쓰지 못했어요. 장남 준이 출생신고도 외삼촌이 해주셨어요. 장남 준이가 1950년 12월 25일생인데 출생신고는 1951년생으로 되어 있어요. 1949년 11월에 결혼을 하고

서도 신고를 안 했어요. 그럴 생각 자체를 하지 못했어요. 결혼한 지 얼마 되지 않아 전쟁이 났잖아요. 더더욱 그런 생각을 할 겨를이 없었어요. 1952년 말에 수영이 살아 돌아오자 시어머니가 혼인신고를 하라고 외삼촌한테 부탁했던 모양이에요.

결과적으로 현경과 수영은 혼인신고를 한 적이 없을 뿐 아니라 다른 사람에게 부탁도 한 적이 없다. 정황상 시어머니가 수영 외삼촌에게 부탁해 혼인신고가 된 것으로 보인다. 손자까지 태어난 상황에서 시어머니가 가만있을 수 없었던 것이다. 인생을 살아본 시어머니의 선견지명이라고 볼 수밖에 없다. 당시 동성동본의 결혼은 혼인신고가 되지 않았는데 전쟁 시기의 혼란기 틈을 이용해 외삼촌이 수완을 발휘한 것으로 보인다. 어찌 되었든 참으로 대책 없는 부부임이 틀림없다. 시대의 격랑 한복판에서 한 치도 벗어날 수 없었던 두 사람의 운명이 만든 웃지 못할 서사가 아닐까.

선천적으로 타고난 연극쟁이

술 먹고 통금 시간에 파출소 노상방뇨

수영은 좀 어리벙벙하고 어리숙한 편이다. 사회성이 없고 왠지 겁이 많을 것 같은 눈망울을 가졌다. 실제로도 일상에서 겁이 많은 편이다. 반면 현경은 완전히 그 반대다. 그런데 거짓말을 전혀 하지 못하는, 말 그대로 극소수 희귀종에 속하는 수영이 나름 꾀를 내 위기를 벗어난 재미있는 에피소드가 하나 있다. 술을 먹고 종로4가 파출서에 잡혔을 때의 일이다. 다시 만나 성북동에 살림을 차린 뒤에도 수영의 음주는 별로 줄지 않았다. 무엇보다 술을 먹으면 매번 통금에 걸려 집에 들어오지 못하는 게 걱정거리였다. 파출서가 있는 경로로 따지면 종로4가 다음이 원남동 파출소, 그다음이 혜화동 파출소다. 그리고 삼선교 파출소를 지나면 두 사람이 거처하는 성북동이다.

밤 12시까지 수영이 집에 안 들어오면 다음날 일찌감치 찾으러 나섰다. 먼저 삼선교 파출소부터 들른다. 삼선교 파출소는 지금도 그 자리에 있다. 새벽에 도착하면 많은 사람들이 거기에 앉아 있었다. 통금에 걸려 붙잡힌 사람들 중에서 얌전한 사람은 새벽 4시가 되면 풀어주곤 했다. 만약 삼선교 파출소에 없으면 그다음에는 혜화동으로 갔다. 혜화동에도 수영이 없으면 원남동 파출소로 향했다. 여기도 없고 저기도 없고 그러면 점점 더 시내로 나가야 했다. 원남동 다음은 종로4가 파출서였다. 여기에는 있을까 싶어 파출소 문을 열고 들어가니 한 순경이 소리치는 게 들렸다. "그 새끼, 빨갱이 새끼! 그 새끼 오늘 혼 좀 내줘야지. 도저히 안 되겠네."

그 소리가 수영을 가리키는 것을 직감한 현경이 순경에게 물었다. 그러자 그 순경이 "그 새끼는 반드시 혼내야 한다."라는 소리를 몇 번 반복하더니 그 경위를 설명했다. 요지는 이렇다. 전날 밤 술에 취한 수영이 "왜 다른 데는 깜깜한데, 니들만 환하게 하구 뭐냐?"라고 주절거리다가 파출소에 오줌을 갈긴 것이다. 당시 전력이 부족해서 밤 9시면 민가의 전깃불이 다 꺼진 관계로 파출소만 환하게 불을 밝힐 때였다. 문제는 보통 오줌이 아니고 술 먹은 오줌이었다. 엄청난 양이 파출소에 쏟아졌으니 기겁을 하고 순경이 수영을 붙잡았던 것이다. 형사가 파출소 안으로 들어온 후 "너 빨갱이지?" 하고 물었을 때 "아닙니다."라고 대답해도 부족할 판에 "맞아요. 빨갱입니다." 라고 큰소리쳤다는 것이다.

부부의 폭풍오열로 간신히 구속을 면하고

술에 취해 멋모르게 호기를 부린 게 화근이었다. 수영의 말을 괘씸하게 여긴 경찰이 진짜 혼내기 위해 검찰청으로 넘기는 판이 된 것이다. 수영을 본서에 넘겼다는 소리를 듣고 화들짝 놀라 그곳으로 달려갔다. 본서가 바로 옆에 있는 동대문 경찰서였다. 경찰서에 도착해 보니 조용했다. 차분하게 살펴보니 먼발치에 형사 한 명이 보였고 수영이 구석에 쪼그리고 앉아 있었다. 의자에도 앉지 못하고 시멘트 바닥에 죄인같이 쪼그리고 앉아 있는 모습이 참으로 초라했다. 형사는 빨갱이 하나를 잡았다고 얘기했다. 수영의 얼굴은 완전히 넋을 잃고 다 죽어가는 표정이었다. 전날 먹은 술 때문에 속이 쓰릴 텐데 해장은커녕 물도 제대로 못 먹고 퀭한 눈으로 구석에 떨면서 쪼그리고 있었다. 얼굴은 차마 보기 어려울 정도였다.

현경은 곧바로 형사에게 선처를 빌었다. "술이 너무 과해서 생긴 일이니 용서 바랍니다. 술 먹으면 개라 그러지 않습니까? 제발 좀 봐주세요." 애원했지만 형사의 반응은 싸늘했다. "안 돼요. 저놈은 진짜 빨갱입니다. 아니, 어따 대고 말이야. 소리소리 지르면서 나는 빨갱이라고 그러고 말이야, 이 새끼가 정신이 있는 놈이야 없는 놈이야." 여러 번 계속해서 빌어도 소용이 없었다. 자존심이 깎일 대로 깎였지만 계속 매달렸는데, 시간이 오전 9시를 넘어가고 있었다. 검찰청으로 넘어가야 하는 시간이 된 것이다. 그 시간이 되자 인수인계를 하려는 듯한 형사가 수영 앞을 지켰다. 그때였다. 수영이 갑작스럽게 울기 시작했다. "와앙!" 하면서 울음을 터뜨리니 형사가 움찔하면서 수영에게 손을 대지 않았다. 현경도 그 상황이 너무 무서워 "여보, 울지 마! 여보, 울지 마!" 하면서 함께 울었다.

  수영이 우는데 현경이 그냥 있을 수 없었다. 수영이 형무소에 간다는 생각에 막 울었던 것이다. 두 사람이 폭풍오열을 하고 "살려 달라!"라고 소리를 고래고래 지르니 경찰서 전체가 울렁거렸다. 그러자 귀찮았던 모양인지 한 형사가 "데리고 나가요!"라고 그랬다. 어떻게나 고마운지 연신 절을 하면서 수영을 밖으로 데리고 나왔다. 종로4가 다음 전차 정거장이 원남동 네거리였다. 거기까지 현경과 수영이 앞서거니 뒤서거니 하면서 걸어갔다. 원남동 네거리 가까이 갔을 때 수영이 현경을 쳐다보면서 "여보! 나 잘했지." 하는 거였다. 자신의 연기가 얼마큼 훌륭하냐는 것이었다. 십년감수하고 나온 현경은 수영의 그 말에 웃음도 나오지 않았다. 속으로는 더 괘씸한 생각이 들었지만 그래도 천만다행이었다.

선천적 연극쟁이

수영의 천부적인 재능이 몇 개 있는데 그중 하나가 연극 대사 낭독이다. 수영은 선천적으로 타고난 연극쟁이였다. 신파극 〈심순애와 이수일〉 그런 거는 뭐 처음부터 끝까지 대사를 줄줄 다 외었다. 어쩌다 명동에서 기분 좋게 술 한잔 걸치면 테이블 위를 탁 치고 올라가서 〈심순애와 이수일〉 대사를 낭독하면 다들 너무 신나서 야단들이었다. 강연을 할 때에도 대단했다. 1965년 즈음부터 수영이 대학 초청 특강에 나갔다. 맨 처음에는 서라벌대의 특강 요청을 받아 첫 강의를 했다. 학생들 호응이 좋아 소문이 났다.

다음은 연대 영문과였다. 잠시나마 연대 영문과를 다녔던 수영은 그 특강 요청에 감격했다. 연대의 특강 주제는 T.S. 엘리엇의 〈황무지〉였다. 연세대 특강을 위해 수영은 집에서 열심히 준비를 했다. 특강 며칠 전부터 단어 하나하나에 신경을 썼다. 구수동 집의 사전이 부족하다 생각하면 소공동 국립도서관으로 달려갔다. 국립도서관에 워낙 자주 가다 보니 도서관 사서와 친해져 술친구가 될 정도였다. 그때의 일을 기념한 시가 바로 〈국립도서관〉이었다. 수영은 국립도서관에서 아예 단어의 근원을 찾는 작업까지 섭렵했다. 수영은 워낙 어학 능력이 타고난 인재였다. 그 누구도 분석하거나 해석한 적이 없는 부분까지 단어의 근원으로부터 출발해 창의적인 비평을 했다. 비범해도 보통 비범한 게 아니었다.

선천적 연극쟁이었기에 강의 기술도 탁월했다. 강의에 대한 대본을 처음부터 끝까지 치밀하게 구상했다. 그렇게 철저하게 준비된 강의는 학생들의 열렬한 호응을 받았다. 강의실 밖 복도에까지 학생들이 운집할 정도였다. 수영의 특강이 빅히트를 하자 좀 더 넓은 중강당으로 혹은 대강당으로 장소가 바뀌었다. 마지막 강의가 끝나자 우레와 같은 함성과 함께 학생들의 기립박수를 받았다. 학생들의 열렬한 반응에 대해 수영은 우쭐하지 않았다. 현경은 그런 수영의 모습이 너무 좋았다. 수영이 특강을 마친 뒤 현경에게 얘기했다. "야! 말이 되냐? 기립박수를 왜 해? 내가 가서 무슨 연극을 한 것도 아니고 기립박수를 왜 해?"

연세대에서의 폭발적인 반응 이후 다른 대학에서의 특강 요청이 쇄도했다. 서울대의 특강 요청이 왔을 때 수영이 박수를 치면서 "야! 나 서울대에서도 특강 요청이 왔어." 하며 신난 표정을 지었다. 수영이 어린아이가 된 것처럼 좋아하는 모습을 보면서 현경도 덩달아 기분이 좋아졌다. 그러면서 서울대학 특강 강사 마누라 기분 좀 내려고 동숭동의 서울대 문리대 캠

퍼스를 찾았다. 현경은 수영을 먼저 보낸 뒤 강의 끝나는 시간에 맞추어 학교 내 벤치에 앉아 수영을 기다렸다. 특강을 하면 강의료가 현찰로 바로 지급되었다. 그걸 받는 것 또한 큰 기쁨이었다. 잠시 후 특강을 끝내고 과사무실 들렀다가 벤치 앞으로 걸어 나오는 수영이 보였다.

그런데 현경이 벤치에 앉아 있는 것을 알면서도 모르는 척하며 앞을 쓱 지나가는 게 아닌가. 살짝 약이 오른 현경이 쫓아가자 수영이 "어이구 여기까지 왔어? 여기까지 나올 필요가 뭐가 있어?" 하면서 너스레를 떨었다. 부인을 놀리면서도 환하게 웃는 모습이 너무나 천진해 눈이 부셨다. 두 사람은 곧장 명동으로 갔다. 단란한 오후의 데이트였다. 명동에서 둘은 차 한 잔 나누며 특강 얘기를 하며 담소를 나누었다. 현경은 차 한잔 얻어 마시고는 서둘러 일어났다. 눈치 백단의 현경이 이미 수영의 마음을 꿰뚫고 있었다. 다른 문인들과 술 한잔하고 싶다는 수영의 심정을 누구보다 잘 알고 있었다. 그래서 "저 먼저 들어갈게요." 하고 재빨리 자리를 떴다. 그러면 수영이 신바람이 난 표정이 되어 "그래! 나 한잔하고 들어갈게." 하며 화답했다. 현경의 기억 속에 가장 행복했던, 수채화 같았던 한 장면이다.

멋진 양옥집으로 탈바꿈한 구수동 안식처

한적하고 조용한 집을 찾아 구수동으로

수영과 재결합한 곳인 호기수 아나운서 집 아래채에서의 생활은 무척 짧았다. 두 사람은 백남준 아버지 백낙승의 별장으로 거처를 옮겼다. 그 별장은 운치 있고 풍광이 멋진 곳이었다. 약숫물로 밥을 지었고 솔방울을 장작 삼아 음식을 만들어 먹었다. 산기슭에서 들려오는 산새 소리가 아득했고 산자락까지 휘감아 오는 선선한 바람 따라 청량한 공기가 폐부를 시원하게 했다. 수영은 이 집을 무척 마음에 들어 했는데, 한 가지 문제가 있었다. 귀머거리 별장지기 때문이었다. 별장지기가 라디오를 크게 틀어 소음에 민감한 수영을 괴롭힌 것이다.

수영이 매번 "여보! 저 라디오 소리 좀 끄라고 해요."라고 외칠 정도였다.

현경은 수영을 위해 갖은 방법을 다 동원했다. 맛있는 것도 주고, 담배도 사주고, 좋은 말로 달래보기도 했다. 아무 소용이 없었다. 별장지기는 라디오 볼륨을 전혀 낮추지 않았다. 하는 수 없이 소음이 없는 곳을 찾아야 했다. 현경은 잘 알고 있었다. 수영이 원래부터 조용한 곳에서 책을 읽고 시를 쓰는 데 익숙한 데다 의용군으로 잡혀간 이후 들었던 수많은 '죽음의 소음'이 그 어떤 것으로도 치유하기 어려운 트라우마가 되었다는 사실을.

현경은 인가와 좀 떨어져 있는 한적한 집을 구한다는 소문을 냈다. 그게 효과가 있었던지 이내 마포구 구수동에 적당한 집이 있다고 알려 주었다. 현경의 지인이 알려준 곳은 이북 출신의 주인이 혼자 거주하던 집이었다. 그 집주인은 순경 생활을 하다 병이 들어 그 집에서 요양을 하고 있었다. 집을 한번 보겠느냐는 말에 현경이 곧바로 구수동으로 향했다. 직접 가보니 말 그대로 시골 같은 곳에 자리한 단독주택이었다. 순경 출신의 그 사람은 간이 나빠서 그런지 얼굴이 새카맣게 보였다. 자신이 지은 집인데 돈이 없어 그 집을 싸게 판다고 했다. 대지가 천 평 정도로 넓었고 대지 한가운데에 지은 집이 보였다. 수영의 표현을 빌리자면, 상여처럼 놓여 있는 그런 집이었다.

재결합 이후 짧게 살았던 성북동 백낙승 별장터 현재 모습.
주소는 성북동 335-2번지다. (2024년 촬영)

다이닝룸까지 갖춘 양옥집으로 개조

안방과 마루가 있고 건넌방과 끝방 포함 방이 3개인 구조였다. 양기와 집에 챙도 없고 오랫동안 방치되어서인지 폐가 느낌이 들 정도로 낡은 집이었다. 그렇지만 집주인의 부르는 값이 예상외로 쌌다. 그때 돈으로 10만 원인가 그랬다. 현경이 "등기가 되어 있느냐?"라고 물으니 등기부등본을 보여주었다. 현경은 수영에게 "이런 데가 있는데 삭막하기 짝이 없어요. 울타리도 없고 대문도 없어요. 집도 완전 농가예요."라고 했다. 그런데 수영은 무조건 좋다고 했다. 그래서 바로 그 집을 샀다. 수영은 이사 당일에야 처음으로 집 구경을 했다. 현경이 짐을 내려다 정돈하고 난 뒤 마포종점 근처에서 만나기로 한 수영을 데리고 왔던 것이다. 1955년 6월이었다.

성북동의 백낙승 별장은 경치는 좋았지만 비탈지고 한참 올라가야 했다. 겨울이 되면 연탄 사기가 힘들 것 같아 사는 김에 아예 트럭 한 대분을 사들였다. 한 트럭이 2천 장인데 얼마 안 쓰고 남아 있던 연탄 모두를 구수동으로 옮겼다. 구수동 이사 당시 세간살이는 별로 없었고 연탄이 가장 큰 짐이었다. 이사 즉시 구수동 집 일부를 수리했다.

우선 양철로 챙을 만들어 비가 들이치지 못하게 넓게 달았다. 마루 앞 신발 두는 댓돌도 없이 그냥 흙바닥이었는데 시멘트로 발라 깔끔하게 자리를 잡았다. 연탄 쌓는 곳도 새로 만들었다. 텃밭도 간단히 마련했다. 집을 조금씩 고칠수록 반짝반짝 빛나며 그럴듯해졌다. 운이 좋게도 수도가 들어와 환호했다. 구수동 집이 큰길에서 100m 이상 떨어져 있었는데, 수도공사 직원들이 직접 구덩이를 파고 수도 파이프를 묻어주었다.

마지막으로 집 마당에다 수도를 설치할 때 현경이 "아저씨! 기왕이면 부엌으로 넣어줘요."라고 했다. 마당에서 부엌까지 거리가 불과 몇 미터밖에 안 되어 그냥 해주었다. 마당에는 물펌프가 있어 수도가 필요하지는 않았다. 부엌에 수도가 설치되자 생활이 완전 달라졌다. 싱크대에서 호스로 이어 목욕탕도 만들었다. 그리고 부엌 옆에 다이닝룸까지 꾸몄다. 다이닝룸을 안방 크기 정도로 넓게 만들었는데 테이블을 갖다 놓고 보니 제법 근사했다.

빛나는 창의력, 자연식 냉장고를 만들다

이사 후 신세계 백화점 뒤쪽을 걷다가 PX 도깨비 시장을 들른 적이 있다. 거기서 테이블을 발견했는데, 한눈에 보기에도 새것 같았고 상당히 깨끗했다. 미군이 사용하다 본국으로 가면서 내놓은 모양이었다. 테이블 외에 찬장도 좋은 게 나와서 바로 구입했다. 이때 장만한 테이블과 찬장이 방학동 김수영 문학관에 그대로 보관되어 있다. 개관 당시 현경이 기증한 것이다. 앉은뱅이 책상도 구입해 서재에 들였다. 다이닝룸에 테이블을 배치하고 그 밑에 카펫을 깐 뒤 찬장을 넣었다. 커튼도 새로 만들고 보니 농가가 근사한 양옥집으로 변신했다.

　매년 봄, 가을에 그렇게 집을 고치고 단장했다. 다이닝룸 아래쪽을 파서 지하실 만드는 작업은 나름 현경의 역작이었다. 그러니까 지하실은 목욕탕 앞에 있었다. 목욕탕에서 하나 둘 셋 이렇게 밟고 들어가면 지하실이어서 들어가기 편리했다. 거기다가 쓸모가 없어진 큰 독이 집 안에 하나 있었다. 이것을 씻어서 지하실에다 집어넣고 묻었다. 그 누구도 생각할 수 없는 자연식 냉장고가 되었다.

　큰 독이니까 주둥아리만 조금 내놓고 묻었다. 밑에다 숯을 넣고 위에다가 싸리나무를 갖다가 적당히 놓았다. 그러고는 여름이면 거기다 물을 좀 넣어 수박, 참외 등의 과일을 저장했다. 대성공이었다. 과일이 신선하게 보관되었을 뿐 아니라 시원해서 여름에 먹는 데 안성맞춤이었다. 냉장고를 사기 전까지 애용한 현경식 자연 냉장고였다.

　자연 냉장고를 만든 뒤 얼마 지나지 않아 미군 PX에서 나온 냉장고를 들였다. 버리다시피 내놓은 제품이었는데 전기요금이 많이 나온다고 해서 사람들이 외면했다. 하지만 통이 큰 현경은 그걸 싼 가격으로 구입했다. 전기요금이 좀 나오더라도 생활의 편리를 위해 꼭 필요하다는 생각에 과감하게 구매한 것이다.

  몇 차례 집수리를 하다 보니 거의 집을 개조할 정도가 되었다. 훌륭한 리모델링을 한 것이다. 그 결과, 동네에서 가장 빛이 나고 잘사는 집으로 변모했다. 동네 사람들은 매번 새롭게 변하는 구수동 집을 보면서 놀라워하고 부러워했다.

  다이닝룸이 새롭게 만들어졌고 안방과 마루, 건넌방과 그 옆방 모두가 현대적인 감각으로 단장을 하면서 전혀 다른 집이 되었다. 건넌방 옆방은 수영의 서재로 꾸몄다. 현경은 그 서재를 한식 문 대신 프렌치도어를 해줬다. 바깥에서 신발 벗고 바로 들어갈 수 있게 만들었는데, 그렇게 꾸미고 나니 완전 양옥식 구조가 되었다. 창문도 위에 있는 것을 내려서 방에 햇빛이 꽉 차게 했다. 그리고 벽돌을 구해 블록으로 된 집 곳곳에 붙였다. 그러자 순식간에 벽돌집이 되었다. 동그란 슬레이트 연통도 보기 싫어 벽돌로 붙여버렸다.

  이와 관련해, 수영의 산문에서도 구수동 집 얘기를 소개하고 있다. 〈마당과 동대문〉에서 수영은 "동대문이 어색한 칠보단장에 현대식 조명까지 받고 있다."면서 내적 문화의 뒷받침 없는 변화상에 대한 우려의 목소리를 냈다. 이 산문에서 수영은 현경의 끝없는 집 고치기를 '선천적인 고질'이라고 표현했는데, 현대 문명의 편리함이 익숙지 않은 수영의 복잡한 심경이 엿보이는 대목이다.

구수동 집 대문 앞. 준과 우.
대문이 보이고 문패는 화가 박일영이 해준 문패이다.
벽은 김현경이 정동에서 실어 온 벽돌로 새로 꾸며져 있는 것이 보인다.

붉은 벽돌집으로 변모한 사연

 아파트와 달리 단독 주택 생활은 손이 많이 가기 마련이다. 정갈하게 살기 위해서는 매년 노력을 기울이고 집 구석구석을 매번 고쳐야 한다. 현경은 일반적인 부잣집 딸과 사뭇 다른 면모를 보였다. 생활력이 강했을 뿐 아니라 집을 꾸미고 새롭게 단장하는 것은 물론 리모델링 수준의 개보수 작업에 빼어난 자질을 발휘했다. 손재주가 뛰어났고 눈썰미가 좋아 어떻게 하면 집 환경을 개선하고 실용적인 공간을 만들 수 있는지를 단번에 파악했다. 게다가 마음먹은 일에 대해서는 '쇠뿔을 단김에 빼는' 추진력이 놀라웠다.

 현경은 대문 기둥을 붉은 벽돌로 쌓아 만들었고 대문은 하얀색으로 장식했다. 거기에 담을 벽돌로 쌓았다. 바깥에서 보면 벽돌 기둥에 하얀 대문, 벽돌 굴뚝이 보였다. 벽돌도 50년이 넘은 것들이었다. 담벼락 중간중간에 희끗희끗한 색상과 어우러져 고풍스러운 느낌마저 들었다. 그 벽돌을 구하게 된 사연도 재밌다. 어느 날 현경이 정동을 지나다가 벽돌을 큰 망태기에 쏟아붓는 장면을 목격했다. 오래된 건물을 뜯었구나 싶었다. 알고 보니 배재고등학교 건물에서 뜯은 벽돌이었다. 인부에게 "이거 버리는 거예요?" 하고 물었다. 버리는 거라는 답변을 듣자마자 "그러면 이거 가져가도 되나요?" 하고 다시 물었더니 "아유, 제발! 좀 가져가세요."라는 소리를 들었다.

 현경은 그 길로 서대문 네거리로 나와 지나가는 트럭을 잡았다. "이거 전부 제가 가져갈게요." 했더니 고맙다는 인사까지 받았다. 참으로 인심도 좋았다. 일꾼들이 나와서 고맙게도 다 실어줬다. 그걸 구수동 집 앞의 공터에 쌓아두었다. 현경은 그 벽돌을 수시로 이용해 집 수리에 활용했다. 비용은 트럭 운반비가 전부였다. 배재고등학교 건물에 있던 그 벽돌은 붉은 바탕에 희끗희끗한 게 눈에 띄었는데 멀리서 보면 그렇게 멋있을 수가 없었다.

 최근의 개성적인 카페 같은 데서 장식하는 것과 유사한데, 현경은 이를 70년이나 빨리 구현한 셈이다. 훗날 현경이 충남 보은에서도 허름한 집을 구입해 리모델링을 한 적이 있다. 물론 모든 공정을 현경 혼자서 마무리했다. 번듯한 양옥집처럼 개조해 두어 채 팔기도 했다. 모두 구수동 집을 수리한 경험에서 체득한 노하우에서 비롯된 일이다.

김수영 문학이 피어오른 구수동 시절

상실감과 트라우마의 고통, 가련한 시인의 주사

  수영의 주사가 보통이 아니었다. 수영의 주사가 가장 심했던 때는 현경과 헤어져 있던 신당동 본가 시절이었다. 수영은 죽음의 땅에서 극적으로 생환한 뒤 부산에서 10개월 남짓 머물다 1953년 늦가을에 가족들과 합류했다. 술을 마시는 날은 예외 없이 짐승처럼 울부짖었다. 수영은 집에 있는 모든 집기들을 집어던졌고 어머니에게조차 욕을 했다.

  수영의 상처를 이해했던 어머니와 동생들은 폭주하는 수영을 원망하지 않고 달래기에 바빴다. 여동생들은 "오빠, 오빠, 오빠!" 하면서 수영의 의치를 담글 냉수를 떠오고 남동생은 새옷을 꺼내왔고 어머니는 "수영아, 왜 그러니?" 하면서 큰아들을 포근히 안았다.

 가족들의 따뜻한 보살핌 덕에 수영은 점차 자신을 다독였다. 하지만 현경의 부재에 따른 상실감과 가공할 폭력에 의한 치명적인 상처는 쉽게 치유될 성질이 아니었다. 현경과의 극적인 재결합 이후 수영의 깊은 마음속 상처는 상당히 치유되기 시작했다. 현경의 노력으로 멋진 집으로 바뀐 마포구 구수동 집은 안락한 보금자리가 되기에 부족함이 없었다. 전원주택 같은 한적하고 평화로운 분위기에서 수영은 현경이 만들어 준 안락한 서재에서 시 창작과 작품 활동에 전념할 수 있게 되었다.

 그렇다고 수영의 주사가 사라진 건 아니었다. 시대를 가로지르는 시인의 운명 앞에 치열한 발걸음을 멈추지 않았던 수영이었기에 이성의 통제가 무너질 때면 그 틈을 헤집고 자유의 광기가 표출되곤 했다. 격동의 세상이 늘 수영을 흔들며 위협했고, 수영은 믿을 수 없을 만큼 정직하게 시대의 전위가 되어 준열하게 부르짖었다. 현경은 수영이 겪었던 고난의 삶을 잘 알고 있었고 그의 상처를 온몸으로 이해했다. 또한 그의 투혼과 정직, 치열한 시를 사랑했다. 무엇보다 운명보다 강한 힘으로 그를 사랑했다. 구수동에서 수영의 주사가 반복되었을 때, 현경은 의연하게 대처했다. 우선 타구(唾口)를 준비했다.

기관지가 약한 수영이 침과 가래를 뱉을 수 있도록 튼튼한 것을 골랐다. 그래서 놋그릇으로 준비했다.

의치를 찾아서 아침부터 술집으로

수영이 부산 거제리 포로수용소에 있을 때 제14야전병원에서 다리 치료를 마친 뒤 제3포로수용소로 이송되었다. 당시 제3포로수용소는 친공포로들 천지였고 반공포로를 대상으로 인민재판을 벌이곤 했다. 그때 수영과 함께 인민재판을 받은 포로들이 거제도 포로수용소로 이송되었다. 당시 거제 포로수용소의 분위기는 살벌했다. 친공포로들이 지리산 빨치산사령부 지령을 받아 폭동을 일으켰고 반공포로가 들어오면 토막 내 분뇨통에 버리는 일이 다반사였다. 매일매일 공포의 시간이었고 언제 죽을지 알 수 없는 극한의 긴장 속에서 숨조차 제대로 쉴 수 없었다. 통역관을 했던 수영 역시 반공포로로 분류되었기에 언제 암살될지 알 수 없었다.

그 지옥을 벗어나 다시 부산 거제리 제14야전병원에 들어가려고 수영이 단식을 단행했다. 살아남기 위한 극한의 투쟁이었다. 다행히 그 승부수가 주효해 제14야전병원으로 돌아갈 수 있었다. 그때 야전병원 병원장이 수영에게 의치를 해주었다. 미국 본국에 주문해 만들어 준 것이다. 수영은 상상할 수 없는 폭행을 당해 이가 하나도 없었다. 위아래 이가 모두 의치였다. 다행히 미국인 병원장이 만들어 준 의치가 상당히 훌륭해 그냥 보면 눈치를 챌 수 없었다. 의치를 끼고 있어도 불편한 점이 많지는 않았지만 잘 때는 꼭 의치를 빼서 컵에다 담그고 잤다. 그래야 아침에 다시 끼었을 때 부드럽게 낄 수 있기 때문이다. 또 컵이 깨지면 안 되니까 알루미늄으로 된 등산용 컵을 사용했다. 수영은 늘 그 의치를 머리맡에 두고 잤다.

그런데 술에 많이 취하면 의치를 빼서 손수건에다 넣어 주머니에 넣는 버릇이 있었다. 술에 취해서 집에 오면 현경은 주머니부터 먼저 뒤졌다. 의치를 꺼내 알루미늄 통 속에다 넣어 주는 게 맨 먼저 하는 일이었다. 하루는 주머니를 뒤지는데 의치가 없었다. 술에 취한 사람에게 채근할 수도 없어 아침까지 기다렸다. 아침에 미음을 끓여서 먹였다. 틀니가 없는 수영은 완전 합죽이였다. 봐 줄 수가 없어 미음을 다 마신 수영에게 "여보! 주머니에 틀니가 없어요."라고 하자 "뭐라고!" 하면서 놀란 표정이 되었다. "당신 어디에 빼서 던진 것 아니에요?" 하니까 대답을 하지 못했다.

당장 의치를 찾아 나섰다. 의치를 뺀 수영의 몰골은 합죽이가 되어 우습지도 않았다. 생명처럼 귀중한 것이 없어졌으니 큰일이 난 것이다. "여보! 어제 어디서 술 먹었어요?" "청진동에서 1차 하고 그다음이 무교동이야. 그리고 마지막이 광화문 뒷골목이야." 세 군데 술집을 차례차례 찾아갔다. 주점은 보통 아침 11시 이후에야 문을 연다. 9시, 10시에는 문을 여는 곳이 없었다. 그럼에도 현경은 염치불문하고 문을 두드렸다. 계속 두드리니 종업원이 화를 내며 나왔다. 오만상을 찌푸린 얼굴에서 '아침부터 재수 없이 여자가⋯.' 하는 기색이 역력했다. 의치를 봤냐고 물었지만 의치가 뭔지도 모르는 눈치였다. 그렇게 첫째 집은 실패였다.

 두 번째 집도 실패였다. 걱정이 태산이었다. 의치가 없을 경우를 계산해야 했다. 우선 돈을 마련해야 하고 치과도 찾아야 했다. 1950년대에 의치를 할 수 있는 치과가 드물 뿐 아니라 상당히 비쌌다. 그런 걱정을 하면서 세 번째 술집 문을 두들겼다. 현경이 술집에 들어가고 수영은 누가 보는가 싶어 술집 맞은편 구석에서 쭈그리고 앉아 있었다. 세 번째 술집에 들어가니까 종업원이 물을 뿌리면서 빗질을 하고 있었다. 현경이 물었다. "의치를 술 먹으면서 빼서 테이블 위에 놓았는지 술통에다 넣었는지 좀 알아봐 주실래요?" 그러자 그 종업원이 "어제 술통을 옮기는데 딸그락딸그락하는 소리가 나서 속에 손을 넣어서 빼보니 사람 이빨이 나와서 얼마나 놀랐는지 몰라요. 그냥 팽개쳤어요." "그래 어떻게 했어요?" "저기다 올려놓았어요." 하면서 손가락 가리키는 데를 보니까 과연 의치가 있었다. 얼마나 고마웠던지 현경은 그 종업원에게 절을 수십 번을 했다. 그 의치를 깨끗이 닦아서 수영에게 주었더니 수영의 얼굴이 다시 멀쩡해졌다. 수영의 표현이 가관이었다. 이제 살았다는 듯 환한 표정이 되었다. 위아래 함께 있는 의치였는데 너무 멋있고 이뻐서 아무도 의치라는 것을 모를 정도였다. 그만큼 미제 의치가 뛰어났다.

술에 취한 시인에 대처하는 노하우

술에 취한 수영에 대처하는 현경의 대응법을 살펴보자. 현경은 재떨이도 놋그릇 아니면 나무로 된 것으로 구했다. 수영에게 가장 중요한 의치 담가 놓는 그릇은 최우선적으로 특별히 챙겼다. 미제 스테인리스 제품으로 바꾸었다. 무조건 다 던져도 되는 것으로 바꾼 것이다. 미닫이문도 합판으로 바꾸어 버렸다. 종이 창살은 물건을 하도 던져서 견디지 못했기 때문이다. 합판으로 바꾸자 문이 무거워졌다. 여닫기가 쉽지 않아 수영이 부르면 빨리 열기 위해 문을 다 닫지 않고 조금 열어놓곤 했다. 그런데 문을 꼭 안 닫는다며 아내의 성격이 루즈하다는 내용의 산문을 지면에 발표하기도 했다. 이 시기에 대해 현경의 얘기를 들어보자.

나름 다 이유가 있는데도 수영은 제 흉을 많이 봤어요, 호호. 있는 그대로 숨김없이 내뱉는 수영이 산문을 발표할 때마다 제 잘못이라고 얘기하곤 했어요. 그렇다고 딱히 서운하지는 않았어요. 주사가 심할 때도 많았지만 늘 다정하게 대해주었 거든요. 술 안 먹고 집에서만 있으면 세상에 둘도 없이 재미있는 남편이었어요. 술 안 먹고 집에서 한 달가량 번역만 할 때가 있었어요. 그때가 가장 행복했어요. 재미있고 달콤하고 말을 참 많이 했어요. 달콤해도 보통 달콤한 게 아니었어요. 주정이 30대에 심했고 40대가 돼서는 점점 줄어들었어요. 정말 좋을 만하니까 가버렸어요. 너무 아쉬워요. 1990년대 여행자유화가 되었을 때 세계 곳곳을 여행한 적이 있어요. 비행기를 탈 때마다 수영 생각을 했어요. 간절하게 느꼈어요. 해외여행을 한 번도 가보지 못하고 서울 시내에서만 쳇바퀴 돌다가 먼저 떠난 수영 생각에 눈물이 절로 났어요. 고생만 많이 한 가련한 시인이잖아요.

수영은 꼼꼼한 성격이었다. 강연을 요청받으면 대충 준비하는 경우가 없었다. 사소한 것 하나 그냥 넘어가지 않고 꼼꼼하게 준비할 뿐 아니라 예행 연습에도 완벽을 추구할 만큼 치밀했다. 반면 원고료를 받으러 가는 것을 극도로 싫어했다. 원고료 받으러 가는 것에 모멸감을 느꼈고 자존심을 구긴다고 여겼다. 그래서 출판사 등으로부터 청탁을 받으면 날짜를 정해 원고료를 현찰로 가지고 오라고 했다. 그러면 어떤 기자는 구수동 집까지 돈 봉투를 가지고 와서 수영의 작품을 받아 갔다.

그렇지 않을 경우에는 현경이 대신 받아 왔다. 수영이 직접 원고료를 받으러 가는 것을 극도로 싫어한 데에는 분명한 이유가 있다.

작품 하나 퇴고할 때마다 "난산이다!"

포로수용소에서 간신히 풀려나 창작 활동을 재개했을 때 원고료를 제때 주는 데가 거의 없었다. 해서 그걸 받기 위해 몇 번씩 신문사를 찾아 원고료를 독촉하는 게 죽기보다 싫었던 것이다. 원고료를 받기 위해 실랑이를 벌이는 자체가 수영에게 있어 표현하기 힘들 정도의 커다란 모욕이었다. 구수동에 정착한 이후에는 돈과 관련된 모든 일을 현경에게 맡겼다. 원고료 받는 것 못지않게 수영의 자존감을 자극한 것은 형편없는 원고료였다. 심혈을 기울여 쓴 자신의 시가 너무 값어치 없게 재단되는 현실에 한숨이 나올 수밖에.

하루는 현경이 수영에게 말했다. "시 원고료를 좀 올려야 되지 않겠어요?" 그러자 수영이 곧바로 맞장구를 쳤다. "그래. 시 원고료를 더 올리는 것으로 하자." 그 이후 청탁하러 오는 기자한테 원고료를 올려 달라고 말했다. 당장 수영의 원고를 받는 게 급했던 모양인지 신문사 기자가 "좋습니다! 그럼 다른 사람보다 만 원 더 올려드리겠습니다. 대신 선생님한테만 특별히 그렇게 하는 것이니 다른 사람한테는 절대로 말하면 안 됩니다."라고 요청했다. 하지만 수영은 긍정적인 답변을 하지 않았다. "내가 일부러 떠들진 않겠지만, 누가 물어보면 속일 순 없어."

현경의 노력으로 평화로운 안식처가 된 구수동 집은 수영의 작품 활동에 커다란 힘이 되었다. 게다가 현경은 수영의 문학 동반자 역할을 훌륭하게 수행했다. 구수동 시절에 발표한 시는 김수영 문학의 정화라 할 수 있다. 다시 말하면 이 시기가 김수영 문학 세계가 정점으로 치달을 때다. 그 과정에 현경의 지원과 애정이 고스란히 녹아 있다. 현경은 수영의 모든 작품의 첫 독자였을 뿐 아니라 작품 하나하나를 정서해 세상에 알린 장본인이다.

시가 완성되면 현경이 수영 옆에 앉았다. 그럴 때는 책상 위에 이미 원고지와 잉크가 준비되어 있는 상태다. 수영은 잉크 빛깔부터 신경을 쓰는 사람이었다. 수영이 읽으면 현경이 그걸 원고지에 옮겼다. 행의 위치와 띄어쓰기가 완벽해야 했다. 수영은 현경에게 두 개의 정서를 주문했다. 하나는 신문사나 잡지사에 보냈고 나머지 하나는 보관용이었다. 시 청탁이 가장 많았던 매체는 사상계였고 그다음이 동아일보였다. 현대문학도 많이 준 편이지만 보수적 성향이 강한 매체라 선호하지 않았다. 다만 누이 수명이 근무하던 곳이라 청탁에 응하곤 했다.

1960년대 접어들면서 문단에서 가장 뜨거운 인물이 수영이었던 만큼 잡지 목록에 수영의 시가 실리면 대개 10% 이상 더 팔렸다. 때문에 각 매체마다 수영의 시를 원했고 그 경쟁이 치열했다. 사상계를 위시해 주요 매체의 청탁이 끊임없이 쇄도했다. 거기에 번역도 만만치 않았다. 수영은 세상을 뜨기 전까지 번역을 멈춘 적이 없다. 번역 청탁이 1년 치 넘게 밀려 있을 정도였다. 그렇게 수영은 쉴 새가 없었다. 시 한 편 쓰는 일이 오죽 어려우면 스스로도 작품 하나 퇴고할 때마다 "난산이다!" 하며 탄식하곤 했다. 수영의 고뇌하는 모습을 현경이 잊을 리 없다.

남편 수영은 모든 작품에 사력을 다했어요. 쉽게 쓴 시가 없어요. 시 한 편 쓰는 데 고민을 정말 많이 했어요. 작품이 완전 새로워야 하고 자신을 극복해야 한다는 강박이 강했어요. 서정시 같은 경우 다들 비슷한 감각으로 그냥 말만 바꾸어서 쓰는데, 수영은 그걸 용납하지 않았어요. 정말 수영의 정서와 치열함은 보통 사람이 도저히 쫓아갈 수 없을 정도로 저 멀리 있었어요. 수영의 문학정신은 절대 자유이고 절대 사랑이며 절대 자연이라고 할까요. 지금 읽어도 시대에 뒤떨어지거나 이런 것이 전혀 없잖아요. 그리고 시를 대하는 태도가 보통 정직한 게 아니었어요. 자신의 치부나 오입 이야기, 이런 얘기도 숨기지 않고 얘기했어요. 금방은 이야기 안 하다가도 제가 어떤 냄새를 맡고서 물어보면 얘기를 해요. 그렇다고 수영이 여자한테 빠지냐 하면 그렇지는 않았어요. 사실 수영을 좋아한 여자가 많았어요. 하지만 사랑한 여인은 오직 저뿐이었어요.

10년간 양계를 하면서
얻은 것들

10마리부터 시작한 양계가 어느덧 700마리까지

구수동으로 이사한 다음해인 1956년 3월 초순부터 병아리를 키우기 시작했다. 현경은 미리 일본 책을 보며 열심히 공부를 했다. 그때 우리나라에 양계 방법을 다룬 책이 없었고 일본 책에는 세세하게 다룬 게 있었다. 각 시기별 사료 주는 방법과 관리법 등이 잘 나와 있어 거의 외우다시피 하며 탐독했다. 병아리 10마리부터 출발했다. 정확히 얘기하자면, 병아리 살 때 덤으로 1마리를 더 받아 11마리였다. 처음에는 레이션 박스에 넣어 안방 아랫목에 놓아 키웠다. 둘이 교대로 들여다보면서 관찰했다. 병아리가 차츰 커졌을 때는 건넌방 모퉁이를 박스로 막고 20일 남짓 키웠다. 병아리들이 조금 더 발육하자 상자 속에서 키울 수가 없어 아예 닭장을 만들었다.

  마포종점 부근에 목재상들이 많았다. 목재상에서 제대로 된 판자를 구입하려 했다. 그런데 닭장 짓는 데 넓은 판자까지는 필요 없을 것 같아 자투리만 구입했다. 자투리는 땔감으로 파는 거라서 거저 얻다시피 했다. 그리고 망도 샀다. 현경이 붙잡고 수영이 망을 쳤다. 횃대도 만들고 지붕은 양철로 덮었다. 마당 동쪽이 산인데, 산 밑에다 조그마한 크기로 만들었다. 정성을 다해 키우자 9월 20일 즈음에 마침내 알을 낳았다. 어떤 날은 9마리가 동시에 알을 낳았다. 하루에 8~9씩 낳아 일주일만 지나면 함지박이 가득해졌다. 알을 못 낳는 수탉 2마리는 필요가 없어졌다. 시어머니에게 왜무를 리어커에 가득 실어 보낼 때 쌀 포대를 덮고 그 위에 수탉 두 마리를 묶어서 같이 보냈다. 새까만 수탉이었다.

  그러던 어느 날 현경이 콩나물도 사고 두부도 사던 구멍가게 주인이 함지박에 있던 계란을 보고서는 자신이 팔겠다고 했다. 그 가게를 통해 판매까지 하게 되었는데, 계란이 굵고 껍데기도 튼튼하니까 제법 잘 팔렸다. 알이 굵고 껍질이 단단해지기 위해서는 굴 껍질과 부식토를 잘 먹여야 했다. 산에 올라가면 나무 이파리 밑의 부식토를 긁어 닭에게 먹이는 것을 소홀히 하지 않았던 게 효과가 있었다. 그다음 해에는 100마리로 늘렸다. 너무 재미있고 보람도 있어 제대로 해보자는 심정이었다. 봄부터 시작하는 게 좋다 해서 순종으로 100마리 샀다. 이번에는 시장이 아니라 부화장에 직접 방문해 주문했다.

100마리로 크게 늘어나자 일이 많아지고 힘들어졌다. 도울 손이 필요했다. 수소문한 끝에 담양에서 만용이를 데리고 왔다. 학교 갈 나이인 만용이를 일만 시키면 안 될 것 같아 동도중학교 1학년에 진학시켰다. 나중에는 국민대 야간까지 보냈다. 100마리 다음에는 350마리, 그 다음에는 500마리로 확대되었다. 최대 700마리까지 키웠다. 구수동 집 땅이 좁아서 층층으로 닭장을 만들었다. 제일 위 지붕은 양철로 씌우고 그 위에 박넝쿨을 올렸다. 그때 수확했던 박을 아직 여러 개 가지고 있다. 박에 글씨를 쓴다든지 그림을 그려 동생들에게 선물했는데, 상당히 운치가 있었다.

지극한 정성은 끝이 없다

수영은 집에서 양계를 할 때 나름 현경을 돕기 위해 분투했다. 잠을 설치며 병아리를 돌보는 게 쉬운 일이 아니었지만 처음 해보는 육체노동의 즐거움과 보람도 느낄 수 있었다. 훗날 수영은 산문 〈양계 변명〉에서 "내가 양계를 시작한 지 2년인가 3년 후에 노모에게 천 마리를 길러 드린 일이 있습니다. 생전 효도라고는 해본 적이 없는 자책지심에서 효자의 흉내라

양계 일을 돕기 위해 담양에서 올라온 만용이의 대학 졸업식 사진.
왼쪽부터 현경, 수환, 시어머니, 수영, 장남 준, 만용.

양계 지붕에 올렸던 박들.
60년이 된 박들을 지금도 김현경이 소장하고 있다. (2024년 촬영)

도 내고 싶었습니다."라고 술회한 적이 있다. 그러면서 도봉동 본가에서 어머니와 함께 20일 동안 눈코 뜰 새 없이 격전을 치르듯 병아리를 키웠다고 밝혔다. 이에 대한 현경의 생각은 살짝 다르다.

수영도 일하긴 했지만 대부분 저의 일이었지요. 부화장에서 천 마리를 사서 한 50일 키워서 도봉동에 닭장에 넣어서 가지고 갔지요. 병아리는 초기 25일이 가장 힘이 들어요. 2주 동안은 거의 밤잠을 못 자고 지켜야 했어요. 밤에 열을 너무 받아도 안 되고 너무 추워도 안 되거든요. 너무 추우면 다 모여들어 압사가 발생해요. 그래서 온도 조절을 잘해야 하는데 구공탄으로 그걸 했어요. 임신 중에도 쉬지 않았어요. 1958년에 둘째 우를 낳았는데, 둘째가 갓난아기 때 그 녀석을 업고 병아리를 돌보았어요. 둘째가 말문이 트였을 때는 등 뒤에서 "야!" 하고 외치곤 했어요. 그러면 병아리 이놈들이 놀래 난리가 나곤 했어요. 양계를 수영도 같이 했지요. 하지만 수영은 또 술도 먹어야 하잖아요. 그러니까 양계는 전적으로 저의 책임이지요. 호호호.

추측해 보자면, 현경의 말대로 평생 펜대만 만졌던 수영이 그 험한 일을 잘했을 거라고는 상상이 안 된다. 다만 수영에게 있어 양계는 육체노동을 통해 마음의 평화를 얻는 데 큰 힘이 되었다. 직접 노동을 통해 땀을 흘리고 평생 자신을 감싸주었던 어머니와 함께 한때의 시간을 보낼 수 있었던 것은 수영에게 적지 않은 위안을 주었다. 실제로 수영은 힘든 노동 과정에서 곧잘 신경질을 냈던 자신과 달리 싫은 내색을 단 한 차례도 보이지 않았던 어머니 모습을 보면서 "새삼 어머니의 강인함을 느꼈다."라고 고백한 바 있다.

수영은 〈반시론〉에서 "언제 어머니의 손만 한 문학을 하고 있을는지 아득하다."라고 얘기한 적이 있는데, 자신이 도달하고픈 문학의 궁극 목표를 '지극한 정성은 끝이 없다.'는 의미의 지성무식(至誠無息)에 두었을지도 모를 일이다. 현경이 얘기한 것처럼 40대의 수영은 확실히 주사가 누그러졌고 일상의 루틴이 안정되었다.

양계를 통한 노동, 한강이 바로 옆에서 흐르는 시골 같은 구수동의 한적한 분위기, 매일 수영을 챙기는 현경의 헌신적인 내조와 사랑, 건강하게 자라는 두 아들이 주는 가족의 포근함 등이 수영의 마음에 평화를 가져다 주었음은 어렵지 않게 짐작할 수 있다. 이에 따라 전쟁의 악몽이 엄습하는 밤과 그 트라우마에서 조금씩 벗어날 수 있었을 것으로 보인다. 그 바탕에서 수영의 문학이 만개했던 게 아닐까.

사료 가격이 올라 10년 만에 양계 중단

현경은 양계를 하면서 새로운 사실을 알게 되었다. 닭똥이 포도밭 비료로 최상이라는 것을. 다만 조건이 있었다. 깨끗한 닭똥이어야 한다는 거였다. 닭똥을 깨끗이 모으기 위해선 닭장 바닥이 단단해야 했다. 푸석푸석하면 좋은 닭똥을 구할 수 없었다. 현경은 심혈을 기울여서 연구했다. 닭이 밤이 되면 홰에 올라가는 것에 착안했다. 그래서 홰 밑에 장판 같은 것을 깔아놓고 똥을 따로 받았다. 나중에는 장판 대신 베니어 합판을 대체해 살뜰하게 받아냈다. 또 닭똥을 바깥에다 두면 비에 젖는 것을 대비해야 했다. 가장자리를 블록으로 쌓고 안에는 시멘트로 발랐다. 그런데 수평으로 하면 안 될 것 같아 물이 빠질 수 있게 비스듬히 배치하고 비에 안 맞게 텐트로 덮었다.

결과는 대성공이었다. 현경은 정말 타고난 일꾼이었다. 안양에 있는 어떤 할아버지가 현경의 단골이 되었다. 그 할아버지가 현경에게 닭똥을 정말 깨끗하게 잘 말린다고 칭찬하면서 닭똥을 모두 사갔다. 닭똥이 그렇게 돈이 나가는 줄 몰랐다. 양계 수입에 닭똥이 한몫을 거뜬히 했다. 안양에서 포도밭을 운영하는 할아버지는 다른 사람한테 절대로 주지 말고 자기한테만 줘야 한다고 신신당부했을 정도였다.

현경이 최대로 많이 한 양계는 700마리였다. 그때는 1대잡종의 병아리를 골랐는데, 털이 브라운으로 알록달록했고 알이 굵었다. 하지만 1960년대 중반부터 사료 가격이 오르면서 암운이 끼었다. 수지가 맞지 않았던 것이다. 사람은 굶어도 닭을 굶길 수는 없었다. 사료 비용이 상승하면서 적자가 나기 시작했다. 1965년까지 10년을 했지만 적자는 견딜 수 없었다. 도저히 안 되겠다고 생각해 결단을 내렸다. 현경은 수영에게 양계를 그만두어야 한다며 말했다. "닭을 10년 동안 키웠는데 남는 게 뭐가 있어요? 사람을 10년 공부를 시키면 뭐가 남는 게 있는데, 닭은 10년 동안 키웠지만 이제 적자밖에 없어요." 그 말에 수영도 수긍했고, 현경은 다음날 업자를 불러 모두 팔아버렸다. 이와 함께 양계를 계속하고 있던 도봉동 본가에 만용이를 보냈다.

햇살처럼 따뜻한 봄날의 일상

양계를 하기 전에 현경이 먼저 한 것은 농사였다. 이사와 함께 곧바로 집 주변 텃밭에서 무엇을 할 수 있는지를 고심하다 선택한 게 무 농사였다. 다꾸앙(단무지) 만드는 무를 왜무라고 했는데, 처음부터 기대 이상의 결실을 맺었다. 왜무가 잘 자랐을 뿐 아니라 실한 무가 풍성하게 수확되었다. 한 고랑을 심었는데 구수동 식구가 먹기에는 너무 많아 상당량을 시댁 본가에 보낼 수 있었다. 당시 시동생들이 힘이 좋을 때라 성북동에서 리어커를 끌고 구수동까지 와서 현경이 키운 왜무를 가득 실었다. 그때 구수동에서 키운 수탉 2마리도 얹어 주었다.

현경이 시댁 본가에 등나무를 보낸 적도 있다. 어느 봄날에 묘목을 지게에 진 장사치가 "묘목 사시오." 하면서 돌아다녔다. 현경이 그 묘목 장수에게서 등나무를 두 그루 샀다. 한 그루는 구수동 마당에 심고 나머지 한 그루는 도봉동으로 보냈다. 그때는 시댁 본가가 성북동에서 도봉동으로 이사를 한 후였다. 1957년에 이사를 했는데, 자리를 잡은 시댁 본가 역시 구수동 집처럼 전원 같은 곳이었다.

도봉동으로 간 등나무는 놀라울 정도로 잘 자랐다. 몇 해 지나지 않아 보라색 등꽃이 예쁘게 피었고 향도 기가 막혔다. 반면 구수동 마당에 심은 등나무는 꽃이 안 피는 종자였던 모양이다. 수영의 서재 앞에 등나무가 올라가 그늘이 지도록 예쁘게 설치했는데 기대와는 달리 꽃이 피지 않아 속상해했다. 하지만 도봉동의 등나무를 가끔씩 볼 때마다 아쉬움을 달랠 수 있었다. 꽃도 잘 피고 토담집 위를 휘감은 등나무 잎사귀들이 만들어 낸 그늘이 그냥 그렇게 좋을 수 없었다. 현경에게 있어 가장 정답고 햇살처럼 따뜻한 봄날의 일상이었다.

현경으로 하여금 구수동과 도봉동을 잇는 아련한 추억을 떠올리는 게 하나 더 있다. 복실이라는 강아지다. 구수동 집이 외딴집이라 쓸쓸할 것 같아 수영과 막역한 사이인 시인 유정이 선물한 개였다. 그 강아지를 구수동 집에서 길렀는데 한

5~6년 지나자 덩치가 큰 개가 되었다. 그러다가 구수동 집에서 양계장을 그만두고 보니 그 개를 키우기가 어려워졌다. 그래서 현경이 도봉동으로 보냈다. 도봉동 시어머니는 그 개를 정성껏 키웠다. 복실이 역시 시어머니를 그렇게 잘 따를 수가 없었는데 시간이 지나면서 눈곱이 잔뜩 끼면서 늙어 갔다. 개는 보통 13살에서 15살밖에 살지 못하는데, 복실이의 경우 10살을 넘기면서 자주 아팠다. 시어머니가 인정이 많아 복실이를 무척 아꼈지만 결국 오래 살지 못하고 죽고 말았다. 시어머니는 복실이를 도봉동 집 선산 귀퉁이에 곱게 묻어 줬다.

구수동을 떠올리는
일상의 조각들

원고료 전부를 하루저녁에 탕진한 시인

현경과 수영이 구수동에서 함께 살았던 시간은 대략 13년 간이다. 이 기간 동안 집을 근사하게 꾸미고 양계를 하는 등 생활 자체가 안정되었지만, 그렇다고 경제적으로 여유가 있지는 않았다. 수영은 평생 번역 일을 놓은 적이 없다. 생활비나 용돈을 벌기 위한 수단이긴 했지만, 수영의 영어 실력이 출중하고 번역 자체의 퀄리티가 상당했기에 많은 매체에서 수영을 원했다. 수영이 번역 일을 했던 곳 중에서 《희망》이라는 잡지가 있다. 수영이 그 잡지에 제2차대전 비하인드 스토리 등을 번역해 여러 차례 산문 형식으로 실은 적이 있다. 당시 미국의 애틀랜틱, 파라스 등의 잡지에 전쟁과 스파이 관련한 흥미로운 이야기들이 많이 실려 있었는데, 이런 것들을 찾아 번역해 게재하면 꽤 반응이 좋았다.

수영은 이런 식의 번역 작업을 통해서도 가끔씩 용돈을 벌었는데, 한번은 잡지 《희망》에서 뜻밖의 제안을 했다. "김 선생! 에로소설 하나 써 오면 바로 현찰로 드릴게요." 이 일을 귀가해 현경에게 알렸다. "여보! 그런 것 쓰면 현찰로 바로 준다는 데 쓸 수 있겠어?" 이에 현경이 "가져와 보세요. 제가 써 줄게요."라고 선뜻 나섰다. 현찰이라는 말에 현경이 흔쾌히 반응했지만 생각해 보니 여간 난감한 게 아니었다. 동서양 명작이나 소설류는 많이 읽었지만 에로물 따위는 전혀 접한 적이 없었다.

이미 하겠다고 약속했기에 방법을 찾아야 했다. 현경은 소공동 한국은행 옆 상업은행 뒷골목을 뒤졌다. 그곳 외국 잡지 파는 곳에 일본 잡지들이 많이 있었다. 현경은 여러 일본 잡지들을 이것저것 뒤적이면서 에로소설 창작에 도움이 될 만한 것들을 찾았다. 그리고 거기서 살핀 여러 스토리들을 떠올리며 광화문에서 집으로 오는 버스 안에서 대략의 스토리를 짰다. 그러고선 집에 돌아와 사나흘 만에 한 편의 소설을 완성했다.

80매 정도의 짧은 소설을 수영에게 전달했다. 그리고 소설을 전하면 바로 현찰을 받는다는 생각에 시장 쇼핑 리스트를 1, 2, 3, 4로 나누어 적은 메모지도 함께 건넸다. 원고지 80매가 든 큰 봉투를 챙긴 수영은 원고료 일부를 떼어 술 한잔할 생각이었던지 기분 좋게 원고 봉투와 메모지를 받아 나갔다. 그런데 밤이 되어도 수영이 돌아오지 않았다. 구수동 집은 길가에서 한 50m 정도 떨어져 있었는데, 밖을 서성거려도 지나가는 사람이 아무도 없었다. 통금 시간이 다 되었을 때에야 멀리서 인기척이 났다. 수영이었다. 수영은 완전히 취한 상태로 고래고래 고함을 질렀다. "뭐 같은 년! 나쁜 년! 세상에 더러운 년! 내가 이런 더러운 년하고 살았단 말이야! 야, 이년아! 어떻게 해서 그런 망측한 생각을 했느냐 말이야!"

수영의 주정을 들으며 한숨이 절로 나왔다. '아이고! 그 돈을 술로 다 날려 먹었구나!' 나중에 수영에게서 들은 자초지종은 이렇다. 수영이 원고를 전하기 위해 잡지사에 도착하자 잡지사 직원이 돈을 가지러 2층으로 올라간 사이에 현경의 에로 소설을 읽었다. 너무 망측한 내용이라 도저히 잡지사에 전할 수 없겠다는 생각이 들어 난로에 넣으려 했다. 그런데 그 찰나 직원이 돈 봉투를 들고 내려와 하는 수 없이 엉거주춤 돈을 받고서는 두말하지 않고 원고를 주고는 잡지사를 빠져나왔다. 수영은 그 길로 명동에 가서 원고료를 모두 탕진했다. 젊은 문인들에게 오랜만에 술을 사주며 기분을 다 내버린 것이다.

이유가 어떻든 현경은 화가 났다. 고생해서 완성한 원고로 살림에 보탤 생각을 하고 있었는데 술 먹고 돈을 탕진해 놓고서 멋쩍으니 싸움을 걸고 어깃장을 놓는 게 괘씸했다. 더군다나 입에 담기도 민망한 쌍욕을 퍼붓는 걸 들으면서 부아가 치밀었다. 현경은 속으로 이를 갈았다. '아, 저 웬수! 저런 사람하고 살기에는 너무 억울해. 내일 아침에 당장 이혼해야지.' 그래도 수영의 옷을 벗기고 옷걸이에 걸었다. 의치를 물에다 담가 놓고 이것저것 하다 보니 어느새 수영은 쓰러져 곯아떨어져 있었다. 수영의 서재 문을 닫고 나와 안방에 앉으니 분하고 억울한 마음이 진정되지 않았다. '아니 내가 저런 사람하고 같이 살아서 무슨 덕이 있을까? 내일 아침에는 이혼을 해야지.'

이혼하겠다고 결심한 아침의 반전

그때 현경과 수영은 각방을 쓰고 있었다. 서로 책을 많이 읽었던 터라 수영은 서재에서 자고 현경은 안방에서 따로 잤다. 현경은 안방에 들어와서 잠을 청했지만 분한 마음에 좀처럼 잠을 이루지 못했다. 어느새 새벽이 되었는지 쿵쿵 소리가 났다. 술 먹은 다음날 새벽이면 현경은 언제나 좁쌀로 쑨 미음을 준비했다. 할 것은 다 하고 나가야겠다는 생각에 미음을 만들어서 쟁반에 들고 들어갔다. 쟁반째 그냥 던져주고 나오려 했는데 수영이 벌떡 일어났다. 그러면서 바로 나가려는 현경을 붙잡았다. "여보! 잠깐 앉아 봐!"

앉아 보라는 그 말에 현경은 엉겁결에 수영 옆에 앉았다. 그러자 수영이 나지막한 목소리로 얘기했다. "어제 내가 그 원고를 보고 너무 망측해서 난로에 넣으려 했어. 어쩌다 보니 얼떨결에 원고료를 받았는데 너무 속이 상해 그만 출판사 가까운 데서 한잔 먹었어. 그리고 무교동에서 먹고 또 광화문 뒷골목에 가서 한잔 더하다 보니 그만 원고료를 다 날리고 들어왔어. 그런데 우리가 그런 소설까지 쓰고 밥을 먹어야 하나 그런 생각이 들었어. 그건 아니다. 이제 서푼짜리 전쟁 비하인드 스토리 이런 거 이제 안 쓰려고 한다. 정말 미안하다. 우리 그런 것 쓰면서 밥 먹지는 말자."

현경은 수영의 진지하고도 솔직한 얘기를 들으면서 마음이 많이 풀어졌다. 전날 밤에는 도저히 참을 수 없을 것 같았는데, 얘기를 찬찬히 듣다 보니 수영의 고충도 짐작이 갔다. 속된 욕망을 위해 엉터리 글을 파는 행위를 경멸하는 수영의 자책감을 현경이 모르지 않았다. "시는 온몸으로 바로 온몸을 밀고 나가는 것이다. 그것은 그림자를 의식하지 않는다. 그림자에조차 의지하지 않는다."라고 강변했던 수영의 문학관을 누구보다도 잘 이해했던 현경이었다. 순간 '안주'를 거부하고 '살아 있는 정신'으로 나아가는 수영의 지조를 꺾어서는 안 된다는 생각이 들었다. 그리고 너무나도 진솔하게 사과하는 수영에게 고마웠다. 대답 대신 수영의 무릎 위로 살짝 앉았다. 그러자 수영이 현경을 꼭 안아주었다.

상쾌했던 한강 한가운데에서의 빨래

현경은 구수동에서 수영과 나누었던 기억을 아름답게 추억한다. 그 기억의 조각들이 선연한 빛깔로 되살아날 때면 슬며시 미소 지으며 시간을 거슬러 유영하곤 한다. 빨래 이야기도 그중 하나다. 구수동 시절의 빨래는 일상에서 제법 큰일이었다. 한강에서 배를 타고 들어가 빨래를 했기 때문이다. 서강 주변의 한강 물은 탁해서 빨래를 할 수가 없었다. 그래서 한강빨래터로 가는 커다란 배를 띄웠다. 사실은 배 자체가 한강빨래터였다. 한강 중앙 쪽으로 조금 들어가서 빨래를 했는데 흐르는 강물에 헹구는 식이었다. 또 배 안에 빨래를 삶는 시설이 되어 있었다.

깨끗한 물이 흐르는 강 중앙에서의 노동은 고되지 않았고 가슴이 탁 트이는 느낌이 들 만큼 상쾌한 기분이 들었다. 그때만 해도 한강 본류 물은 상당히 맑았다. 한강빨래터 배가 대략 5평 정도 되었던 것 같다. 그 배 안에 옷을 말리는 줄도 있었다. 커다란 드럼통에 빨래를 삶았는데, 빨래를 묶어 5원이나 10원을 지급했다. 현경은 아이를 키울 때 기저귀를 꼭 삶았다. 빨래를 마치고 저녁에 돌아올 때는 말린 상태로 개어 가지고 왔다. 그러면 나루터에 수영이 나와서 그것을 넘겨받아 집까지 걸어왔다. 현경은 해가 지는 한강을 배경으로 햇볕 가득 담은 빨래를 안고 걸어가는 수영의 모습이 지금도 아련히 떠오른다고 한다.

  수영은 현경을 따라 시장 나들이하는 것을 무척 좋아했다. 그런데 수영은 시장에서 보신탕을 꼭 먹어야 했다. 그렇지만 현경은 보신탕을 안 좋아했다. 큰시누이 수명이 구수동 집에 왔을 때 시장에 같이 간 적이 있다. 그런데 수영이 보신탕을 고집해서 나누어 식사를 해야 했다. 현경과 수명이 중국집에서 자장면을 먹고 나온 뒤 시장 입구 전봇대 근처에서 수영을 기다려야 했다. 현경과 수명은 보신탕을 피했지만 여자 문인들 중에서 보신탕을 좋아하는 이들도 있었다. 현경이 직접 목격한 이로 모윤숙을 꼽을 수 있고 구수동 동네에 살았던 시인 조혜식도 그러했다.

  수영은 문인들과 어울려 오입을 한 얘기도 현경에게 한 적이 있다. 곧바로 이야기는 안 했지만 현경이 눈치를 채고 물으면 며칠 지나 털어놓았다. 수영의 얘기는 묘하면서도 우스꽝스럽다. "며칠 전에 있잖아. 내가 새벽에 들어온 날 있잖아. 그날은 조선일보에서 한턱을 낸 날이야. 인기 작가들을 6명 불러서 다 한잔씩들 했지. 그런데 호텔 키를 든 아가씨들이 6명 나오더라고. 제일 신난 사람이 조병화야. '나 저 여자 마음에 든다.'면서 제일 먼저 호텔로 가더라고. 그다음에 차례차례로 나가고 나서 나는 제일 마지막 아가씨를 고를 수밖에 없었지. 그런데 너무 말랐어. 말라도 그렇게 마를 수가 없어. 비스켓 같아 가지고 말이야. 세상에 그렇게 맛없는 섹스를 한 것은 처음이야. 어디 마음대로 만질 수가 있어야지."

현경은 '비스켓 같다'는 표현이 재미있어 깔깔깔 웃었다. 현경은 그런 이야기를 들어도 난리를 치지 않았다. 이런 문제에 대해서 현경은 상당히 개방적인 태도를 보였다. 아무렇지 않다고 여겼는데, 그건 현경의 가치관이 일반적 여성의 기준과 달랐기 때문이다.

현경은 남자가 외도를 할 수 있다고 보았으며 그 생각을 쿨하게 밝힐 정도로 대범했다. 한편으로는 수영에 대한 자신감이기도 했다. 현경은 일시적인 성적 욕구는 시시한 것으로 여겼고, 수영이 자신을 진정으로 사랑하는 것을 굳게 믿었다. 현경은 또 수영 옆에 자신이 아니면 안 된다는 것을 잘 알고 있었고 이에 대한 자신감이 있었다. 수영은 누군가의 식사 초대를 받으면 반드시 현경을 데리고 갔다. 그럴 때면 현경은 제대로 차려입고 나가 수영을 도왔다. 수영은 "너가 최고다."라는 말을 안 했지만 "나는 현경이 없으면 안 되는 남자다."라고 표현했다.

술을 마시더라도 위선적인 사람은 싫다

수영은 〈오 대니 보이〉를 원어로 잘 불렀다. 평소 수영은 가끔 술 먹고 기분 좋으면 〈이수일과 심순애〉 연극 대사를 읊기는 하지만 노래는 좀처럼 부르지 않았다. 하지만 술에 취해 기분이 최고조에 오르면 가끔 〈오 대니 보이〉를 불렀다. 부산 문학 세미나에서 '시여 침을 뱉어라'를 발표한 펜 대회를 마치고 그날 제막식을 한 유치환 시비를 보기 위해 경주로 가는 여정에서의 일이다. 경주로 가는 차 안에서 기분이 좋았던 수영이 〈오 대니 보이〉를 멋지게 불렀다. 그리고 열화와 같은 앵콜 요청에 다른 노래를 하나 더 불렀다. 그 노래를 현경도 부르곤 했었는데 오랜 시간이 지난 지금에는 그 제목이 기억나지 않는다 한다. 문제는 수영의 노래를 처음 들었던 모윤숙이 수영에게 홀딱 반한 것이다. 이후 기회만 있으면 전화를 해서 수영과 만날 수 없는지를 묻곤 했다.

그때 구수동 집에 전축이 있어서 현경은 자주 클래식을 들었다. 어느 독일 성악가가 부른 슈베르트의 〈겨울나그네〉가 LP로 나온 게 있었다. 양계장 하면서 한가한 낮이면 현경은 음악감상을 즐겼다. 수영도 슬쩍 옆에 와서 같이 듣고는 했지만 음악감상 자체를 즐기는 편은 아니었다. 서대문에 보랏빛 자(紫) 자에 연기 연(煙) 자를 쓰는 자연장(紫煙莊)이라는 카페가 있었다. 서대문과 옛 서울고등학교 자리 중간쯤에 위치했

1968년 4월 13일 부산에 개최된 문학세미나에 참석한 문인들.
왼쪽에 네 번째가 안수길, 일곱 번째는 수영이다. 맨 오른쪽은 모윤숙이다.

는데 꽤 괜찮은 클래식 다방이었다. LP가 상당히 많아 듣고 싶은 음악을 신청하면 디제이가 틀어줬다. 수영도 가끔 들른 곳이기도 했고 현경은 이화여대 다닐 때부터 자주 갔었던 2층 다방이었다. 명동의 상징이기도 했던 돌체 다방은 사람들이 워낙 빈번하게 들락날락해서 정신이 없었는데, 자연장은 조용해서 음악감상을 하기에는 훨씬 더 좋은 분위기였다. 보통 사람이 꽉 차긴 했지만 한번 앉으면 2시간 이상 꼼짝을 않았다. 장사가 제대로 되었는지 걱정스러울 정도였다.

수영이 명동에 가면 제일 자주 들르는 곳은 은성이었다. 은성에서 젊은 문인들과 자주 어울렸다. 현경은 수영이 술을 지나치게 많이 마시는 게 늘 불안했지만, 수영이 아무나하고 술을 먹지 않는 것은 자랑스럽기까지 했다. 당시의 은성 터줏대감은 누가 뭐래도 이봉구였다. 그 이봉구와 자주 어울리는 이씨 왕가의 후손이라는 사람이 있었다. 보성전문 출신으로 왕족 후손답게 굉장히 큰 집을 소유한 인물이었다. 큰 집에 살면서 장가도 가지 않은 그 사람은 어머니하고 둘이 살면서 여러 방에다 세를 놓고 셋돈을 받아먹고 살았던 까닭에 항상 주머니에 돈이 있었다. 그 사람은 터줏대감인 이봉구 주변에 모이는 문인들 술값을 내면서 자신도 문학청년 기분을 냈다. 수영은 그런 모습을 보기 싫어 그 왕족 후손이 내는 술을 먹기 싫어했다. 그 사람이 은성에 보이면 수영은 슬그머니 자리를 뜨고 다른 곳으로 이동했다. 수영은 술 마시는 데에도 나름의 원칙을 철저히 지키고자 했다. 시원치 않은 사람이나 위선이 가득한 사람과의 술자리는 극도로 피했다. 수영의 인생 마지막 술자리도 그러했으니 참으로 안타까운 일이 아닐 수 없다.

6장

눈부신 광휘가 햇살처럼 비치던 날들

전란의 혼돈 속에서도
학업을 이어간 동생들

어색하고 불편했던 장모와 사위

'사위 사랑은 장모님!'이라는 말이 있지만 어머니와 수영 사이는 그렇지 않았다. 어머니는 둘째 사위 수영을 탐탁치 않게 생각했다. 술 먹으면 주사가 심하고 현경에게 심하게 하는 사위가 좋게 보일 리 없었다. 같이 살면서 살갑게 장모를 대하는 넷째 사위와는 비교되는 둘째 사위였다.

현경은 결혼 후에도 친정집의 가장 역할을 감당했다. 세상 물정에 어두웠던 어머니는 대소사를 현경에게 의지했고, 현경은 어머니를 대신해 집안일을 처리했다. 어머니의 부탁으로 사직동 한옥을 자매들 몰래 매각한 것도 현경이었다. 현은 그 대금을 어머니에게 전했고, 어머니는 그 돈과 신당동 집을 판 돈으로 신수동 집을 구했다. 신수동 집은 300평 정도 되는 밭과 별도의 초가집이 있는 제법 근사한 가옥이었다. 둘째 딸 집에 가까이 오면서 어머니는 구수동 집에 걸음하는 횟수가 많아졌다. 그랬던 어머니가 언젠가 구수동 집에 들렀다가 현경에게 이런 말을 한 적이 있다. "애야! 김 서방처럼 술주정하는 사람하고 살면 너만 고생한다. 희망이 없다. 사직동 집을 판 돈 중 500만 원 떼어서 너 줄 테니 미국 같은 데 가서 공부 더 해라. 너 재주가 너무 아깝다." 둘째 사위 수영의 주사가 심하다는 말을 들은 어머니의 안타까움이 배어 있는 말이었다. 하지만 현경은 그런 말에 일일이 대꾸하지 않았다. 딸을 위하는 어머니의 심정이나 현실적인 가치관을 익히 알고 있던 터라 대놓고 어머니와 말다툼을 벌이지는 않았다. 현경은 구수동에서의 삶이 행복했기에 마음이 넉넉했고 어머니를 이해하려 했다.

   친정집이 신수동으로 옮기면서 어머니의 왕래가 잦아졌는데, 10여 분이면 걸어갈 수 있을 만큼 두 집 거리가 가까워졌기 때문이다. 현경은 두 아이 양육, 양계, 밭농사, 빨래, 독서, 재봉일 등의 일로 정신없이 바빠 친정집에 갈 짬이 없었다. 그래서 어머니가 떡이나 음식 등을 갖다 줄 겸 해서 구수동에 들르곤 했다. 그런데 수영이 집에 있는 날에는 잠시 얘기만 나누

1980년대 신수동 집 앞에서 찍은 친정어머니 모습.
친정어머니는 사진 찍는 것을 싫어해 남아 있는 사진이 거의 없다.

고 바로 자리를 떴다. 어떤 때는 앉지도 않고 바로 돌아가기도 했다. 그랬기에 장모와 사위 사이의 대화는 간단한 인사 정도가 다였다.

한편 아버지는 사위인 수영과 술 한잔할 자리도 갖질 못했다. 아버지는 현경이 종로6가 집에 머물면서 병간호를 하고 있을 당시 직접 수영을 찾아 딸의 미래를 위해 현경과의 교제를 중단하라고 설득했다. 이에 수영은 어쩔 도리가 없어 이별을 선택했다. 현경에게 "우리가 이래서는 안 된다."라고 얘기했고, 그 이별 통보에 현경은 한동안 힘겨운 시간을 보내야 했다. 두 사람이 다시 만나 동거를 시작하고 나서는 아버지의 태도가 점차 누그러졌다. 자식 이기는 부모가 없는 것처럼 둘째 딸의 행복을 조용히 응원하는 듯했다.

다만 둘째 사위 수영을 나서서 챙기거나 덕담을 나누지는 못했다. 시간이 야속했다. 현경을 각별하게 아꼈던 아버지는 자신의 딸이 선택한 사람이 장차 한국 문단에 우뚝 선 시인 김수영으로 성장하는 모습을 지켜볼 수 없었다. 학식과 견문이 높았던 아버지가 사위인 수영과 술 한잔 나누며 격동의 시대를 논하는 자리를 갖지 못한 것은 현경에게도 큰 아쉬움이고 아픔이었다. 전쟁의 소용돌이가 장인과 사위의 단란한 자리마저 삼켜버린 것이다.

어머니를 지극 정성으로 모신 넷째 동생 부부

한편 현경의 동생들도 현경 못지않은 재원들이었다. 전쟁 와중에 북으로 넘어가 연락이 끊긴 셋째 여동생은 물론 넷째, 다섯째, 여섯째 모두 출중한 재능을 보였다. 넷째 동생은 서울대 수학과에 합격할 정도로 공부를 잘했는데, 뜻밖의 선택을 했다. 우연히 한국은행 은행원 모집 공고를 보고서 거기에 응시한 것이다. 취직해서 집안 살림을 돕겠다는 생각으로 그랬던 것이다. 그 기특한 생각이 현실이 되었다. 대부분 대학 졸업생들이 지원한 그 공모에서 고졸 출신인 넷째 동생이 당당하게 합격한 것이다. 넷째 동생은 결혼할 때까지 한국은행을 다니며 효녀 역할을 훌륭하게 해냈다. 뿐만 아니라 직장에서도 칭찬이 이만저만 아니었을 정도로 모범행원이었다.

넷째는 결혼과 함께 한국은행을 그만두었다. 결혼을 하면 퇴사해야 하는 당시의 여성차별적인 규정 때문이었다. 넷째는 결국 대학을 다니지 못했다. 결혼 상대는 서울대 토목과 출신의 이상옥이다. 이상옥은 경주 이씨였는데 형이 경주에서 명성이 자자한 변호사로 활약하고 있던 명문가 출신이었다. 넷째와 결혼한 이상옥은 강직하고 청렴한 인재였다. 건설부 도시계획과장으로 있을 때 외부의 청탁이나 뇌물공여를 철저히 배격했다. 그것이 소문이 나 현대건설 정주영 회장의 귀에까지 전해졌다. 이상옥이 탐이 났던 정주영이 적극적으로 스

넷째 동생 김현소 모습.

1993년 일본 큐슈 여행 때의 사진. 왼쪽부터 김현소, 김현경, 김현진이다.
여섯째 현진은 이화여대 미대 출신으로 현경과 동문이다.
둘째, 넷째, 여섯째 짝수 자매가 단짝이 되어서 자주 해외여행을 같이 다녔다.
첫째 언니는 교육 일이 바쁘고 다섯째 현락은 사업 일정 때문에 함께하지 못했다.

카웃하려 했지만 건설부에서 사표를 받아주지를 않았다.

  우여곡절 끝에 현대건설에 들어간 이상옥은 훗날 삼환기업 사장이 되었다. 넷째 동생 부부는 결혼 후 신당동에 새집을 하나 짓고서 어머니를 모시고 살았다. 장모님에 대한 효심이 지극했던 넷째와 사위 이상옥은 어머니 환갑 때 제주도 여행을 함께했다. 1968년 당시로는 대단히 파격적인 일이었다. 1984년 어머니가 세상을 떠났을 때 가장 서럽게 울었던 이는 바로 넷째 사위 이상옥이었다. 넷째 동생과 이상옥 슬하의 1남 2녀도 모두 재원이었다. 아들 이형집은 서울대 토목과에 진학했다. 1학년 때는 거의 A학점을 받았는데 2학년 때는 대부분 F학점을 받았다. 2학년 때부터 뛰어든 학생운동 때문이었다. 용산서에 잡혀간 다음에야 그 사실을 알게 되었다고 한다. 이후 고려대 출신의 여학생과 결혼하고 플로리다 대학에 유학해 박사학위를 받았다. 한 살 터울의 첫딸 이림은 부장판사를 거쳐 변호사로 활약하고 있다. 둘째 딸은 고려대 영문과를 졸업했다.

  현경의 다섯째 동생은 앞서 언급한 대로 서강대 생물학과를 졸업하고 교사가 되었다. 다섯째 동생은 1년가량 구수동 집에서 함께 기거하면서 장남 준의 가정교사 역할을 한 바 있다. 다섯째 동생이 구수동에 입주할 때 피아노를 들고 왔는데, 이 때문에 수영이 무척 힘들어했다. 하지만 어쩔 수 없는 노릇이었다. 입주 당시 수영이 이미 피아노 반입을 양해했던 터라 매일 밤 처제의 피아노 소리에 고통스러워하면서도 아들 준의 공부를 위해 꾹 참을 수밖에 없었다. 건넌방에서 장남 준과 함께 기거했던 다섯째는 "테스트를 해보니 준이의 영어와 수학 실력이 많이 떨어져요. 기초가 없는 거나 마찬가지예요."라고 말했다. 실제로 장남 준은 초등학교 때까지 공부를 잘했는데 중학교 올라가면서부터 공부와 멀어져 버렸다.

자주색 스웨터 입은 편집장, 큰시누이 수명

6.25전쟁이 발발했을 때 수영의 큰누이 수명은 서울사대부고중 4학년이었다. 환도해서 서울사대부중을 졸업했지만 대학 진학은 하지 못했다. 집안 형편상 대학 꿈을 접어야 했기 때문이다. 수명은 졸업장을 받기도 전에 취업전선에 뛰어들었다. 한시라도 빨리 취직해 집안을 돕기 위해서였다. 처음 입사한 곳은 합동도서였고 다음해인 1955년에는 대한교과서 방계회사인 문화당으로 옮겼다. 이후 문화당 일이 중단되면서 그 방계회사인 현대문학으로 소속이 바뀌었다. 현대문학에 입사할 때에는 편집자가 아닌 잡무 담당의 말단직원이었다. 당시 편집자는 어떤 문인의 부인이었는데 일하는 게 영 시원치 않았던 탓에 조연현 현대문학 대표가 답답해했다. 수명은 일 처리가 뛰어났고 센스가 있었는데, 그 능력을 인정받아 편집자가 되었다. 급기야는 현대문학을 대표하는 편집장이 되

었다. 우리나라 최초의 문학지 여성편집장이 된 것이다.

  고등학교 졸업장밖에 없었지만 수명은 무척 총명했고 오빠 수영을 닮아 인문학적 교양이나 문학적 감수성도 풍부했다. 거기에 외모와 품성도 훌륭했다. 예의가 바르고 올곧은 자세를 갖추었을 뿐 아니라 늘씬한 키에 예쁜 용모를 겸비해 누구든지 반할 만했다. 그렇게 편집장이 된 수명에게 얽힌 일화 한 가지가 있다. 여름에 입사한 수명이 가을이 되었을 때다. 수명이 자주색 스웨터를 입고 출근했는데, 가난한 집안 형편에 옷이 별로 없었던 터라 그 스웨터를 계속 입고 다녔다. 입사 초기 수명은 그 스웨터를 입고 담배 등의 여러 심부름을 도맡았는데, 구멍가게의 외상장부에 '자주 세타'라고 적어놓았다고 한다. 모두가 가난했던 전후 시대에 있었던 슬프면서도 우스운 이야기이다.

  수명의 동생인 둘째 시누이와 셋째 시누이 둘 다 최고의 명문 경기여고를 다녔다. 그중 둘째 수연은 전쟁으로 인한 3년 정도의 공백 때문에 무학여고를 다녀야 했다. 전쟁 당시 2학년이었던 수연은 전쟁이 끝나고 복학하려 했지만 경기여고 방침이 이전의 경력을 인정하지 않았다. 복학하려면 1학년부터 다녀야 했기에 하는 수 없이 경력을 인정해 주는 무학여고로 옮기게 된 것이다. 수연은 그것이 두고두고 불만이었지만, 실력만큼은 무척 뛰어났다.

꼬마 기자와
엔젤 양장점

음악 재능이 뛰어났던 장남의 일탈

　전쟁 와중인 1950년 성탄절에 태어난 장남 김준은 출생과 함께 여러 곳을 전전했다. 아버지 수영이 의용군으로 끌려가 행방불명이 되어 유복자가 될 뻔했고, 현경이 단신으로 부산에 내려감으로써 어머니 없는 생활을 오랫동안 해야 했다. 구수동에 자리를 잡았을 때 준의 나이는 6살이었다. 이후 준은 집에서 가장 가까운 서강국민학교를 다녔다. 준은 국민학교 1학년부터 5학년까지는 반에서 1등을 할 정도로 성적이 뛰어났다. 아들의 학업에 관심이 높았던 수영은 준이 6학년이 되자 덕수국민학교로 옮기게 했다. 마포 변두리의 서강국민학교에서는 좋은 중학교로 진학할 수 없다는 판단에서였다.

이에 따라 준은 덕수국민학교로 전학을 한 후 중학교 시험 준비를 위해 학교 근처의 당주동에서 합숙을 했다. 덕수국민학교로 옮기는 데는 상당한 돈이 필요했지만, 장남의 학업을 위해서는 주저할 틈이 없었다. 당시 덕수국민학교 6학년 교실은 책상 위로 학생들이 걸어 다닐 정도로 학생수가 많았다. 50명 정원인 한 학급에 입시철이 되면 좋은 중학교를 가겠다고 몰려든 전학생이 가세해 80명까지 늘어났기 때문이다. 그만큼 덕수국민학교의 위상이 높았다. 그렇게 해서 준도 명문인 보성중학교를 다니게 되었다.

부모가 아무리 뛰어난 엘리트라도 자식 교육은 어렵기 마련이다. 현경과 수영 역시 마찬가지로 아들 교육에 많은 공을 들였지만 뜻대로는 되지 않았다. 무엇보다 아들을 최고의 엘리트로 키우겠다는 의욕이 지나쳐 아들의 재능을 알아보지 못한 것이다. 장남은 음악에 남다른 재주를 보였다. 피아노를 전혀 가르쳐주지 않았음에도 당시 최고 인기가수인 최희준의 노래 등을 가볍게 연주할 정도로 음악적 재능이 출중했다. 그냥 치는 게 아니라 스스로 변주까지 하면서 편곡하는가 하면 별도의 작곡도 했다. 현경은 그때의 일을 무척 후회한다고 했다. 아들의 의향을 충분히 헤아리지 못한 게 너무 미안했고 아들의 음악적 재능을 제대로 살려 꿈을 펼치도록 하지 못한

장남 준이 중학교 입시 준비를 위해 과외를 받을 시절의 과외 선생과 함께.
왼쪽에서 세 번째가 준이다. 1963년 사진이다.

게 너무나 아쉽다고 했다. 현경 역시도 수영과 마찬가지로 엘리트 의식이 강해 좋은 학교에 진학하는 걸 바랐던 것이다.

　장남은 국민학교 6년 때 부모와 떨어져서 합숙까지 하며 보성중학교에 진학했지만 공부에 뜻을 두지 못했다. 장남은 엄마의 부재로 인해 외롭고 적막한 어린 시절을 보냈다. 사춘기가 되면서 부모의 말을 듣지 않을 심리적 가능성이 많이 내장되어 있었다. 사춘기는 성장기의 모든 아이들에게 힘든 시기지만, 장남 준의 경우는 매우 위험한 수준에 이르렀다. 끝없이 빗나가기 시작한 것이다. 부모가 원하는 성적이 나오지 않아 준은 청량리 밖에 있는 농업고등학교에 진학했다. 더 큰 문제는 공부하기를 원하는 아버지하고 같이 있을 수 없게 될 정도로 사이가 멀어진 것이다. 감수성이 예민한 시기였고 공부에 취미를 붙이지 못하니 수영과 사사건건 마찰을 일으켰다. 장남은 아버지 수영에게 많이 두들겨 맞았다. 수영이 외출하기 전에 준에게 20개 정도의 수학 문제를 주면서 "이거 내가 집에 올 때까지 해놓아라." 하고 외출하면 아들 준은 건성으로 대답만 할 뿐이었다. 아버지가 나가고 나면 자리에 앉아 있지 못하는 장남이 걱정되어 현경이 "아버지가 풀라고 한 숙제 다 했니?" 하고 물으면 준은 "다 했어요." 하고는 밖으로 놀러 나갔다. 아버지가 외출하면 수학 문제를 아무렇게나 풀어놓은 채 도망가기 바빴다.

장남 준이 군대 가고 나서 면회 간 김현경.
1969년 면허를 따서 신진자동차가 반조립 상태로 도요타에서 들여와
조립해서 파는 퍼블리카를 몰고 다녔다. 여성운전자가 정말 희귀했던 시절
운전 면허를 가지고 있었다. 이런 면모도 아방가르드한 김현경의 모습을
잘 보여주는 대목이라 하겠다. 장남 준은 1970년 경희대 의대 진학 후
얼마 되지 않은 시기에 의정부에 있던 군 의무대에서 군 복무를 시작했다.
왼팔에 의무대 마크가 선명하다.

어디 내놓아도 빠지지 않을 만큼 미남이었던 장남은 책 보는 것에 대해서는 거의 신경질적인 반응을 보였다. 공부하는 것을 무척이나 싫어했던 아이였다. 공부는 억지로 시킬 수 없는 것이다. 어쩌면 부모의 강요에 대한 역효과였는지도 모를 일이다. 결과적으로 그런 아이를 엘리트로 만들려는 자체가 부모의 욕심이었다. 현경은 장남을 떠올릴 때마다 마음이 착잡하다고 한다. 없는 형편에 있는 돈 모두 긁어모아 장남에게 쏟아부었지만 그 결과는 허망했다. 너무 많이 속을 썩이고 먼저 떠난 장남은 여전히 현경 가슴 깊숙한 곳에 남아 있는 가시다.

꼬마 기자 김우의 맹활약

구수동에 이사한 후인 1958년에 태어난 작은아이 김우는 형과 정반대였다. 형과 무려 8살 터울이 있는 우는 어릴 때부터 뭐든지 자기가 다 알아서 할 정도로 영특하면서도 살가운 아이였다. 둘째 우가 다섯 살 무렵의 이야기다. 현경이 아침에 우에게 용돈으로 10원을 줬다. 우를 무척 이뻐했던 수영이 아이가 10원을 가지고 뭘 하는지 궁금했던지 몰래 뒤쫓아 나갔다. 우가 맨 처음 방문한 곳은 방울떡을 파는 곳이었다. 방울떡은 호두과자와 비슷하게 생긴 달콤한 떡이었는데 노점에서 팔았다. 1원이면 열 개를 먹을 수 있었다. 10원을 내고 거스름

돈으로 동전 9개를 받은 우가 손바닥 위에서 동전 숫자가 맞는지 하나하나 세는 게 보였다.

  잠시 후 우가 길 건너편 만화가게로 쑥 들어갔다. 만화가게 유리창으로 안을 살펴보니, 우가 들어가자마자 새로 나온 만화책을 몇 권 골랐다. 그러고는 만화를 보고 있는 아이들 사이에 앉더니 한 권은 보고 다른 책들은 남이 못 들고 가게끔 엉덩이 아래에 두었다. 그 모습이 신통하고 귀여웠던지 수영이 만화가게 안으로 들어갔다. 수영의 등장에 다른 아이들은 모두 수영을 쳐다보았지만 우는 그러지 않았다. 아빠가 들어오는 것도 모른 채 만화만 보고 있었다. "김우! 너 아빠 왔어." 하면서 옆에 있던 아이가 말해도 우는 들은 척도 안 했다. 수영이 문을 닫고 나왔다가 잠시 후 다시 가게 안으로 들어갔다. 이번에도 우가 꼼짝을 안 하고 만화만 보고 있었다. 수영이 다시 나와 세 번째로 들어갔을 때 우가 아빠를 알아보고는 얘기했다. "아빠, 저도 이 만화 다 읽을 줄 안단 말이야." 그 말에 수영이 환하게 웃으며 아들의 어깨를 두드려 주고 나왔다. 집에 와서는 현경에게 "둘째 집중력이 자기를 닮은 것 같다."라고 얘기하면서 대견해했다. 이때의 수영 표정은 어린아이 같았다.

  우는 집에서 제법 떨어진 경복국민학교를 다녔다. 통학은 좌석버스를 이용했다. 구수동에서 출발해 광화문에 하차한 뒤 청와대 옆에 있는 학교까지 걸어 다녔다. 어릴 때부터 명석

1990년 우의 결혼식 사진. 결혼식장은 이화여대 강당이다.

우가 초등학교 들어갔을 때
김수영 시인이 써준 격언.

했던 우는 초등학교에 진학하고서는 반듯한 모범생의 면모를 유감없이 발휘했다. 특히 우의 깍두기 공책은 학교 내에서도 유명했다. 마지막 표지까지 깨끗하게 정리된 우의 깍두기 공책을 담임 선생이 다른 아이들에게 보여주며 표본으로 삼을 정도였다.

  우의 꼬마 기자 활약상은 영원히 잊지 못할 엄마 현경의 자랑스러운 추억거리다. 우가 4학년 때 일이다. 학교의 꼬마 기자가 된 우가 특별한 자리에 참여하게 되었다. 일본 프로야구에서 맹활약하고 있던 장훈 선수가 우리나라에 방문하면서 열린 기자회견이었다. 반도호텔의 기자회견장에 꼬마기자 우가 제일 앞자리에 앉아 있었다. 각 신문사 스포츠부 기자들이 대거 참여한 자리였는데, 장훈 선수 인터뷰에 주어진 시간은 고작 20분뿐이었다. 장훈 선수가 기자회견장에 들어오자마자 제일 앞에 있던 꼬마 기자가 기자 완장을 차고 있는 게 너무 귀여웠던지 꼬마 기자의 질문을 먼저 받았다. 우가 일어나 또랑또랑한 목소리로 질문을 했는데, 그 내용이 어린아이 입에서 나오기 힘든 수준이었다. 야구 전문기자가 할 법한 야구에 대한 전문적인 내용이 담긴 질문이었다. 장훈 선수가 우의 질문에 하나하나 답을 하다 보니 그만 20분이 지나가 버렸다. 결국 수많은 언론사 기자는 단 한 사람도 발언 기회를 얻지 못했다. 우의 질문만으로 기자회견이 끝나버렸다.

마포종점에서 문을 연 엔젤 양장점

현경이 양계를 그만둔 후의 일이다. 생활비를 벌기 위해서는 양계 대신 다른 일을 찾아야 했다. 현경에게는 바느질이 있었다. 중학교부터 재단 일에 탁월한 솜씨를 보였던 현경에겐 전혀 어려운 일이 아니었다. 그렇지만 현경은 알지 못했다. 이 일로 인해 자신의 인생 전환점을 맞게 될 줄을. 홀로 집에서 바느질하던 현경에게 우연한 기회가 찾아왔고 그것이 계기가 되어 양장점을 차리게 된 것이다. 수영의 못 입는 신사복 바지를 뜯어서 둘째의 반바지와 코트도 만들어 입힌 게 그 출발점이었다. 그때의 얘기를 잠시 들어 보자.

그때 제가 외출을 하면 꼭 둘째가 따라다닐 때였어요. 버스를 같이 탔을 뿐 아니라 영화 관람도 함께했어요. 그러던 어느 날, 어떤 여자가 둘째 우의 옷을 보고서는 "이것 어디서 샀어요?" 하고 물었어요. 그래서 제가 "우리 아이 아빠 낡은 양복 뒤집어서 만든 거예요."라고 답했죠. 그랬더니 그 여자분이 집이 어디냐 하면서 마구 질문을 던지는 거예요. 본인은 집이 아현동이라면서 자신의 집에 아이 아빠 옷이 산더미처럼 많다면서 우가 입고 있는 옷처럼 하나 만들어달라고 했어요. 자신의 아이가 우 또래라 했어요. 그게 첫 주문이었던 셈이에요. 첫 주문을 받고서 신이 나서 옷 하나를 만들었어요. 그랬더니 그 여자분이 고기를 두어 근 들고 왔어요. 이후 입소문이 났는지 여기저기서 주문이 들어왔어요. 옷이 예쁘고 세련되었다면서 반응도 무척 좋았어요. 헌옷을 받을 때 처음에는 제가 뜯어서 먼지를 털어낸 뒤 다림질을 하고서 작업을 했는데 나중에는 주문하는 사람에게 맡겼어요. 아예 뜯고 다려서 가져오라고 한 거죠. 다들 그렇게 해오니 한결 부담이 줄었어요. 그렇지만 몇 달 지나니까 주문이 너무 많이 들어왔어요. 도저히 감당이 안 되어 식모를 두게 되었어요. 살림할 시간을 도저히 낼 수가 없었거든요.

주문이 쇄도하자 현경은 아예 양장점을 차렸다. 마침 마포종점 근처에 폐업한 양장점이 있어 그 가게를 싼값에 인수했다. 방이 하나 있고 그 방에 재봉틀 두 대와 재단대가 있는 가게였다. 싼값에 내놓은 것이어서 현경은 즉석에서 현금을 지불하고 가게를 인수했다. 그다음은 양장점 이름 짓기였다. 약간 들뜬 마음으로 궁리하자 '옷이 날개다.'는 말이 떠올랐다. 그리고 날개 단어를 곱씹다 '천사들은 날개가 있다.'는 문장이 자연스레 떠오르고 영어 단어 'angel'이 연상되었다. 그렇게 해서 양장점 이름을 '엔젤'로 정하게 되었다.

마포종점의 엔젤 양장점은 승승장구했다. 사람들이 줄을 이을 정도로 큰 인기를 누렸다. 수영도 자주 양장점에 들르곤 했는데, 몇 년간의 마포종점 엔젤 양장점을 운영하는 동안 가장 기억에 남는 단골은 연세대 출신의 멋쟁이 여성이었다. 그 여성은 마포종점 부근에 살았는데 현경에게 늘 블라우스를 맞추었다. 특이한 점은 원피스는 아예 관심이 없었고 오로지 블라우스만 고집한 것이다. 현경은 교양미 넘치는 그 오랜 단골과 친해졌는데, 그녀와 얽힌 재미있는 일화를 생생하게 기억하고 있다.

엔젤 양장점을 하면서 한창 바쁘게 지낼 때였어요. 미국 유학을 마치고 국내에 들어와 《창작과 비평》을 세운 백낙청이 결혼을 한다면서 구수동 집으로 인사 온다고 전갈을 받았어요. 그때 집으로 갔어요. 집에 도착하니 두 명의 손님이 이미 도착해 있었어요. 먼저 백낙청과 인사를 한 뒤, 백낙청이 소개하는 약혼녀와 인사를 하려는데 너무 익숙한 얼굴이었어요. 그 얼굴을 제가 못 알아볼 리가 없었어요. 제가 큰소리로 얘기했어요. "아이고! 우리 단골 선생이시네요." 그리고 우리 둘은 손을 잡고서 한참 동안 웃었어요. 수영과 백낙청도 나중에 그 사연을 듣고서는 박장대소를 했어요. 참 즐거웠던 시간이었어요..

신문로에 새롭게 단장한
양장점을 냈지만

1968년 봄의 꿈, 옛 사직동 집 근처로 이사

엔젤 양장점이 날로 번창했다. 현경은 기왕 양장점을 하려면 사대문 안에서 승부를 보겠다는 생각을 하게 되었다. 1968년 봄이었다. 현경이 수영에게 얘기했다. "여보! 우리 여기 마포에서 이제 철수하고 사대문 안으로 들어갑시다. 기왕 양장점을 하려면 사대문 안에서 하는 게 좋을 것 같아요." 그러고는 사대문 내의 집을 알아보았다. 마침 현경 친구가 미국 가기 전까지 전세 들고 있던 집이 있었다. "내가 미국 가면 현경이네가 들어오면 되겠네."라는 친구의 말을 듣고 그 집을 찾았다. 현경의 옛 사직동 집으로 넘어가는 신작로에 있는 전매국 관사 중 하나였다. 더 정확한 위치는 현경이 2개월 동안 다녔던 유치원 인근의 신작로 초입이었다.

사직동은 현경의 인생을 끌어당기는 자성이 있는 듯했다. 현경이 찾아간 그 신문로 집은 신문로2가 1-144번지로 본채와 아래채로 구성된 건물이었다. 아래채는 다소 허름한 모습이었지만 큰 방과 함께 부엌과 헛간이 별도로 있었다. 그 건물이 마음에 쏙 들었던 현경은 계약 후 아래채에 재봉틀을 갖다 놓고 작업장으로 꾸몄다. 큰 방과 부엌이 있어 현경이 데리고 있던 여자아이 4명의 숙식을 해결하는 데 안성맞춤이었다. 1968년 4월에 수영에게 계약하겠다고 했더니 "내 서재가 어떤지 직접 보겠다."라면서 현경을 따라나섰다. 수영의 최대 관심사는 자신의 서재가 조용한지 여부였다. 사대문 안이라고 하니까 혹 소음이 많을까 봐 걱정이 되었던 것이다.

50평 규모의 본채에 방이 4개 있었는데 그중 하나를 수영의 서재로 삼았다. 서재에는 마루가 깔려 있었고 그 옆은 일본식 집을 개조한 온돌방이었다. 현경의 방은 공장과 가까운 데로 정했고 다른 방 하나를 아이들 공부방으로 했다. 수영이 서재에 앉아 보더니 "차 소리도 안 들리고 신난다."라고 했다. 생각했던 것보다 서재가 조용하니까 갑자기 기분이 좋아진 것이다. 수영이 소음에 민감한 것은 집중력 때문이었다. 창작 활동에 집중하려면 조용한 공간이 절대적으로 필요한데, 이 문제

신문로 집에서 우와 함께 찍은 사진.

에 대해 수영은 특별히 예민한 편이었다. 1968년 4월에 수영과 함께 구경했던 그 건물은 당일 계약을 했고 그해 9월 28일이 입주예정일이었다. 하지만 수영은 이삿날을 기다리지 못하고 멀리 떠나고 말았다.

시 〈미인〉이 만들어진 사연

현경에게 옷을 주문한 고객 중에 Y라는 사람이 있다. 엔젤 공임이 꽤 비싼 편인데도 꼭 현경 가게에서 옷을 구입한 단골이었다. 그런데 Y는 여러 스캔들로 둘러싸인 여자다. 처음에는 이중영이라는 사람과 살다가 이혼했다. 그리고 유명 건축가와 재혼해서는 딸 둘을 낳았는데 이후에 또 이혼했다. 이전에는 박종규 대통령 비서실장과 모종의 관계였다는 소문이 자자했다. 한때 그녀는 세계미인대회에 참가해 미스코리아 시중을 드는 역할인 샤프롱(chaperon) 전문가였다. 그러던 어느 날 세계미인대회에 참석했다가 홍콩에 들러 미스코리아 속주머니에다 귀중품과 보석 등을 넣어 입국하다 김포공항에서 덜미가 잡혔다. 당시 Y는 외교부 소속의 한남동 집에 거주하고 있었는데, 박종규 비서실장이 마련해준 집이었다.

김포공항에 억류되자 Y는 곧바로 박종규 비서실장에게 전화를 했다. 마땅히 자신을 구제할 거라 믿었던 것이다. 그런데 기대와는 달리 박종규는 모르는 여자라고 딱 잡아뗐다. 박종규가 그렇게 대응한 데에는 나름의 이유가 있었다. 박종규가 여자 문제로 구설수에 오르자 박정희 대통령으로부터 "국가에 충성할래? 여자하고 살래?"라는 호된 질책을 받은 것이다. 이후 박종규는 Y와의 관계를 완전히 단절했다. 외교부 소유 한남동 집에서 당장 짐을 빼라고 통보했다. 그래서 Y는 결국 구속되었다. 그럼에도 사람 홀리는 재주가 뛰어났던지 6개월가량 형무소 생활을 하고 가석방으로 나왔다. 조사 과정에서 검사를 현혹한 덕에 일찍 나왔다는 후문이다.

출소 이후에는 반도아카데미에서 골동품 장사를 했다. 주로 일본 사람 상대로 한 장사였다. 이때에는 당대 실세인 이후락과 친했다고 한다. 그리고 신라호텔에서 화랑도 열었다. 화랑 운영을 하다 문학평론가 홍사중과 교제해 정식 결혼을 했다. 그런데 골동품 장사와 화랑을 할 때 일본인 손님들한테 편지 쓸 일이 많아졌다. Y는 일본어를 할 줄 몰라 현경의 도움을 받았다. Y가 현경을 자기 집으로 초대하면 현경이 모두 대필을 했다. 그 대필 대가가 엔젤에서의 옷 구매인 셈이다.

수영도 Y와 대면한 적이 있다. 서울시청 근처에 있던 유명한 식당 '이학'에서였다. 수영은 그때 처음으로 Y와 인사를 나누었고 함께 식사를 했다. 그리고 백낙청 신혼집에도 함께 간 적이 있다. 수영은 이학 음식점과 백낙청 집에서 보았던 Y의 인상이 강렬했던지 시 한 편을 지었다. 〈미인〉이라는 작품이다. Y의 외모가 미인이라고는 보기 어려웠는데 전체적인 분위기나 옷맵시가 상당히 세련된 편이었다. 수영은 그렇게 세련된 여자를 좋아했다.

마음만으로 하는 글쟁이의 뽀뽀

여자와 관련된 수영의 천진난만한 일화가 하나 더 있다. 그 주인공은 전병순이다. 김이석의 부인 박순녀와 함께 전병순이 수영을 찾아 구수동에 온 적이 있다. 정종 한 병과 북어를 사 들고 왔는데, 현경이 서재로 가서 수영에게 그 사실을 알렸다. 그런데 한 30분 되어도 수영이 나오지 않았다. 해가 넘어가고 있는데 수영이 계속 나오지 않아 현경이 무안해졌다. 한참 시간이 흐르고서야 수영이 나타났다. 그런데 미안하다는 말 대신 대뜸 전병순에게 호통을 쳤다. "당신, 문학 하는 사람이야? 프라이드가 이런 거야? 술과 북어 사 들고 유명인사 찾아다니는 것이 그거야? 문학 하는 사람이 프라이드가 있어야지!" 모진 말을 마치자마자 수영은 자리를 떴고 전병순과 박순녀의 얼굴에는 당황한 기색이 역력했다. 현경은 속으로 미칠 것 같았다. 현경은 전병순과 박순녀를 달래면서 차 한잔을 더 대접하며 그날 일을 무마했다.

이후 전병순이 이혼할 즈음에 구수동 옆 신수동으로 이사를 왔다. 경기여고에 다니는 딸과 함께였다. 이사 후 전병순은 구수동 집에 자주 드나들었다. 현경을 보러 왔다 했지만 그것은 그냥 하는 말이고 수영을 보러 온 것이다. 어느 날 엔젤 양장점 일을 마치고 현경이 집에 도착해 보니 그때까지 둘이 안방에서 차를 마시면서 이야기를 하고 있었다. 현경이 오자 전병순이 일어나려 했다. 그때 현경이 수영을 잠깐 보자고 한 뒤 "오늘 달 밝은 보름인데 좀 데려다 주고 오세요. 아베크족 한번 되세요."라고 귀띔했다. 그랬더니 수영이 "그러마!" 하고서는 고무신을 신고 나갔다.

  둘이 나간 뒤 현경이 찻잔을 치우고 안방을 훔치며 서재의 이부자리까지 폈다. 한참 있다가 수영이 들어와서는 현경에게 얘기했다. "당신 말대로 달이 그렇게 밝을 수가 없어. 달빛이 너무 좋아서 내가 전병순에게 '우리 뽀뽀나 한번 하자.'고 했더니 '마음으로만 하세요.' 그러는 거야. 허허허!" 그 말에 현경은 "마음으로만 하라니, 역시 글쟁이는 다르군요. 호호호!"라고 아무렇지도 않은 듯이 받아주었다.

구수동의 특별한 화장실

  술 먹으면 주사가 심했던 수영을 위한 현경의 대표적인 내조는 아침 미음이었다. 현경은 술 먹은 다음날 아침에는 어김없이 좁쌀로 만든 미음을 수영에게 먹였다. 좁쌀미음을 만드는 방법은 간단했다. 좁쌀 한 스푼과 약간의 쌀을 냄비에 넣어

은근히 끓였다. 다 끓으면 조리에다 받쳐 한 사발을 만들었다. 그 좁쌀미음이 그리 효과가 좋았는데, 친정아버지가 새벽이면 꼭 그 좁쌀미음을 잡수셨다. 처음에는 장작 숯불로 하다가 구공탄이 나오면서 바꿨다. 미음을 끓이는 데는 구공탄이 좋았다. 석유를 넣는 곤로는 찌개 같은 거 끓일 때 쓰고 주로 구공탄으로 음식을 만들었다.

현경은 부엌 옆에 목욕탕을 만들었다. 목욕탕은 쇠붙이로 된 목욕 가마였는데, 뚜껑은 나무로 했다. 쇠가마 밑에 레일로 만들어 구공탄을 넣었다 뺐다 할 수 있게 했다. 부엌까지 수돗물이 들어와 호스로 연결해 목욕탕 쇠가마에 언제든 물을 넣을 수가 있었다. 이렇게 하면 24시간 물을 따뜻하게 할 수 있었다. 수영이 화장실에서 대변을 보고 나면 치질이 있기 때문에 꼭 뒷물을 해야 했다. 목욕탕 물이 24시간 따뜻하니까 편하게 뒷물이 가능해졌다. 목욕탕이 만들어지기 전에는 수영이 화장실 갈 때면 매번 뒷물을 준비해야 했다. 수영이 화장실 갈 때 기침소리를 내기 때문에 안방에서도 들렸다. 그러면 뜨거운 물을 준비했다. 어떤 때는 따뜻한 물을 빨리 준비 못해 뜨거운 보리차나 숭늉을 섞든지 해서 화장실 앞에 갖다 놓아야 했다. 그런 날 뒷물을 하고 나온 수영은 "오늘은 아래가 영양을 담뿍 받았겠는데 허허허!"라고 말하곤 했다. 구수동 화장실도 어지간한 방같이 만들어 놨다. 나무판으로 된 벽에는 변소지만 그림도 붙이고 재떨이도 갖다 놓았다. 또 사이다병에 들국화 같은 것도 꺾어 꽂아 놓았다. 그러면 수영이 무척 좋아했다. 그때는 지금처럼 두루마리 휴지가 없던 때라 신문지를 잘라 고리에 걸어서 한 장씩 뜯어 쓸 수 있게 했다.

위대한 시인이
떠나가던 날

신성한 일터, 구수동 집

  수영은 집에서는 술을 마시지 않았다. 말수도 별로 없었고 거동도 조용한 편이었다. 수영은 항상 고된 노동으로 갈라진 어머니의 시커먼 손만 한 문학을 하고 싶어 했다. 그래서 집과 서재를 술 마시지 않는 신성한 공간으로 여겼다. 무엇보다 서재가 엄숙한 노동의 현장이 되어야 한다는 신념을 갖고 있었다. 하지만 밖에 나가면 달랐다. 수영은 살아생전 "요즈음 젊은이들이 예전에 비해 술을 훨씬 안 마신다."라고 개탄했다. 그리고 술을 안 마시고 술 마시는 것 이상의 일을 이뤄낸다면 다른 이야기지만 그렇지도 못하면서 술만 안 마신다면 큰일이라고 했다.

　사실 수영은 치질 때문에라도 술을 절제해야 했다. 그만큼 과음 뒤의 고통이 심상지 않았다. 현경은 수영이 외출할 때마다 "몸을 좀 생각하세요."라며 수영의 등 뒤에 대고 앵무새같이 같은 소리를 반복했다. 하지만 그 말을 들을 수영이 아니었다. 시인은 사람들과 어울려야 하고 사람과 어울리려면 술을 마셔야 한다는 게 수영의 지론이었다. 술도 그냥 술이 아니라 모든 것을 바쳐서 마시는 술이어야 뭔가를 이룰 수 있다고 생각했다. 술을 마시면서도 몸을 아끼면서 먹는, 그런 술을 수영은 정말 싫어했다. 〈반시론〉에 나오듯이 "하늘도 둥글고 땅도 둥글고 사람도 둥글고 역사도 둥글고 돈도 둥글다, 그리고 시까지도 둥글다." 이런 지경에 이르면 큰일이라고 보았다. 그래서 술을 마셔도 끝까지 마셨다. 눈밭에 쓰러져 지나가는 행인이 아니었다면 얼어서 죽을 뻔한 일을 겪고서도 목숨을 걸고 술을 마셨다. 그런 수영이 집에서만큼은 절대 술을 입술 근처에도 가져가지 않았다. 왜냐면 수영에게 있어 집은 '어머니의 손만 한' 신성한 시를 쓰는 공간이었기 때문이다.

　이 일터에 1967년 초봄 무렵 제주도에서 갓 올라온 시인 고은이 젊은 평론가 염무웅, 김현 등과 함께 수영의 구수동 집을 방문했다가 호되게 야단맞은 일화는 문단에서도 유명하다. 이들은 청진동에서 술 마시다 돈이 떨어지자 수영에게 술을 얻어 마실 요량으로 구수동에 들이닥쳤던 것이다. 고은은 수영이 일반 문인들처럼 집에서 술상을 내놓는 선배 시인으로 여겼던 것이다. 수영은 나날이 새로워지는 시를 철저히 실현하고 싶었던 시인이었다. 이날의 광경을 현경은 이렇게 회상한다.

그날 갑자기 찾아온 세 분은 모두 뛰어난 문인이었어요. 이미 전작이 있었던 터라 다들 거나하게 취한 상태였어요. 그들은 집에 들이닥칠 때는 수영에게 당장 술상을 내오라는 기세를 보였지만, 수영에게 호된 야단을 맞고서는 아무 말도 하지 못했어요. 집을 어머니 닮은 문학 하는 곳으로 여겼던 수영의 신념을 젊은 고은 선생이 잘 몰랐던 거죠. 그래서 그날 세 사람은 안방이 어둑해질 때까지 불도 켜지 않은 채로 수영의 열변 야단을 맞았어요. 너무나 무안했던 저는 세 명의 '제단 침입자'들에게 있는 반찬으로 급히 비빔밥을 해서 저녁을 차려주었어요. 혼쭐 빠지도록 혹독한 꾸중을 들었지만 세 사람 모두 선배 수영을 무척이나 따르고 존경했어요.

예고 없이 찾아온 시인의 사고

수영은 술을 즐겼지만 나름의 철저한 원칙이 있었다. 위선이 없고 문학적 교류가 되는 사람에게만 마음을 열었다. 아무하고나 술을 먹지 않았고 공짜 술을 거부했다. 시시한 사람이 술을 사는 것도 극도로 싫어했다. 수영이 불의의 사고를 당해 세상을 뜨게 된 것도 싫은 술자리를 피하려는 자유의지 때문이었다. 당시 김현옥 서울시장이 소설가 이병주를 통해 수영과 술자리를 갖고 싶다면서 백제호텔 정글 바(bar)에 자리를 마련하겠다고 했다. 백제호텔 정글 바는 당시 우리나라에서 최고로 비싼 고급 술집이었다.

그날 수영은 신구문화사에서 번역료를 탄 김에 시인 신동문에게 술 한잔 사고 싶었다. 매번 술을 샀던 신동문에 대한 고마움을 전하기 위해서였다. 하지만 뭔가 어긋났다. 신동문은 소설가 이병주와 선약을 했던 것이다. 그런 이유로 신동문은 수영을 한동안 기다리게 했다. 사정을 몰랐던 수영은 신동문이 계속 미적거리는 게 불편했고 하필이면 기다리는 사람이 소설가 이병주인 것이 마음에 들지 않았다. 값비싼 외제 차를 타고 다니며 양주 마시기를 좋아하는 이병주의 부르주아적 취향이 평소에도 맘에 들지 않았다.

그런 이병주가 술자리에서 김현옥 시장 얘기를 꺼내자 수영은 참을 수 없었다. 이병주를 향해 거친 말을 퍼부었다. 쌍욕까지 내뱉었다. "야! 너 같은 속물이나 가서 먹어. 나는 그런 새끼하고는 술 안 먹어. 진짜!" 그렇게 술자리를 박차고 나온 수영은 차를 태워주겠다는 이병주의 제안을 거부하고 구수동 집으로 향했다. 을지로에서 버스를 탄 수영은 버스 종점에서 내려 길을 건너다 버스에 치이고 말았다. 1968년 6월 15일 밤 11시 20분경이었다. 현경은 악몽 같았던 그날의 기억을 담담하게 이렇게 털어놓았다.

> 1968년 6월 15일 밤 자정이 다된 시간이었어요. 길가에 창문 있는 집이 있었어요. 그 주인 아저씨가 밖에서 갑자기 버스 타이어 터지는 소리를 들었다고 했어요. 그래서 밖을 보니 한 사람을 버스에 싣는 게 보였다는 거예요. 그 즉시 제게 찾아와 물었어요. "김 선생님 들어오셨어요?" "안 들어오셨는데요." "그럼 빨리 찾아가 보세요. 지금 버스 운전수가 김 선생 같은 분을 버스에 싣고 갔어요." 그 소리에 너무 놀라 옷을 입는 둥 마는 둥 정신없이 사고 장소로 달려갔어요. 하지만 그 자리엔 피만 낭자하고 사람은 없었어요. 급히 파출소로 달려갔어요. 파출소는 산 위에 있었어요. 마침 마포경찰서 지프차가 길가에 세워져 있었어요. 급히 사정을 얘기하고 그 지프차를 타고 버스를 쫓아갔어요. 공덕로터리에 공덕의원이 있는데, 불이 켜져 있었어요. 거기로 급히 뛰어갔어요. 하지만 이미 공덕의원에 수영은 없었어요. 공덕의원 의사가 제게 말했어요. "자기들은 손을 볼 수 없는 상황이라 적십자병원으로 이송했어요."

도봉동 작은 동산에 묻힌 시인

현경이 급히 적십자병원에 도착했을 때는 이미 절망적인 상황이었다. 그때 상황에 대해 현경은 이렇게 얘기한다.

숨소리는 이미 너무 거칠고 힘겨워했어요. 눈을 뜨고 있는데 눈동자의 움직임이 없었어요. 이미 동공은 빛을 잃었고 귀에서는 피가 흘러나왔어요. 손과 팔꿈치는 시퍼렇게 멍들어 있었어요. 그렁그렁 가래 끓는 소리만이 숨이 붙어 있음을 알려주었어요. 생의 시간이 얼마 남지 않았다는 것을 직감했어요. 그래서 간호사에게 부탁해 집에 전화를 걸었어요. 장남한테 빨리 도봉동으로 택시 타고 가서 삼촌들에게 알리라고 했어요. 두어 시간 후에 사색이 된 시어머니가 도착했어요. 시누이 수명과 둘째 시동생, 막내 시동생도 함께 왔어요. 문인들도 여러 명 달려왔어요. 적십자병원에 제일 먼저 도착한 이는 최정희 여사, 유정 시인, 황순원 소설가였어요. 수영이 산소호흡기를 통해 공기를 들이마시면 배가 불룩 부풀어 오르고, 내쉬면 가라앉는 기계적인 동작을 되풀이했지요. 거의 무의식적인 생과 사의 마지막 싸움을 하고 있는 듯 보였어요. 그것도 새벽 5시가 되면서 그 싸움도 놓아버리는 듯 고요해졌어요. 저는 흐느끼며 돌아가셨다는 것을 직감했어요. 그래서 제가 눈을 감겨드렸지요.

어느새 눈가가 촉촉해진 현경의 목소리는 담담하지만 깊은 슬픔이 느껴졌다.

시동생들과 상의하니 집에서 장례를 치르는 게 좋을 것 같다고 해서 집으로 모셨어요. 장례 준비를 하고 있는데 여러 화환들이 도착했어요. 김현옥 서울시장, 이효상 국회의장 등의 화환이 도착하자 동네 사람들이 놀란 표정이 되었어요. 맨날 하얀 바지에 저고리 입고 땅만 보고 산보하던 수영이 유명한 시인인 줄 몰랐던 거죠. 사람들은 수영이 환자라 여겼던 모양이에요. 여편네만 발발거리고 다니면서 돈 벌고 남편은 병 요양을 하는 줄 알았다고 했어요. 그래서 평소에 우리 집에 놀러 오지 않았다는 거예요. 못했던 거지요. 적십자병원에서 운구를 해왔어요. 서재에 있는 책상 이런 것은 전부 마당에다 내놓고 관을 모시고 병풍을 쳤죠. 고은 시인이 빈소 앞에 앉아서 불경을 그 낭랑한 목소리로 몇 시간이나 읊었어요. 목탁을 안 가지고 다니더라고요. 목탁 없이 앉아서 목소리로만 그렇게 읊더라고요. 목소리가 기가 막혀요. 그 불경 읊던 낭랑한 목소리 녹음이라도 해놓았으면 얼마나 좋았을까요?

1968년 4월에 펜 대회를 마친 지 두 달도 안 되어 수영이 세상과 하직했다. 경주로 가는 차 안에서 '오 대니 보이'를 부르는 모습에 흠뻑 반했던 모윤숙은 구수동 집에 와서 수영의 관 앞에서 통곡했다. 장례식은 6월 18일 오전 10시 예총회관(현재 세종문화회관 오른쪽) 광장에서 문인장으로 거행되었다. 장례위원장은 이헌구 씨였으며, 사회는 유정 시인이 보고 박두진 시인이 절절한 조사를 낭독했다. 후배 문인을 대표해서 염무웅 평론가가 시 〈사랑의 변주곡〉을 낭독했다. 날씨는 비가 금방이라도 올 것처럼 갑자기 어두워졌다가 갑자기 밝아지는 등 어지러웠다. 드라마틱한 삶을 살았던 시인 김수영이 가는 날다운 날씨였다. 낮 12시 무렵 운구차가 이동해서 도봉동 선산으로 향했다. 도봉동 선산은 작은 동산이다. 거기에 올라서서 보면 도봉산과 불암산, 수락산 전체를 다 살필 수 있는 조망이 뛰어난 곳이다. 멀리 중랑천과 노원의 마들평야가 한눈에 들어오는 도봉동 선산의 동쪽에 수영의 묫자리를 마련했다. 마지막으로 관에 못질을 하기 전에 현경은 수영이 생명처럼 소중히 여기던 의치와 평소 즐겨 보던 하이데거 책 『존재와 시간』 일어책 상하 두 권을 관 안에다 넣었다. 의치에는 '김수영'이라는 이름 석 자가 선명하게 새겨져 있었다.

  수영이 저세상으로 떠났을 때 백낙청은 미국 하바드대 유학 중이었다. 브라운대학에서 영문학을 전공한 그는 한국에 와서 《창작과 비평》을 발간하며 국내 문학 발전에 큰 힘을 보탰다. 백낙청은 《창작과 비평》이 기반을 잡자 다시 유학을 떠난 것인데, 현경에게 종종 편지를 보냈고 현경도 매번 답장을 했다. 수영이 멀리 떠날 때 함께하지 못했던 백낙청은 수영의 40주기와 50주기를 기억하며 챙겼다. 오랜 시간이 지난 후에도 현경은 백낙청과 종종 만나곤 했다. 최근 들어 창비 출판사가 서교동에 새로 지은 빌딩에서 차를 마시고 같이 기념사진을 찍기도 했다.

세상의 터부와 싸웠던 수영의 시 정신을 존중

수영은 현경에게 모든 것을 얘기했던 인물이었다. 그런 점에서 수영과 현경 사이에는 비밀이 없었다. 이건 언제까지 마감이고 이건 어디다 주는 원고인지 등을 수영보다 현경이 더 잘 알았다. 한 푼도 떼먹힌 적도 없고 외상값도 한푼 없었다. 문인이 죽으면 여기저기 술 외상값이 널려 있게 마련인데 수영은 그렇지 않았다. 외상 술이 하나도 없었다. 수영의 장례식을 치른 후 현경은 혹시나 해서 현금 들고 수영이 자주 가던 술집에 모두 들렀다. 은성을 포함해 평소 수영이 자주 들락거렸던 술집을 찾았지만, 외상장부에 수영 이름으로 달린 외상값이 한 곳에도 없었다. 평안도 출신 주인이 경영하던 술집에 들렀을 때는 평안도 사투리로 "김 시인 같은 사람이 어디 있갓어."라는 말을 들었다.

수영이 가고 나서 《창작과 비평》 편집을 맡고 있던 염무웅이 1968년 창작과 비평 가을호에 '김수영 시인 특집'을 낸다고 구수동 집을 찾아왔다. 그때 현경이 내놓은 시가 〈성性〉이었다. 미발표 작품 봉투에 들어 있던 원고였는데 현경은 과감하게 그 시를 염무웅에게 건넸다. 오입 이야기를 구체적으로 묘사한 시였기에 주저했던 작품이었다. 당시에는 시의 불가침 영역으로 어떤 시인도 시의 대상으로 끌어오지 않는, 말하자면 '신성지역'을 침범하는 시였다.

그때는 큰 출판사나 신문사에서 문인들에게 술을 대접하고 여자를 붙여주는 문화가 공공연하게 횡행했었다. 관례로 생각했고 어젯밤에 지나간 일쯤으로 치부했던 그런 행위를 문학의 영역으로 끌고 들어와 문제 삼지 않았다. 사실 현경 입장에서는 시인의 아내로서 민망하기 짝이 없는 시였다. 세상의 웃음거리가 될 수 있는 시였던 것이다. 현경은 그 문제의 미발표 원고를 찢어버릴 수도 있었지만 세상에 공개하기로 결정했다. 세상의 터부와 끊임없이 싸웠던 수영의 시 정신을 존중하는 자세를 끝까지 저버리지 않았다. 그런 점에서 현경은 수영의 영원한 시적 동반자였다.

잠파노의 울음보다 더한
반성의 울부짖음

학문이 깊었던 김수영만의 특별한 사자성어

상주사심(常住死心). 수영이 독자적으로 만든 사자성어다. 수영이 언젠가 상주사심의 뜻에 대해 현경에게 말해준 적이 있다. "상주사심은 늘 죽음을 생각하며 살아라, 이런 뜻이지, 늘 죽는다는 생각을 하면, 지금 살아 있는 목숨을 고맙게 생각하고 아름답게 살 수 있어." 최근 들어 현경은 새로운 것을 느낀다고 했다.

어느 날, "아!" 하고 느낀 게 있어요. 수영이 사고 나기 얼마 전 번역한 게 있어요. 『memento mori - 죽음을 잊지 말아라』

라는 작품이에요. 수영이 1968년 5월, 달력에 '상주사심'이라고 써놓았어요. 그래서 상주사심이 수영의 좌우명이라 여겼어요. 그 좌우명이 어디에서 나왔나 하면 마지막으로 번역한 영국 여류소설가의 『memento mori -죽음을 잊지 말아라』였던 거죠. 그런데 그 내용이 상주사심과 딱 맞아떨어지는 겁니다. 그 생각에 미치자 참으로 수영의 학문 깊이를 다시 생각하게 되요. mememto mori를 번역하면서 상주사심이라는 사자성어를 만든 거죠.

상주사심은 논어나 어떤 문헌에서 인용했거나 변형한 게 아니다. 수영은 상주사심 외에도 스스로 만든 사자성어가 여럿 있다. 애정지둔(愛情遲鈍), 백골의복(白骨衣服), 구라중화(九羅重花) 등 대여섯 개가 있다고 한다. 수영은 꽃 이름도 사자성어로 그럴듯하게 지었는데, 이 역시 수영이 창작한 한자어다. 알려진 대로 수영의 한자 실력은 어릴 때부터 서당을 다녔던 덕분에 한학자에 뒤지지 않을 정도였다고 한다. 못 읽는 한자가 없었을 뿐 아니라 깊은 성찰에 바탕한 새로운 한자어를 창조할 정도로 한문 수준이 높았다.

수영은 제자를 두지 않았다. "시를 하는데 어떻게 제자를 만들 수 있냐?"라는 게 평소 수영의 소신이었다. 유일한 예외가 있다면 김철이다. 김철은 서울대 공대 전기과 출신이다. 어느

김현경 여사가 김수영문학관에 기증한, 김수영 시인이 사용하던 테이블과 의자 그리고 '상주사심' 액자. (2013년 촬영)

날 구수동 집에서 멀지 않은 막걸리집에서 술을 마셨을 때 김철이 너무 취해 구수동 집에 잔 적이 있다. 말하자면 제자뻘을 집에서 재운 유일한 사례인데, 그렇다고 제자로 삼은 것은 아니었다. 시는 스스로 하는 것이다는 믿음이었다.

좀처럼 끝나지 않았던 집착

한편 이종구는 현경이 독립한 뒤 동생 이진구 집에서 나와 서울대학 교수를 하면서 명륜동에서 하숙을 했다. 현경이 수영과 재결합한 뒤 광화문에서 우연히 이종구를 만난 적이 있었다. 이종구는 현경의 손을 잡고 "오늘 너하고 나하고 죽자!"라는 행동을 보였다. 재결합 이후에도 이종구는 현경 친정집에 편지를 보냈다. 친정집으로 이종구 편지가 오면 친정어머니가 가슴이 다 떨린다고 했다. 수영 사망 후 이종구가 신문로 집으로 한번 찾아온 적이 있을 정도였다. 현경은 신문로 집에서 수영 사망 후인 1968년 9월부터 2년간을 살았다. 신문로 관사 중에 어느 집이 현경이 거처하는 곳인지 몰랐던 탓에 술에 취한 이종구가 술이 엉망이 되어 주위를 헤맸던 것이다. 그 일로 신문로 파출소에서 전화가 왔다.

이종구는 수영이 사망하기 전에 결혼했는데 그 사연이 예사롭지 않다. 이종구가 명륜동에서 하숙하는 집 2층에 서울대 교무과장이 살고 있었다. 이종구가 그 집에서 하숙하게 된 것도 교무과장의 알선 때문이었다. 자연히 이종구는 교무과장하고 친하게 지내면서 그 집 식구들하고 한 가족처럼 지냈다. 그런데 교무과장 부인이 자기 남편보다 이종구가 더 매력적으로 보였던 모양이다. 그러다가 교무과장이 미국 연수를 가면서 사고가 났다. 교무과장 부인이 혼자가 되니까 더 이종구를 좋아하게 된 것이다. 교무과장 부인은 아이가 셋이나 되는데도 아랑곳하지 않았다. 이종구에게 적극적으로 접근했는데, 교무과장이 미국에서 돌아오고 나서 이종구가 "꼬리가 길면 잡힌다. 그만두자."라고 얘기했을 때에도 멈추지 않았다.

　함경도 출신의 그 부인은 여간 독한 게 아니었다. 칼을 바닥에 꼽고 "나하고 결혼 안 해주면 죽겠다."라면서 결사적인 태도를 보였다. 결국 그 부인은 교무과장하고 이혼하고 아이 셋도 버린 채 이종구와 결혼식을 올렸다. 이종구가 그 부인과 결혼한 뒤 정부에서 교수들에게 특별히 싼 가격으로 분양한 녹번동 국민주택에서 살게 되었다.

　그런데 불행히도 그 부인은 작은 일에도 김현경과 비교하면서 부부싸움을 했다. 그 부인이 시장 갈 때 담배 좀 사 오라 부탁을 하면 "현경이 같으면 미리 담배를 사다 놨겠지."라고 하면서 모든 것을 현경과 비교하면서 사사건건 부부싸움을 일으켰다.

　수영의 사망 소식을 그 부인이 모를 리 없었다. 그 부인은 녹번동 국민주택에 있는 교수 사모님들한테 "이제 김 시인이 죽었으니 이종구가 또 김현경에게 가겠네."하고 떠들고 다녔다. 거의 병적으로 된 것이다. 그럴 즈음 이종구가 신문로 관사로 술에 취한 채 찾아온 것이다. 그때 이종구는 놀랍게도 현경과 함께 캐나다로 떠날 준비를 하고서 신문로에 왔다. 이종구의 서울고 제자 중에 캐나다 영사가 된 인물이 있었는데, 이종구는 그 제자에게 부탁해 현경과 떠날 수 있도록 비자, 여권 등의 서류를 몰래 준비했던 것이다. 당시 캐나다 영사관 건물은 별도로 없었고 YWCA 건물에 사무실을 두고 있었다. 보통 사람이면 상상하기 어려운 집착과 황당한 상황에 대해 현경은 이렇게 얘기한다.

> 제가 가겠어요? 어림없는 일이죠. 당연히 안 갔죠. 그러니까 신문로 관사 마을에 와서 술에 취한 채로 제 이름을 부르면서 욕하다 파출소 순경한테 잡혀간 거예요. 파출소에서 전화가 왔어요. 그때 통행금지도 있을 때인데 파출소에 가보니까 파출소에 쭈그리고 있더라고요. 그때 제가 차를 가지고 있었어요. 그래서 녹번동까지 태워다 주고 왔죠. 이종구는 국민주택이고 뭐고 재산은 모두 그 부인한테 주고 저하고 캐나다 가서 살고 싶어 했어요. 이종구가 같이 살 때도 집착이 너무 심했어요. 그것도 정신병의 일종이에요. 저도 괴로웠죠. 그 어려운

전시에 자신의 월급 절반을 여자의 친정을 도와주는 사람이 어디 흔하겠어요. 그래도 사람 마음 준다는 것은 쉽지 않은 일이었어요.

영화 〈길〉에 대한 시 〈죄와 벌〉의 응답

장남을 좋은 중학교에 보내기 위해 여느 부부처럼 노심초사하고 둘째 우가 무럭무럭 잘 자라고 있을 때의 일이다. 때아닌 뇌성을 동반한 폭우가 내리는 듯한 충격적인 사건이 일어났다. 1963년 가을, 현경과 수영이 다섯 살 된 둘째 아들 우를 데리고 광화문으로 외출했을 때다. 비가 오락가락하는 날씨여서 우산을 들고 나갔다.

당주동에서 합숙하고 있던 큰아들을 기다리는 동안 조선일보사 모퉁이의 영화관에서 페데리코 펠리니(Federico Fellini) 감독의 영화 〈길 La Strada〉을 보게 되었다. 그런데 영화를 다 보고 밖으로 나가면서 아무 말 없던 수영은 갑자기 대로변에서 현경을 사정없이 때렸다. 이 충격적인 일에 대해 현경은 자신의 수상록 『낡아도 좋은 것은 사랑뿐이냐』(푸른사상)에서 수영의 심리를 이렇게 파악했다.

일단 장남의 과외 교사가 신통치 않아 김 시인의 마음이 불편했던 것. 아니 그보다는 배우 줄리에타 마시나와 앤서니 퀸이 남루한 모습을 한 채 방랑하는 야바위꾼으로 나왔던 그 영화, 상영 내내 펼쳐지던 황량하리만큼 넓은 영화의 공간, 영화 속 주인공들의 기형적인 사랑과 욕망, 그리고 김 시인과 나. 이 모든 것이 어우러져 김 시인은 나를 때리고 '죄와 벌'을 썼는지 모른다.

이 수상록에서 수영의 심리를 이야기할 때 현경이 빼먹은 사실이 하나 있다. 이종구에 관한 것이다. "김 시인은 재결합 이후 이종구에 대해 한 번도 이야기하지 않았어요. 그리고 김 시인이 술에 취해 주사를 부릴 때 물건을 집어던진 일은 있어도 그 사건 전에도 이후에도 한 번도 저를 구타하는 일은 없었어요. 그 사건 때가 유일해요." 수영은 현경과 재결합 이후 이종구에 대해 한 번도 언급하지 않았다. 오히려 이것이 비정상적이었다. 한 번은 언급하고 갔어야 할 마음속 응어리, 시 〈너를 잃고〉에 나오는 '늬가 주는 억만 배의 모욕'에 대해 한 번은 서로가 이야기하고 넘어갔어야 했다. 하지만 수영은 그렇게 하지 않았다. 현경이 이종구에게 가면서 수영에게 안겨 준 '그 모욕'은 아무 말 안 해도 되는 것으로 결코 무화(無化)되지 않은 것이 아닐까.

수영 자신은 나날이 새로워지는 모더니스트 시인으로 그런 것은 그냥 넘길 수 있는 멋있는 남자로 자신을 생각했는데, 영화 〈길〉의 눈이 큰 젤소미나를 보면서, 눈물 가득한 젤소미나의 유난히 큰 눈을 보면서 현경의 큰 눈이 겹쳐졌을 것이다. 마초적인 차력사 잠파노에게 맞고 구박당하면서도 끝까지 사랑을 구걸하는 젤소미나의 모습을 보면서 수영은 자신이 오히려 젤소미나보다 더한 젤소미나 같다고 느낀 것이 아니었을까. 현경의 '사랑의 치마폭'에서 떠나지 못하고 다시 사랑을 구걸하며 손을 잡은 자신이 한순간 더할 수 없이 초라해지면서 갑자기 자신의 무의식에 내재한 잠파노의 폭력성이 폭발한 게 아니었을까.

무한히 바다처럼 관대하려고 노력했지만 사실은 모래보다 작은 게 자신의 마음이었음을 자각하고서는 먼지보다도 작은 자신의 마음에 대한 무한한 형벌을 가한 게 시 〈죄와 벌〉이라고 추측해 본다. 수영은 영화 〈길〉의 젬파노처럼 살인을 저질러 놓고 사고사로 위장하면서 숨기는 사람이 아니다. 수영은 자신의 무의식 속에 있던 '그 모욕'을 '살인'한 행위에 대해 사고사로 위장하지도 않았고, 뒤로 감추지도 않았고, 변명하지도 않았고, 유야무야 없던 사실로 만들지도 않았다. 시인 김수영은 시 제목을 〈죄와 벌〉이라 명명하고 도스토엡스키의 유명한 소설 제목을 패러디해 놓고는 그 주인공 라스콜리니코프처럼 구구하게 자신의 살인을 변명하지 않았다. 수영은 〈죄와 벌〉을 지체 없이 1963년 10월에 《현대문학》에 발표했다. 아내 폭력 사건에 대해 현경에게 그 이후에도 일체의 언급이 없었지만, 시인은 시로 모든 것을 말했다. 잠파노를 닮은 마초적 폭력행위를 통해 드러낸 먼지보다 작은 마음에 대해, 영화 〈길〉의 마지막 장면의 처절하게 울부짖는 잠파노의 울음보다 더한 반성의 울부짖음에 대해 시 〈죄와 벌〉로써 응답한 것이라고 상상해 본다.

마지막 꿈,
"서사 담은 생활문학관 짓겠다!"

좌절된 화가의 꿈이 손녀에게 전해지길

　현경이 덕수보통학교 2학년 때 전국아동미술 사생대회에 학교 대표로 나가 특선을 수상했다. 그때 뭘 그렸는지 89년이 지난 지금까지 기억하고 있다.

'농촌의 가을'이란 주제로 그림을 그렸어요. 그날 사생대회는 특별한 날이었어요. 제가 마음먹은 대로 그림이 다 되는 거예요. 사생대회 도화지는 좀 달라요. 사이즈가 좀 크고 두꺼워요. '농촌의 가을'을 저는 이렇게 그렸어요. 나무가 한 그루 옆에 있고 그 위에 까치가 한 마리 앉아 있어요. 또 초가지붕 위에는 고추를 널어놓고, 대문이 있고, 마당에는 멍석이 깔려 있고 그 위에 도리깨질하는 도리깨가 놓여 있어요. 또 강아지 한 마리가 그 옆에 있어요. 마당 한 구석 돼지우리에 돼지도 몇 마리 있어요. 지금도 기억하고 있는 그림 구성은 대충 그래요. 저는 어릴 때 제가 미술가가 될 줄 알았어요. 하지만 제가 학교 다닐 때 대동아전쟁이 나면서 물감도 없어졌어요. 우리 때는 미술 하는 게 불가능해졌어요.

현경은 미술가의 꿈을 가지고 있었다. 하지만 그 꿈은 전쟁이라는 외부적 암초에 부딪혀 채 피워보지도 못한 채 접어야 했던 꿈이 되었다. 수영도 미술적 재능이 있었다. 해방 후 화가 박일영을 따라다니며 영화간판 그리는 조수 노릇을 했을 정도로 그림에 재주가 있었다. 1954년 11월 28일 일기장을 보면, 중국인 소학교 운동장에 있는 운동기구를 스케치한 그림이 있다. 간단한 그림이지만 그림에 소질이 있음을 보여주는 장면이다. 현경과 수영의 그림 소질이 둘째 손녀 김채원에게 고스란히 전달되었던 모양이다. 격세유전이라고 해야 할까?

2016년 미국 히브론 고등학교를 졸업한 둘째 손녀 김채원은 로드아일랜드 디자인 대학교(Rhode Island School of Design, RISD)에 응시했다. 이 대학교는 1877년 창립돼 매년 미국 미술대학 랭킹 1, 2위를 다투는 미국 최고의 미술대학이다. RISD

입학은 고등학교 평균학점, SAT 점수, 미술작품 20개 정도 포트폴리오 그리고 현장에서 직접 그리는 작품 2개 점수를 종합 평가해 합격 여부를 결정한다. 이 어려운 과정을 손녀 김채원이 통과해 RISD대학에 합격했다. 그리고 2024년 6월 2일에 RISD 졸업장을 받았다. 몸 상태만 허락했다면 현경은 손녀의 자랑스러운 졸업장 수여 장면을 보기 위해 미국행 비행기를 탔을 것이다. 현경은 "옛날 한국 미술 교육은 있는 물체를 그대로 그리는 것을 요구했으나 현대회화는 창작성을 요구한다. 채원이가 어떤 미술을 공부하든지 마음껏 창의성을 펼쳤으면 좋겠다."라고 손녀에 대한 바람을 전했다. 손녀 김채원이 화가로 대성해 수영과 현경의 유품도 흩어지지 않고 잘 보관하는 꿈이 실현되었으면 하는 바람을 이 지면에 싣는다.

이름하여 김수영-김현경 생활문학관!

현경은 수영의 일생보다 훨씬 많은 세월을 살았다. 그리고 수영이 남긴 유고를 짊어지고 인생의 고행자처럼 참 많은 곳을 옮겨다녔다. 구수동에서 수영이 떠난 이후 사직동으로 갔다가 강변아파트로 옮겼고 이후 여의도아파트로 이사했다. 또 강변현대아파트에 살다가 문화마을 속에 '김수영문학관'을 세우는 거창한 꿈을 안고 충북 보은으로 향했다. 보은에 내려가서는 선병국 가옥 한 곳을 빌려 한동안 문화마을 프로젝트

왼쪽이 약학박사 출신으로 미국의 큰 제약회사에 다니는 첫째 손녀 누리,
중간이 둘째 손녀 김채원. 오른쪽이 할머니 현경이다.
2016년 김채원 고등학교 졸업식 때 사진.

실현을 위한 열정을 불태웠다. 하지만 보은에서는 김수영 유고 일부를 도난당하는 상처를 겪었다. 2011년 시댁 유족들이 간직하고 있던 유고를 기초로 해서 도봉동에 김수영문학관이 개관했을 때, 현경은 수영이 사용하던 테이블과 의자 그리고 상주사심 액자를 기증했다.

  현경은 오랜 꿈을 아직도 키워나가고 있다. 올해 한국 나이로 98세, 100년에 가까운 세월 동안 버리지 않고 악착같이 지니고 있는, 수영과 함께했던 생활의 흔적이 남아 있는 생활용품과 수집한 미술품들 사이에 김수영 유고를 전시하는 꿈이다. 사실 우리나라 문학관은 너무 천편일률적이다. 이제 좀 특색있는 문학관도 나올 법하다. 현경은 친정어머니가 쓰던 비단 조각들을 여러 뭉치 가지고 있다. 그 비단 조각에는 모두 저마다의 사연이 있다. 비단은 그냥 두면 오래된 비단으로 끝나지만 현경의 이야기가 곁들어지면 생활의 역사가 된다. 수영과 함께 가난한 시간을 보냈던 구수동 시절의 사연이 그대로 남아 있는 양계장 지붕 위 넝쿨의 박이 대표적이다. 현경은 70년 가까운 세월의 더께를 안고 있는 박들을 지금도 10개가 넘게 진열대에 소장하고 있다. 그리고 용인 아파트 거실은 그동안 모은 미술품을 모은 전시장이 되어 있다. 닥종이 공예가 김영희의 '보름달을 품은 아이'는 보름에 태어난 현경을 상징하는 작품이다. 그래서 부르는 대로 아낌없이 주고 구입했다고 했다. 벽에는 동양화가 서세옥의 인간과 인간의 관계망이 마치 끝없는 철망 같다는, 마치 불교의 인다라망을 연상케 하는 그림도 걸려 있다. 그 외 유명 화가 김환기 소품과 장욱진의 멋진 그림도 거실을 빛내고 있다. 부엌 들어가는 입구에는 결혼한 둘째 우의 행복한 결혼생활을 비는 도자기가 서 있다. 이 도자기는 중국 송나라 시절의 유명한 청자 생산지였던 강서성 경덕진까지 찾아가서 구입한 것이다.

현경의 꿈은 수영의 시어와 연결되어 있다. 수영이 얘기한 대로 '세대를 가리키는 지층의 단면처럼 억세고도 아름다운 색깔'로 채색된 생활용품과 미술품 사이에 수영의 유품을 전시하는 꿈! 그것을 남은 생애 동안 자신의 손으로 마무리하는 게 현경의 마지막 꿈이다. 이름하여 '김수영-김현경 생활문학관!'

마지막 꿈을 향해 나아가기를 희망하며

지난해 7월 허리가 좋지 않아 처음 입원했을 때 현경이 가장 염려했던 것은 유품 관리였다. 최근에는 아침에 일어나 바지를 입다가 넘어져서 늑골 3개를 다쳤다. 다친 지 얼마 되지 않아 요양보호사가 왔을 때는 일어날 수 없는 상태였다. 119를 불러 병원 응급실로 향했지만 병원마다 의대정원 문제로 의사가 부족해 받아주는 데가 없어 애를 먹었다고 했다. 한 병

늑골이 3개 다쳐 바로 누워 잠을 자지 못하는 불편 속에서도 독서를 멈추지 않는 김현경. 최근 김수영 시인의 산문을 다시 본다고 한다. 벽에 서세옥의 작품이 보이고, 오른쪽에 닥종이 인형 작가인 김영희의 '달을 안고 있는 소녀상' 모습이 보인다. (2024년 촬영)

원에서 MRI를 찍었는데 입원이 어렵다는 대답을 들었다. 집에 가 있다가 나중에 MRI 결과를 보러 오라는 말만 돌아왔다. 의대정원 문제로 병원들이 전보다 환자들에게 훨씬 불친절해졌다면서 불평을 토로했다. 늑골 다친 것에 대해서도 너무 연로하기에 수술이 어렵다는 진단을 받았다. 수술 없이 참고 견뎌야 한다는 게 병원의 판단이었다. 자연적으로 좋아지기를 기대할 수밖에 없는 상황이다.

그런 악조건 속에서도 현경은 수영의 유품을 걱정했다. 자신이 가고 나면 이 미술품과 유품이 어찌 될런지 걱정이 태산이었다. 우리나라 경제력이면 수영과 현경의 서사를 간직하고 있는 유품을 훌륭한 문화 콘텐츠로 만들 수 있을 것으로 여겨진다. 문화 사업에 관심이 높은 지자체나 대학 당국에서 충분히 욕심낼 만한 가치가 있다. 몇 해 전 연세대에서 윤동주에 이어 김수영까지 연대 출신의 대표적 문인으로 알리기 위해 현경의 '김수영-김현경 생활문학관' 제안에 많은 관심을 가졌다는 후문이다. 연대 내 윤동주관 옆에 한 공간을 비워 김수영관을 만들 계획도 세웠다는데, 현경의 살아생전에 그 꿈이 실현되기를 희망한다.

가난한 김수영기념사업회 이사장인 필자는 '김수영-김현경 생활문학관' 건립이 당장 어렵다면 영상 작업을 통한 '영상문학관'이라도 먼저 만들기를 제안했다. 그 일을 추진할 만큼 현경의 건강 상태가 어떨지 걱정되는 최근이다. 현실성이 있는 일인지 매번 용인 아파트에 갈 때마다 고민되는 지점이다. 사람이 가면 그 사람 마음의 달력에 하루하루 먼지처럼 쌓인 이야기도 바람처럼 사라져 버린다. 그 바람 앞에 허무한 몸짓이라도 해야 하는 것이 기록자의 운명인지 모르겠다.

마지막 꿈, "서사 담은 생활문학관 짓겠다!"

발문

어떤 후기(後記)

고은(시인)

먼 화점(花点)에 고독한 한 알을 놓는다. 끝내 인드라망(因陀羅網)의 만 등 샹들리에 불빛들이 서로 비춰서 휘황찬란하리라. 이렇듯이 먼 곳으로부터 지난날이 다가오리라

**이제 한국 농촌에서는 적막한 평야에
모조리 모심는 기계만이 등장**

  어린 시절 나는 5월이나 6월을 일정(一定)하지 않고 그냥 어림잡아 오뉴월(5,6월)로 푸릇푸릇한 철을 지냈다. 더구나 아카시꽃 풋내음과 그다음의 밤꽃 내음, 인동초 꽃내음이면 이 신록이 사뭇 관능적이기 까지 하다. 나는 이런 호사를 누리기보

다는 오랜 가난의 어린 농부였으므로 전혀 딴판으로 이 여름의 영광에만 들뜨지 못한다. 마침 모내기 두레를 다한 고래실 논이나 들녘 질펀한 논들의 어린 모 뿌리내리기보다 먼저 모심은 논의 밤 지새우는 개구리의 대합창 속에 내 어린 삼매(三昧)가 살아난다.

고려 땅의 서녘 남녘 충적 평야는 더러 논의 지평선도 거느린다. '징게 맹게 외에밋들'이나 옥구, 회현 들판이 그것이다. 어쩌면 이런 하염없는 논의 2차원이 그리도 아득한 고차원으로 착시되는지 알 바 없다. 이런 형이상학과는 동떨어진 절대빈곤의 조선 후기까지도 직파(直播) 천수답이거나 최소한의 치수로 파종 솜씨에 소출이 판가름 날 수 있다. 그러다 거의 조선 후기에 실학이 건너와 꽃 피어난 바 그 현실에 대한 지적 각성이 따로 탁상공론화하거나 관념화되지 않고 농경의 오랜 정체 끝에 그 현장의 지혜를 토대삼아 이앙이 가능케 된다.

어디서 오는 풍문은 반드시 여기서 받아들이는 선험의 능(能)을 이룸으로써 그 소(所)를 완성하는지 모른다. 중국 상형문자로 황하 유역의 농사는 논이 없고 밭의 기장, 밀, 수수의 산지이기 십상이다. 그러므로 그곳은 금문(金文) 이래 당연히 그곳 토착의 기호로서 밭 전(田) 자로 일괄된다. 이 지역과는 달리 하대(下待)의 남방 장강 유역 초와 오월은 정작 중원 일대보다 바다 건너 고조선 삼한이나 백제의 쌀농사 기원과 어금버금이었다. 아니 볍씨 화석의 최초 발굴로는 한반도 남부가 중국 장강 유역과 동남아 지방보다 앞선다는 학설이 생겨난다.

그래서인가 한국에도 상형문자가 자생하는 계기가 된다. 논을 중국에서는 그냥 '수전(水田)'이라 한다. 그러나 한국에서는 일찍부터 한국의 기후나 환경에 맞는 상형문자를 독자적으로 창안한다. 그래서 논을 바로 뜻하는 '답(畓)' 자가 생긴 것이다. 중국 자전(字典)에는 안 나오는 글자이다. 위와 같은 이앙기 이전의 전통농업 당시부터 답(畓)은 마침내 직파농업이 아니라 이앙농업으로 혁신되어서 오랜 재래농업이 근대농법으로 한층 나아간다.

소출의 격차가 이만저만이 아니었다. 이런 풍요로 조선 후기 인구가 불어나 그 현상이 역으로 절대빈곤으로 악순환되기도 한다. 물론 농업은 나라의 대본(大本)이다. 그러나 농업 사회의 착취와 부정부패로 지옥의 산업이 되기 십상이었는데 내 어린 시절의 농촌 역시 오랜 빈곤 환경을 떨쳐내야 할 이앙농업이 한창이었다. 줄에 빨간 표시를 한 줄모를 띄워 좌와 우에 남녀유별을 하고 한가운데에 마을 원로가 근엄하게 중심을 잡고 이앙을 선도한다. 못자리를 추운 봄날 씨 뿌려 길러 모 심는 날은 마을 두레꾼이 다 나와 모 찌다가 줄모 심기에 남녀노소가 나서는 것은 하나의 마을 잔치이기도 하다. 시집 장가가는 날도 한 집안의 경사 넘어 마을 경사이고 초상나면 한 집안의 상사가 아니라 부락 전체의 장례인 것이다. 이런 상부상조에 '우리'는 바로 논의 두레 품앗이로 상호 부조하는 노동으로부터 형성되어 남편도 우리 남편이고 어머니도 우리 어머니다. 씨족 부족의 자취도 그 논일 밭일로 이어진다.

그러다 1960년대 군사정권의 국가 개조 노선인 새마을운동의 변수로 오랜 자발적인 두레가 파괴되고 상호통제의 일원화 집단으로 바뀌게 된다. 이런 최단기적 근대화로 농촌 발전에서도 농기구 기계화를 앞당겨 경운기가 나오고 모심는 기계도 나타난다. 이제 한국 농촌에서는 적막한 평야에 모조리 모심는 기계만이 등장해 반나절쯤 눈 깜짝할 사이 다 모를 심어버리고 다른 논으로 떠난다. 모를 다 심은 논들은 즉각 개구리들이 다 차지하여 밤새도록 온통 개구리 심포니의 음량으로 충만해진다.

김수영 김현경의 운명은
필수 관계의 동시적인 변주를 일으킨다

이제껏 시골의 논 풍물을 늘어놓은 까닭이 있다. 홍기원 선생의 빠른 필체로 편해 놓은 김현경전(傳)인 『시인 김수영과 아방가르드 여인』을 받아 읽자마자 그 글쓰기의 쾌속에 내가 따라잡기 급급한 체험 때문이 크다. 마치 기계 모 심는 속도로 반나절에 이 긴 글을 후딱 읽게 된 것이다. 문장 하나하나가 간명하다. 어떤 수식도 표현도 내세우지 않는다. 더구나 필자의 감회 따위는 어디에도 스며들지 않는다. 또한 글 속의 장본인에게 거의 주기적으로 닥치는 풍파조차도 사실만을 속도감으로 처리한다.

  작자의 이 같은 회심의 일색으로 책 전체가 한 폭의 정물화적인 평면도를 이룬다. 그가 작자나 필자로 자인하지 않고 굳이 기술자(記述者)라고 단정한 사실도 어떤 평전의식(評傳意識)도 꺼리는 타고난 예의인 것이 분명하다. 아니 다를까 이 책에는 작자나 필자가 없는 것은 물론 자임(自任)하는 '기술자'조차도 있기를 꺼리는 듯하다. 본디 1980년대 민중운동의 고초도 겪은 투혼이 어느새 이렇듯이 승화되었는지 모른다. 여기서는 오직 재봉틀의 바늘이 길고 긴 옷자락 가장자리를 누비는 소리만이 들리고 바늘은 없는 듯하다. 그야말로 귀에 음향이 들리지 않고 소리의 적광(寂光)만이 희끄무레한 정적으로 감돈다.

  그런 나머지 기술자의 감회가 등장하여 책 주인공의 건강을 근심하고 그의 남은 소원인 '김수영 김현경 생활문학관'이 실현될 것을 함께 기대하는 당부로 맺는다. 그래서인가 나는 이 책을 후딱 읽었다는 소감을 '읽어버렸다'라는 막말로도 삼고 쓴다. 김수영은 이제 현대 한국 문학의 한 전설이다. 또한 김수영 시 세계의 불가결 반려인 김현경 여사는 김수영 못지않게 극적인 당대의 초상이다. 김수영 김현경의 운명은 서론뿐 아니라 다채로운 본론 각론에서도 서로 필수 관계의 동시적인 변주를 일으킨다.

여기에 한평생의 곡절에는 초장기적인 풍운 속에 속한 둘의 애환이 있다. 저 조선 후기의 불안한 시대전환과 급반전 한말 그리고 망국 식민지 시기 그리고 다시 세계 양극체제의 한 전위지대인 한반도 분단과 그 분단의 파국적인 동족상잔 밑 세계 열강의 타력 그리고 휴전이라는 장기간의 준(準) 전쟁 상태의 분단 고착의 온갖 갈등은 그들 당사자는 물론이고 그 배경인 가족들의 여러 고비에서 나타나는 시련과 적응들을 삶의 영원한 배경으로 삼은 것이다.

김수영은 모더니즘 생리에도 불구하고 의식의 차원보다 본능의 시인이다. 그의 뮤즈는 직선적이고 단호하다. 그의 교묘한 곡선은 직선의 경계색으로 바뀐다. 그에게는 '점지한다'는 타력도 있고 다 때려 부수는 통쾌한 자력의 독선도 있고 냉동의 무관심도 있다. 애매모호한 위악(僞惡)도 내보이는가 하면 가계(家系)의 수구적인 기질도 튀어나온다. 무엇보다 김수영의 자유는 아직 모태적(母胎的)이다. 세상에 나와 상처받기 좋은 순수이다. 서투른 듯한 계산도 있다. 무엇보다 오랜 권위의 개념을 폭력적으로 부정한다. 자기 자신까지 그 부정을 연장

시켜 자해한다. 필연적으로 그는 좌도 못 되고 우도 못 된다. 또한 도피로서의 초월이나 중도에도 닿지 못한다. 그야말로 고착되지 못하는 자오선이다.

최초로 만난 시인은 바로 김수영

내가 태어나서 최초로 만난 시는 이육사의 〈광야〉였다. 그 다음이 한하운의 〈황톳길〉이고 좀 있다가 서정주의 〈화사〉를 만났다. 그러나 최초로 만난 시인은 바로 김수영이다. 거의 정확한 기억으로 1955년 그가 내 출생지 군산에 느닷없이 나타난 것이다. 일제 말 김수영은 학병이나 징용을 피할 목적으로 어머니가 단행한 만주 망명에 따랐다. 청소년 시절 그의 인상적인 용모에 부응하는 연극배우의 포부가 만주 길림에서 연극 동호들과 무대를 이룬다. 거기서 군산에서 온 서양인 인상의 송기원과 친구 사이가 된다. 바로 그 송기원이 군산의 6·25 인민군 시대가 수복된 폐허 항구의 전매서 간부가 되었고 그의 우정으로 서울의 청년시인 김수영이 온 것이다.

송기원 역시 연극과 영화에만 관심이 있는 것이 아니라 폴 발레리 숭배자이다. 그의 산문시 〈조응 – 코레즈퐁당스〉도 발레리에의 오마주였던 것이다. 나에게 발레리를 익혀준 사람도 송기원이었다. 어느 날 흔한 한국인 몽골로이드가 아닌 영화배우 같은 호남 송기원이 출가한 지 2, 3년 지난 나를 동국

사로 찾아왔다. 내가 지역 신문에 석가 탄신 경축의 뜻으로 발표한 글을 읽은 것에 감동 받았다면서 나더러 시를 쓰라는 권유가 뜨거웠다. 이어서 시 지망자들이 모여 동인회 운동을 하게 되었으니 그 모임에도 나오라 했다. 나는 이미 출가한 사미승으로서 속세를 삼가야 했으므로 고사했다. 그런데 그는 두 번인가 더 왔다. 나중에는 그의 노모와 함께 와서 불공을 드리기도 했다. 그런 누차의 권유로 나는 동인회 발기인의 하나가 되었다. 평안남도 피란민 김순근이나 여성 정윤봉, 이병훈, 김남협, 고헌, 원형갑, 원용봉 그리고 경주 태생의 정연길 등이었다.

 이 '토요동인회'가 발족하여 군산 최초로 문학 강연회를 하게 되었다. 마침 국문학과 시조의 가람 이병기가 해방 시대 서울대 교수 이래 전북대 학장으로 와 있고 부안에서 전주로 이사한 신석정이 있으므로 고대시는 이병기, 근대시는 신석정 그리고 현대시는 바로 김수영으로 책정하여 연사로 초청한 것이다. 군산 YMCA 2층 대강당은 그야말로 초만원 사태였다. 주최자에게 일약 항구도시의 인기가 집중되었다. 당장 전주 등지에서의 관심도 고조되었다. 대회를 성황리에 마친 뒤 뒤풀이가 길어졌다.

 그때 동인들의 작품을 서울 중앙 문단의 김수영에게 보였다. 송기원의 배려였다. 너도나도 작품 서너 편씩으로 김수영이 읽은 소감으로 격려하거나 고칠 부분을 지적했다. 그런데 내 작품에는 일언반구도 없었다. 나중에야 송기원이 김수영이 내 작품 2편은 서울로 돌아가는 대로 문예지나 신문사 발표하도록 하겠다고 말했다고 전했다. 그러나 자기가 그것을 막았다는 것이다. 아직 20대 초반인데 너무 일찍 문단에 나오면 공부가 모자라니 더 두고 보자고 했다는 것이다. 그 뒤 나는 동국사를 떠나 경남 충무(통영)의 미륵도 효봉선사의 미래사로 갔다. 그리고 가야산 해인사와 그 뒤 동해 낙산사 등 산중의 납자로 떠돌았다.

김현경의 렌즈를 통한 김수영을 새삼 반추하게 된다

그 뒤 내가 타의에 의해 문단에 등단한 후 조지훈, 박목월, 정한모, 김남조 등과 만나는 자리가 있었는데 거기서 이미 알고 있는 김수영을 보게 되었다. 그는 처음부터 자유자재였다. 그 자리에 와서도 조지훈 등의 고압적인 자리가 못마땅한지 시작부터 조롱조로 "조형! 나하고 나이 차이도 별로 없어!" 하고 삿대질도 서슴지 않았다. 나한테도 구면의 각별한 호의보다는 왜 이런 데에 있느냐고 물었다. 그 뒤로《현대문학》사에서 그곳 서무를 맡은 여동생 김수명을 보러 온 김수영과 함께 차를 마시기도 했다.

환속 후 내가 제주도에 체류했을 때 김수영은 내 시〈묘지

송〉 등을 읽고 크게 격려하는 편지를 보내왔고 나에 대한 수필도 발표했다. 그런 나머지 나는 서정주와 김수영의 동시 지지를 받아서 그것이 나의 내적 불협화음이 되기도 했다. 김수영의 가족들도 알게 되어 그가 갑자기 사고로 죽었을 때는 그가 살고 있던 구수동에 갔을 때 안치된 그의 시신을 나에게만 보여줘 그의 죽은 얼굴을 보기도 했다.

그가 교통사고로 세상을 떠나기 전 나는 자주 드나들던 신구문화사에서 이따금 그를 만났다. 함께 소주도 마셨고 그는 내 주정도 받아주었다. 1967년 어느 날 그가 부인 김현경과 거기에 나왔다. 김수영이 주간 신동문과 의논하는 사이 나는 김현경과 앉아 있었는데 대화하던 중 김현경의 입에서 스테판 츠바이크가 자연스럽게 나왔다. 그래서 이미 그의 전집을 읽은 나는 김현경과 맞장구치며 얘기를 이어갔다. 그 자리에서 나는 김현경이 과연 김수영의 아내 이상의 동료임을 깨달았다. 아니 김수영이 또 하나의 김현경이고 김현경이 또 하나의 김수영이었다. 둘은 서로 음과 양을 바꾸는 생명들의 자유였고 둘의 합치는 놀라운 폭발력이 된다는 사실을 알게 되었다.

나는 토착 모어(母語)와 인연 세계로 익어버린 서정주와 전혀 무국적적인 지적 감성의 김수영으로부터 거의 동시에 받은 무조건적인 지지를 이미 오래전에 다 놓아주었다.

이번의 김현경전(傳)을 따라가며 환기한 바 김현경의 렌즈를 통한 김수영을 새삼 반추하게 되었다. 김수영을 떼어놓고는 김현경의 진면목을 만날 수 없다는 추후의 실감이 더해진다.

몇 해 전 김현경의 김수영론 후기에서 말한, 나의 서슴지 않은 김현경 예찬은 지금도 유효하다. 김수영과 함께 김현경의 서사 역시 더 밝혀질 것이 아주 많다.

홍기원의 김수영과 김현경 천착은 한국 현대시 여정에서 하나의 선택과목인 '시의 사회전기(社會傳記)'를 가능케 한다. 그의 김수영문학관 사업과 김수영-김현경 생활문학관의 실질적인 임무 성취를 축원한다.

2024년 6월

2013년 11월 27일 눈오는 날의 김수영문학관 개관식. (2013년 촬영)

시인 김수영과 아방가르드 여인

초판 1쇄 발행 2024년 07월 01일
초판 2쇄 발행 2025년 01월 13일

지은이 홍기원
펴낸이 권무혁
펴낸곳 어나더북스 another books
기획·편집 박종길, 최영준
디자인 채홍디자인
인쇄 및 제본 비전프린팅
출판등록 2019년 11월 5일 제 2019-000299호
주소 (04029) 서울 마포구 월드컵로8길 49-5 204호(서교동)
대표번호 02-335-2260
이메일 km6512@hanmail.net

ⓒ 홍기원, 2024
ISBN 979-11-93539-04-0 03810

* 사진 출처를 밝히지 않은 것은 모두 김현경 여사가 제공한 것입니다.
* 책값은 뒤표지에 있습니다.
* 이 책 내용의 일부 혹은 전부를 재사용하려면 반드시 어나더북스의 동의를 구해야 합니다.
* 잘못 만들어진 책은 구입하신 서점에서 교환할 수 있습니다.